양안에서
통일과 평화를
생각하다

양안에서 통일과 평화를 생각하다

초판 1쇄 발행 | 2016년 4월 10일
편 자 | 박명규·백지운
발행인 | 김영진
발행처 | 진인진
등 록 | 제25100-2005-000003호
표 지 | 배원일
본문편집 | 이경민
주 소 | 경기도 과천시 별양동 1-14 과천오피스텔 614호
전 화 | 02-507-3077~8
팩 스 | 02-504-3079
홈페이지 | http://www.zininzin.co.kr
이메일 | pub@zininzin.co.kr

ⓒ 박명규 백지운 외 2016
ISBN 978-89-6347-250-8 (93300)
정가 25,000원

이 저서는 2010년 정부(교육과학기술부)의 재원으로 한국연구재단의 지원을 받아
수행된 연구임.(NRF-2010-361-A00017)

양안에서
통일과 평화를
생각하다

박명규 · 백지운 편

진인진

이 책의 기획을 시작한 것은 2년 전쯤이었다. 드레스덴 선언과 '통일대박론'으로 국내에 통일 열기가 뜨겁던 즈음, 우리는 한반도 정세 및 통일문제에 관한 워크숍을 위해 베이징을 방문했다. 워크숍에 참석한 중국학자들은 당시 한국정부의 공격적인 통일정책에 다소간의 우려를 보이고 있었다. 그들은 한쪽 체제의 붕괴를 전제로 하는 독일식 통일보다는 경제협력을 통해 점진적으로 벽을 허무는 중국과 대만 즉, 양안兩岸의 방식을 한국이 참조해야 하지 않겠느냐고 제안했다. 물론 베를린 장벽이 무너진 것이 하루아침의 일이 아니라 장기간의 상호 이해와 신뢰 속에서 이루어진 결과라는 점에서, 동서독과 양안의 사례를 단순히 대비할 일은 아니다. 그러나 전지구적으로 탈냉전이 도래한 지 수십 년, 유독 한반도에서만 냉전이 완고하게 남아있는 상황에서, 더디더라도 실현 가능한 단계부터 밟아 신뢰를 쌓아가라는 제안은 분명 새겨들을 만한 것이었다.

그런데 역설적이라고 할까. 시기적으로 그 때 대만은 양안서비스무역협정에 반대하는 학생 시위로 입법원이 점거당하는 초유의 사태가 발발한 직후였다. 그로부터 20여 일간 연인원 50만 명을 거리로 불러내어 대만사회에 '반중反中' 정서를 전면 가시화한 이 '해바라기운동'은 그 해 말에 치러진 대만의 지방선거는 물론 올초에 있었던 대선의 판세에까지 영향을 미침으로써 지난 십여 년 거침없이 질주해온 양안교류에 급제동을 걸었다. 2000년의 '소삼통小三通'에서 2008년의 '대삼통大三通', 그리고 2010년 ECFA에 이르기까지 '차이완'이라는 신조어를 만들어낼 정도로 양안은 금세 하나가 되는 듯 보였다. 그러나 갑작스레 늘어난 접촉은 반세기 동안 격절된 양안의 마음의 거리를 어떤 면에서는 더 벌려놓았다. 냉전시대 양자를 가로막은 것이 좌우 이념이었다면, 서로의 실상을 알아가면서 확연해진 가치관과 사고방식의 차이가 그 자리에 또다른 벽을 세운 것이다. 게다가 양안 간의 거대한 힘의 격차는 대만 사람들의 심리적 반감과 불안을 자극했다. 대만사회의 온갖 모순에 대한 불만이 한데 응결된 '반중' 콤플렉스는 양안해협에 찾아온 탈냉전의 평탄치 않은 미래를 예감케 했다.

우리를 양안 공부로 이끈 것은 이러한 모순된 상황이었다. 양안교류가 정점에 오르던 2010년을 전후하여 한국사회에서도 양안을 배우자는 말이 심심찮게 등장했다. 그러나 양안의 잘 되는 겉만 봐서는 한반도와 양안이 공유하는 구조가 온전히 드러나지 않는다. 양안협력의 매끄러운 표면과 상처 난 이면을 함께 볼 때, 비로소 양자를 잇는 복잡하게 얽힌 선들을 발견하게 될 것이다. 가까워진 물질적 거리만큼 심리적 갈등이 커지는 양안의 역설적 상황은 경제교류를 앞세운 통합모델의 명과 암을 동시에 드러냈다. 급증하는 '반중' 정서 속에 재차 환기되는 '민주'와 '문명' 같은 구호들은 양안 통합의 장벽이 궁극적으로는 가치의 문제라는 것, 양안해협에 도래한 탈냉전은 그 심층에서 여전히 풀리지 않은 냉전의 유산과 박투하고 있음을 말해준다. 물리적인 탈냉전조차 절박한 우리에겐 먼 이야기로 들리기도 하지만, 언젠간 우리도 직면하게 될 문제이며 어떤 면에선 이미 우리 안에 들어와 있는지도 모른다.

양안의 이 같은 역설적인 상황은 동아시아의 독특한 탈냉전의 구조와 무관하지 않다. 사회주의권이 무너지면서 탈냉전이 현실화된 유럽과 달리, 중국, 베트남, 북한 등 사회주의 체제를 고수하는 국가들이 건재하는 동아시아에서 탈냉전의 과제는 한층 복잡하고 지난할 수밖에 없다. 특히 개혁개방 이후 성공적인 자기변신을 통해 자본주의 세계체제의 궤도에 안착한 중국을 이웃으로 두고 있는 한, 동아시아는 싫든 좋든 다른 체제, 다른 가치를 지닌 사회체와 공생하는 법을 터득해나가야 한다. 차이를 에두르는 실용적 기술과 더불어 차이를 관통하여 공존의 가능성을 넓히는 마음의 공부를 통해 동아시아 탈냉전의 창조적 모델을 만들어야 한다. 그런 점에서 양안과 한반도의 분단의 극복은 일국 차원을 넘어 동아시아 탈냉전의 창조적 완성이라는, 인류사적으로도 의미심장한 과제라 하지 않을 수 없다.

　적어도 지금 시점에서 한반도보다 한참 앞서 있는 양안이 이뤄낸 성취와 직면한 곤경은 우리에게 시사하는 바가 작지 않다. 중국의 강력한 힘을 추동력으로 삼아 이룩한 경제통합의 눈부신 성과에도 불구하고, 목전의 대만사회의 거센 반발은 양안이 독일처럼 어느 한편으로 흡수됨으로써 통합되는 길을 가기가 쉽지 않음을 보여준다. 답사 중에 만난 어느 젊은 대만학자는 자신들에게 양안관계는 너무 단단히 엉켜 이미 풀 수 없게 된 매듭'死結'과 같다고 말했다. 이런 절망적인 심경은 한반도를 살아가는 우리에게도 낯설지 않다. 이 '죽은 매듭'을 상생의 실마리로 바꿔내기 위해서는 국가에 대한, 인류가 이제껏 도달하지 못한 상상력의 최대치를 발휘하지 않으면 안 될 것이다. 두 개의 정부가 하나의 주권을 공유할 수 있는가. 주권을 분유分有하면서 공존하는 정치체가 가능한가…… '대만독립'과 '현상유지'의 긴장 속에서 후자 쪽으로 세勢를 끌고가는 지금 양안의 현황을 보면서, '현상유지'라는 모호한 상태가 장기적으로는 이제껏 존재하지 않았던 새로운 국가(공존)형태를 배

태하는 인큐베이터가 될 수 있겠다는 생각도 든다. 양안과 한반도, 나아가 동아시아의 탈냉전은, 어쩌면 이처럼 상식을 파괴하는 창조적 돌파 없이는 도달할 수 없는 길일지 모른다.

양안과 남북은 단순한 비교의 관계는 아니다. 탈냉전이 냉전을 완전히 떼어내지 못하는 동아시아의 복잡한 지정학 속에서 양자는 끊임없이 움직이는 비대칭적 거울이다. 중국 전승절 기념식에 한국의 대통령이 참석하는 진풍경이나, 형제의 국가였던 중국과 북한의 심상찮은 냉각상태, 그리고 한때 맹방이었던 대만과 한국간의 좀처럼 좁혀지지 않는 거리 등은 동아시아의 기형적 탈냉전을 떠나서는 생각하기 어렵다. 진먼金門은 이러한 도립倒立한 거울의 회전축이다. 언젠가 이 거울이 다시 한 번 회전하여, 냉전의 최전선에서 화해의 교량으로 뒤바뀐 진먼이 DMZ와 서해5도의 미래상이 되기 바라는 마음 간절하다. 아울러, 부단히 움직이고 뒤집어지는 단절과 분절 속에 서로를 비춰보는 연습 속에서, 한반도에 대한, 그리고 한반도가 처한 지정학적·역사적 사명에 대한 한결 명징한 인식을 얻을 수 있기를 바란다.

이 책은 2015년 1월 서울대학교 통일평화연구원에서 기획한 9박 10일에 걸친 양안답사에서 얻은 생각들을 다듬은 것이다. 중국의 샤먼廈門과 취안저우泉州, 다덩다오大嶝島를 돌아보고 '소삼통'을 통해 진먼과 레위列嶼로 건너가 다시 대만으로 해서 인천으로 돌아오는 여정이었다. 답사 중 샤먼대학 대만연구원과 국립진먼대학, 그리고 대만중앙연구원의 학자들과 나눴던 네 차례의 토론은 양안문제의 다양한 굴절면을 접하게 함으로써 양안과 한반도에 대한 우리의 사유를 한결 복잡하게 했다. 이 책에 수록된 글들이 담고 있는 미묘한 결의 차이는 그 진솔한 반영일 것이다. 그러나 양안을 무턱대고 따라갈 모델로 삼거나 차이를 앞세워 쉽게 폐기하기보다, 양안과 한반도 사이의 비대칭 속의 대칭성, 단절 속의 연속성을 찾아내고 그로부터 한반도의 분단 극복의 창조적 비전을 그려가는 길에, 이 책이 작지만 의미 있는 첫발을 내딛었다고 믿는다.

이 책을 만들기까지 감사한 분들이 많다. 무엇보다 5박 6일간의 진 먼 체재 기간 중 답사 일정을 챙겨 준 우 쥔팡吳俊芳 씨의 노고와 우 치 텅吳啓騰 교장선생님 부부의 환대를 잊을 수 없다. 또한 진먼국립대학과 의 학술회의를 안배하고 진먼에 대한 해박한 지식으로 우리의 답사를 풍요롭게 채워준 장 보웨이江伯煒 교수, 대만중앙연구원에서의 학술회의 와 세미나를 열어준 샤오 신황蕭新煌 사회연구소 교수와 왕 즈밍王智明 구미연구소 교수에게도 이 자리를 빌려 다시 감사의 뜻을 전한다. 즐겁 고 유익한 대화의 자리를 마련해 준 샤먼대학 대만연구원의 리 펑李鵬 부원장을 비롯한 여러 교수들께도 감사드린다. 이들과의 진지한 토론 이 있었기에 짧은 답사 일정 동안 우리들의 공부와 사유의 밀도가 이 만큼 깊을 수 있었다.

이 책은 한국연구재단의 지원을 받아 통일평화연구원이 수행하는 '인문한국(HK)' 사업의 일환이기도 하다. '한반도발 평화인문학'을 정립 하는 도정으로 통일평화연구원은 평화인문학 총서와 파라파쳄 시리 즈, 그리고 평화학 아카이브를 간행하고 있다. '파라파쳄Para Pacem'이란 "평화를 원한다면 전쟁을 준비하라Si vis pacem, para bellum"라는 라틴어 경구에 대항하여 만든 새 경구 "평화를 원한다면 평화를 준비하라Si vis pacem, para pacem"에서 따온 말이다. 이번부터 파라파쳄 시리즈를 새로 맡아 준 진인진 출판사와, 이 책이 훌륭한 모습으로 세상에 나올 수 있 도록 세심하게 살펴준 김지인 팀장님께 거듭 고마운 마음을 전한다.

2016년 3월 23일
필자들을 대신하여 백지운

차례

러시아

노보시비르스크
Новосибирск

아스타나
Астана

카자흐스탄

몽고

오호츠크 해

우즈베키스탄
키르기스스탄

투르크
메니스탄
타지키스탄

베이징
北京

조선
민주주의
인민공화국

대한민국

동해

일본

아프가니스탄

중국

상하이
上海

오사카
大阪

도쿄
東京

이란

파키스탄

뉴델리
New Delhi

네팔

부탄

황해

동중국해

아랍
에미레이트

오만

인도

뭄바이
Mumbai

하이데라바드
Hyderabad

방글라데시

미얀마
(버마)

라오스

홍콩
香港

타이베이
台北

대만

아라비아 해

벵갈루루
Bengaluru

첸나이
Chennai

벵골 만

태국

방콕

캄보디아

베트남

남중국해

루손 섬
Luzon

필리핀

Andaman Sea

타이 만

스리랑카

레카다이브 해

말레이시아

팔라완 섬
Palawan

민다나오 섬
Mindanao

중국과 대만

푸젠성

푸톈 시
莆田市

롱옌 시
龙岩市

취안저우 시
泉州市

Meizhou Lake

장저우 시
漳州市

샤먼 시
厦门市

진먼

메이저우 시
梅州市

지에양 시
揭阳市

차오저우 시
潮州市

산터우 시
汕头市

타이베이
台北

신주 시
新竹市

PENGHU

펑후열도

타이중
台中

화롄 시
花莲县

대만

자이 시
嘉义市

타이난

가오슝

타이둥

산웨이 시
汕尾市

푸젠성 진먼 대만 위치도

첨안저우만
G1502

CHENDAIZHEN
海街镇

DIZAOZHEN
石獋镇

GUANQIAOZHEN
官桥镇

NEIKENGZHEN
内坑镇

XIBINZHEN
西滨镇

HANJIANGZHEN
韩江镇

G1502

G1502

G1502

XINXUZHEN
新圩镇

S308

전장 시
晋江市

LONGHUZHEN
龙湖镇

스스 시
石狮市

JINS

G324

SHUITOUZHEN
水头镇

ANHAIZHEN
安海镇

G15

YONGHEZHEN
永和镇

S308

YONGNINGZHEN
永宁镇

G1503

S30

TINGZHOUZHEN
汀洲镇

LIANHUAZHEN
莲花镇

WUXIANZHEN
五显镇

HONGTANGZHEN
洪塘镇

G324

S206

S30

G15

XIKEZHEN
西柯镇

S206

Tangcuo Port
塘厝港

Luqing
Reservoir
芦青水库

SHUANGZHEN
石浔镇

Caohongtang
Reservoir
草洪塘水库

Neibaiyu
内白屿

LONGHUIZHEN
龙湖镇

YINGLINZHEN
营林镇

S1573

Shenhu Bay
深沪湾

SHENHUIZHEN
深沪镇

S201

Guiyu
圭屿

다덩다오

샤오덩다오

Weitou Bay
围头湾

Baiyangyu
白洋屿

S201

Donghanwan
东海湾

S319

Xunjiang
Harbour
浔江港

S201

General Anyu
将军屿

JINJIANGZHEN
金井镇

S201

anzhong
nic Area
影景区

G1503

HOUXIZHEN
后溪镇

G324

GUANKOUZHEN
灌口镇

G15

Malhan Bay
马銮湾

Baozhudao
宝珠屿

QIAOYING
RESIDENTIAL
DISTRICT
侨英区

Dongju
Harbour
东阳港

지예이 구
集美区

S201

하이창 구
海沧区

75

HAICANGZHEN
海沧镇

G76

Xiayu
屿

샤먼 시
厦门市
Xiamen Island
厦门岛

Xiamen Rd

후리 구
湖里区

쓰밍 구
思明区

BINHAI
RESIDENTIAL
DISTRICT
滨海区

Tuyu Islet
土屿

레위

Jinning
Township
金宁乡

진먼

Jinsha
Township
金沙镇

KINMEN

Jincheng
Township
金城镇

Jinhu
Township
金湖镇

S1591

Jiyu Islet
鸡屿

Zhangzhou
Harbour
漳州港

aimen Island
海门岛

Shuangyudao
双鱼岛

Hougang
后港

Wukenggang
浯坑港

Xiamen Port
厦门港

S1591

S208

S201

SANGWEIZHEN
三魏镇

진먼 샤먼 주변지도

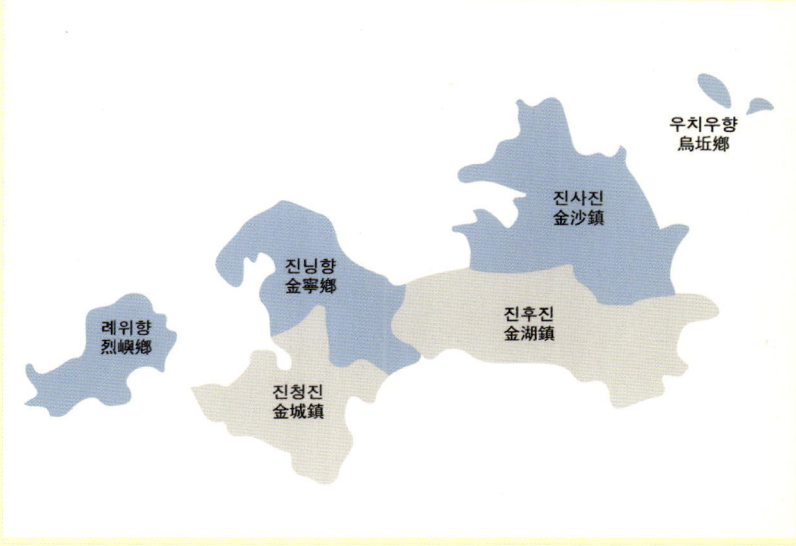

우치우향
烏坵鄉

진사진
金沙鎮

진닝향
金寧鄉

진후진
金湖鎮

례위향
烈嶼鄉

진청진
金城鎮

진먼 행정구역

서장

양안에서 바라본
통일과 평화

양안에서 바라본 통일과 평화

박명규

2015년 1월, 중국과 대만 사이의 교류협력과 상호인식의 실상을 확인하기 위한 현지답사 길에 올랐다. 인천과 샤먼廈門 사이를 오가는 직항 비행기에 탑승하면서 문득 2001년 대만과 홍콩, 마카오와 선전深圳지역을 답사했을 때 '일국양제一國兩制'구상에 대한 대만의 심한 거부감에 놀랐던 기억이 떠올랐다.[1] 중국의 정치경제적 힘이 엄청나게 커졌고 양안 사이의 교류와 협력도 매우 활발해진 지금은 그때와 얼마나 달라졌을까? '하나의 중국' 원칙을 둘러싼 중국과 대만의 해석 투쟁은 어떻게 진행되고 있으며 일국양제에 대한 대만인의 우려는 얼마나 해소되었을까? 정치적 불신과 이질적 정체성을 경제협력과 사회교류가 어느 정도 완화시켜 주는가? 이런 물음들은 그 자체로 탐구할 주제이면서 분단 70년을 맞는 한반도의 평화와 통일을 구상하는 데 필요한 쟁점들이다.

---

1 박명규, 2001, 「여러 개의 중국과 일국양제」, 『평화와 통일의 모색—일국양제와 중국』, 사단법인 남북나눔 연구위원회 참조.

출국 직전, 통일을 연구한다면 독일을 가야지 왜 대만을 가느냐는 질문을 동료 교수로부터 받았다. 중국과 대만 사이도 냉전 대결의 현장이어서 분단국의 평화와 통일을 숙고하는 데 필수적인 곳이라고 대답했지만, 나 역시 얼마 전까지도 양안지역을 주목하려는 생각이 크지 않았음을 부인하지 못했다. 통일된 지 25주년을 맞이한 독일은 민주적이고 평화로운 재통합에 성공함으로써 유럽의 중추국가로 발전했으니 평화통일을 지향하는 분단국가의 모범적 사례로 꼽힐 만하다. 한국의 정치인들이 분단극복과 평화통일의 메시지를 던지고 싶을 때 어김없이 독일을 방문하는 것도 그런 점에서 자연스럽다. 그렇다 해도 시 진핑習近平 주석과 마 잉주馬英九 총통이 양자회담을 할 정도로 가까워진 양안관계에 대한 관심이 이처럼 미약한 것은 이해하기 어렵다. 한중수교 이후 중국에 대한 관심과 지식이 급증한 것에 비해 양안관계나 대만사회에 대한 연구가 빈약한 탓일지 모른다. 한반도 문제를 남한과 북한의 양자관계로만 바라보는 좁은 시야도 양안에 대한 무관심의 한 요인일 터이다.[2] 나는 이번 답사를 통해 그 질문에 대해 체계적으로 답을 얻겠다고 마음먹었다. 이 책은 그 다짐을 실천하려는 작은 시도이기도 하다.

1. 왜 지금 양안을 주목하는가?

1990년 독일은 탈냉전의 세계사적 흐름을 타고 평화롭게 통일을

---

2 2015년은 베트남 통일 40주년이 되는 해이기도 하다. 도이모이(Doi Moi) 정책을 통해 활기찬 시장경제와 대외개방체제로 변모하고 있는 베트남 사례 역시 지금보다는 더욱 깊이 탐구해야 할 주제가 아닐 수 없다.

달성했다. 장기적으로 보면 서독의 민주주의와 경제발전, 동독지원을 지속한 브란트Willy Brandt의 동방정책, 그리고 안보와 인권을 포괄한 유럽 차원의 공동노력 등이 독일 통일을 가능케 한 중요한 동력이었다. 단기적으로 본다면 1989년 이래 동독에서 진행된 민주화와 대규모 탈출, 동독의 연방편입 결정과 서독 주도의 제도통합으로 통일이 이루어졌다. 전자에 주목하면 '교류를 통한 변화'와 평화공존을 강조하는 합의통일론이 부각되고, 후자에 주목하면 공산체제의 모순과 동독의 체제전환, 서독 주도성이 두드러진다. 그런 까닭에 한국에서는 햇볕정책을 주장하는 사람도 흡수통일을 주장하는 사람도 모두 독일사례를 주요한 참조 대상으로 거론한다. 어느 경우든 탈냉전이 시작되던 1990년대 초반과 테러와 갈등이 커지고 있는 지금의 시간대가 다르고 또 유럽과 동북아의 상황 역시 너무 달라, 독일사례를 남북관계에 적용하기에는 어려움이 적지 않다.

이에 비해 양안관계는 상대적으로 남북관계와 비교하기에 유리한 점이 많다. 역사적으로 단일공동체로 존속하던 국가가 근대화 과정에서 이념적으로 분열했고 두 체제로 분단된 후 동아시아 냉전체제의 한 축으로 존속해 왔다는 점에서 양자는 유사하다. 수십 년간 포격이 진행되었던 양안해협은 정전협정 상태로 군사적 긴장이 지속되는 한반도 비무장지대와 닮은 점이 많다. 다자안보협력체제가 부재한 동북아에서 미국이 양자사이에 비대칭적 협력관계를 맺고 있고 이로 인한 긴장이 존재하는 점도 비슷하다. 무력통일 노선을 폐기하고 비정치적 분야에서의 점진적인 교류와 협력을 우선함으로써 평화로운 통합을 추진하려는 정책기조 역시 양안과 한반도가 크게 다르지 않다. 정책기조의 유사함에도 불구하고 한반도는 여전히 대립과 불신상태에 놓여있는 데 비해 양안관계의 교류협력 수준은 빠르고 광범위하게 개선되었다는 사실 자체가 비교연구의 필요성을 역설적으로 보여준다. 2007년 이래 남북간에는 공동행사나 상호방문의 기회가 급격히 줄어들었고 경제협력의 기회도 한정되어 있는데 비해,[3] 샤먼과 진먼다오 金門島 일대는 지난 십여 년간 왕래한 주민들의 숫자가 천만이 넘고 핸드폰도 간단한 조작만으로 상대 지역에서 사용이 가능할 정도로 하나의 생활권으로 변모했다. 어디에서 이런 차이가 유래한 것인가?

양안사례는 또한 점진적 교류정책의 향후 전망과 잠재적 긴장을 예측케 하는 반면교사로서도 의미가 있다. 사회경제적 교류가 공동체 통합을 자연스럽게 강화시킬 것인지, 정치적 신뢰 구축 없는 사회경제 교류가 또 다른 갈등을 불러올 것인지 가늠해 볼 수 있는 좋은 사례이기 때문이다. 경제교류를 넘어서 보편적인 사회통합을 추진하기 위해 어떤 노력이 필요한지, 이 과정에서 야기되는 정체성의 긴장, 공유가치의 차이를 어떻게 극복할지도 숙고할 문제다. 독일의 경우 서독이 경제력만이 아니라 민주주의적 가치, 국제적 신뢰, 복지와 인권 등에서 압도적으로 우위에 있었기 때문에 동독이 자발적으로 서독체제를 선택하는 결과로 이어졌다. 반면 양안에서는 중국이 정치군사적으로는 압도적인 힘을 지니지만 민주주의나 시민사회의 자율성 등에서는 대만에 비해 뒤처진 상태다. 정치적 다원주의가 자리잡지 못하고 중화민족주의의 부활을 우려하는 가운데, 양

---

3 2000년 남북간 합의가 이루어지고 2004년 첫 생산을 시작한 개성공단은 남북한 사이의 경제협력, 관계개선, 평화구축의 가능성을 보여주는 실험장이었지만, 2016년 1월 북한의 4차 핵실험으로 인한 대치정국의 결과 2월 10일 전면 중단되고 말았다. 양안 소삼통의 성공사례와 비교하여 종합적인 검토가 필요한 사안이다.

안 간 사회경제적 교류가 상호 불신과 문화적 긴장을 얼마나 극복해낼지는 예의주시할 쟁점이다. 양안관계의 진전에도 불구하고, 아니 양안관계가 진전되면 될수록 대만 내부에서 반중국정서가 높아지고 통일논의를 기피하는 반응이 나타나는 것을 보면 비대칭적 분단국체제[4]의 교류협력이 가져올 결과에 대한 종합적 연구가 얼마나 중요한지를 절감하게 된다.

2. 양안에서 탈냉전 효과가 크게 나타난 이유는?

2000년 남북정상회담 소식 직후 만났던 한 중국인 교수는 이제 한반도에서도 탈냉전이 시작되었다며 부러워했다. 그러면서 여전히 정치군사적 대립을 벗어나지 못하고 있는 양안의 상황을 안타까워했다. 그로부터 십여 년이 지난 지금은 상황이 완전히 역전되어 이제 내가 중국학자들에게 부러움을 토로할 지경이 되었다. 이번 답사 기간 동안 낮은 신뢰상태에 묶여있는 한반도에 비해 민간부문의 활발한 소통과 협력이 진행되고 있는 양안관계를 부러운 심정으로 바라본 것은 나만이 아니었다. 중국과 대만의 연구자들도 한반도의 상황을 우려하면서 남북한의 긴장과 대립을 해소하기 위해 양안사례를 진지하게 참조하라는 조언을 마다하지 않았다. 현 양안관계에 문제가 많다고 비판적인 견해를 강조한 대만의 지식인들조차 긴장완화와 평화로운 교류가 가져온 긍정적 변화를 높이 평가했다.

---

4 박명규, 2012, 「제2장 비대칭적 분단국체제론」, 『남북경계선의 사회학』, 창비 참조.

사진 1. 샤먼대학 대만연구원 입구

　한반도에 비해 양안해협에서 탈냉전의 효과가 더 크고 지속적으로 나타난 이유는 무엇일까? 그 첫 요인으로 모두들 중국의 개혁개방정책을 꼽았다. 중국은 시장경제와 대외개방을 추진함으로써 외부와의 사회경제적 교류와 양안의 탈냉전화를 촉진했다. 1980년 중국은 그때까지 대만에 견지해온 무력통일론을 포기하고 평화통일론으로 정책을 전환했다. 이 전환은 실질적인 것이었다. 경제특구로 지정된 샤먼에 대만의 자본이 투자할 수 있게 되었고 샤먼과 진먼다오 사이에 교류와 협력의 길이 열렸다. 같은 해 샤먼대학厦門大學에는 대만의 역사, 문화, 종교, 경제, 정치 등 전반에 대한 전면적이고 실사구시적인 연구를 담당하는 대만연구원臺灣硏究院이 설립되었다. 이후 양 지역 사이에 교류와 투자, 협력의 기회들이 확대되면서 학술적인 대화도 진전되었다. 대만연구원의 경우 1988년 처음으로 대만 학자가 방문한 이후 연 500명 가까운 대만학자가 방문하고 있다고 한다. 대만 타이베이臺北에도 지소를 두고 5개의 산하 연구소와 30여 명의 전임 연구 인력을 갖춘 샤먼대학의 대만연구원은 스스로를 "조국 대륙 개혁개방의 산물이자 평화통일 방침의 산물"이라 소개하고 있었다.[5]

중국의 개혁개방 조치와 더불어 양안의 발전을 견인한 또 하나의 계기는 대만의 민주화 조치였다. 베이징정부가 개혁개방으로 전환하면서 평화통일을 내세우고 양안의 교류를 강조한 1980년대에는 대만이 그에 긍정적으로 반응하지 않았다. 오히려 접촉하지 않고 협상하지 않으며 대화하지 않는다는 소위 '삼불정책不接觸, 不談判, 不妥協'을 견지했다. 하지만 80년대 말 오랫동안 지속되던 국민당 정부의 권위주의적 통치체제에 큰 변화가 시작되었다. 중국의 군사적 위협의 약화가 대만에서 수십 년간 지속되던 계엄통치가 종식되는 상황과 맞물리면서 양안관계에 긴장이 완화되고 교류가 확대될 환경이 조성되었다. 대만 내부에서는 독립이냐 통일이냐, 현상유지냐를 둘러싼 대립이 정치적 핵심의제로 부상했다. 리 덩후이李登輝 총통의 '양국론兩國論'으로 양안은 위기를 맞기도 했고 민진당의 천 수이볜陳水扁이 대만의 독립을 주장함으로써 그 위기가 심화되기도 했지만, 고조된 양안의 군사적 위기를 완화하기 위해 소삼통小三通을 적극 수용하지 않을 수 없게 됨으로써 양안관계는 결과적으로 진전했다. 대륙과의 관계개선을 강조하는 마 잉주 정부가 출현한 후 양안

---

5 샤먼대학 대만연구원 브로셔에는, 대만연구원의 목표를 영어로 이렇게 서술하고 있다. "Understanding Taiwan historically, comprehensively (全面) and truthfully (實事求是) to promote the academic exchanges across the Taiwan straits and serve the reunification course of China."

관계는 급격하게 개선되어 마침내 중국과 대만 전역에서 교류와 협력이 확대되기에 이르렀다.

결국 양안의 사례는 탈냉전이라는 국제적 환경 못지 않게 이를 적극 수용하고 활용하려는 국내의 정치적 결단, 정책적 전환이 매우 중요함을 보여준다. 중국의 개혁개방과 대만의 민주화는 각각 맥락을 달리하지만 시대적으로 동일한 방향성을 보여주는 변화다. 즉, 양자에는 억압적이고 권위적인 정치체제의 일방적 통제를 완화하고 민간 부문의 자율성과 시장경제의 역동성을 강조하는 방향으로 전환했다는 공통점이 있다. 특히 중국이 미국과 관계를 개선하고 세계시장 체계 안에 들어옴으로써 중국과 대만 사이에 존재하던 경직된 이데올로기적 적대감과 군사적 긴장상태를 완화시킬 환경을 제공했다고 할 수 있다. 중국이 대만해방을 명분으로 하는 무력통일 정책을 포기하고 평화통일 정책으로 전환한 것이 단순히 구호의 교체가 아니라 실질적인 전략적 전환이 될 수 있었던 것도 이런 큰 정책 변화가 동반되었기 때문이다. 북한이 중국식 개혁개방 노선으로의 전환을 추진한다면 유사한 탈냉전 효과가 한반도에도 재현될 수 있을 것이다. 현재 북한의 자주노선과 선군주의의 고수가 한반도에서의 탈냉전 효과를 제한하는 큰 요인이 되고 있는데, 최근 진행되고 있는 북한의 시장화가 정책적 개혁조치와 어떻게 연결될지가 중요한 관건이 될 것이다. 또한 남한의 민주화 수준도 남북의 긴장을 완화하고 평화를 조성하기 위한 중요한 조건이다. 분단 상황을 악용한 권위주의로의 퇴행이 일어나지 않도록 하는 것이 무엇보다 중요한 일이라 하겠다.

3. '92공식'

중국의 샤먼과 대만의 진먼다오 사이는 아무런 불편 없이 하루에도 수많은 사람과 물자들이 오가는 일일생활권이 되었다. 진먼다오 해안가에 남아있는 침투방지용 시설물들은 이제 낡은 유물이 되어 오가는 사람들의 구경거리가 되었다. 양안관계가 지금처럼 바뀔 수 있었던 구체적인 조치는 무엇이었을까? 연구자들은 한결같이 '92공식九二共識'을 가장 중요한 것으로 꼽았다. '92공식'이란 '중국과 대만이 하나의 중국이라는 원칙은 받아들이면서一中' 그 중국이 어떤 실체를 의미하는지는 '각자의 해석에 따라 달리 표현한다各表'는 합의를 말한다. 나중에 '92공식'이라는 말이 정부 간에 합의된 공식 문서가 아니고 1992년 11월 반관반민 기구인 중국의 '해협회海峽兩岸關係協會'와 대만의 '해기회海峽交流基金會'가 홍콩에서 회담을 갖고 상호간 구두로 합의한 '공동인식'을 줄여서 표현한 것이라는 설명을 들었다. 솔직히 말해 '92공식'이 그토록 중요한 역할을 했다는 사실을 이때까지 잘 몰랐다. 양안에 대한 낮은 관심과 공부의 미진함을 새삼스럽게 느끼게 만든 사안이었다.

'하나의 중국'을 각기 자기 식으로 호칭한다는 '일중각표一中各表' 방식을 들으면서 '일국양제', '일사양용一史兩用'이라는 말들이 머릿속에 떠올랐다. 대립되는 두 입장을 하나의 틀로 통합시키는 유연한 사고이면서도 핵심적 쟁점을 뒤로 미루어두는 방식이 유사하다는 생각 때문이었다. '일국양제'는 '하나의 중국, 두 개의 체제'를 의미하는 말로써 잠정적으로는 두 체제의 공존 상태를 용인하지만 기본적으로는 하나의 국가만을 인정한다는 발상이다. 현실적으로 중국

주도의 논리여서 대만의 공감을 얻지 못하고 있다. 하나의 역사를 두 나라가 각기 활용한다는 '일사양용' 논리도 고구려의 유적과 기록들을 중국과 한국이 각기 자기 역사로 활용한다는 논리로서, 역사연구의 기본원칙으로 받아들이기는 어렵다. 이런 발상은 경제적으로나 정치적으로 명실상부한 세계최강의 국가로 부상한 중국이 장기적인 헤게모니를 장악하기 위한 전략과 무관치 않다. 동시에 갈등을 최소화하고 현상을 적절히 관리하면서 점진적인 변화를 촉진시키는 유연한 정책논리로 활용될 소지도 있는 것이 사실이다. 서로의 정체성과 독자적 해석여지를 허용하면서 상호관계를 통합시켜가는 정치력만 있다면 이런 애매한 발상을 활용하는 것이 일정 상황에서는 유용할 수 있을 터이다.

그런데 이런 수준의 합의는 이미 남북 간에 여러 차례 이루어진 바 있다. 1991년 합의된 '남북기본합의서'는 명시적으로 남북관계를 '국가대 국가의 관계가 아닌, 통일을 지향하는 과정에서 잠정적으로 구축된 특수관계'라고 정의했다. 상대편을 국가로 승인하지 않으면서도 현실적 존재를 인정하고 교류와 화해를 추진한다는 내용이다. 북한이 '남북기본합의서'를 인정하지 않음으로써 구체적인 조항들은 사문화되었지만 2000년의 '6·15공동선언'에서도 남북 간 관계는 유사하게 정의되었고 이에 기초하여 광범위한 인적·물적 교류가 약속되었다. '남북관계발전법' 역시 남북관계를 '잠정적 특수관계'로 정의하였고 2007년 2차 남북정상회담에서도 이런 원칙 하에서 광범위한 교류 사업들을 논의, 합의했다. 그럼에도 불구하고 '남북기본합의서'상의 상호규정은 대립적인 시각들을 포용하는 유연한 정책기조로 활용되지 못하고 이념적 대립과 정치적 논쟁으로 형해화形骸化

되는 경우가 많았다. 민간의 구두합의 수준인 '92공식'이 십수 년간 양안의 관계개선을 견인하는 원칙으로 작용한데 비해 정부간 공식 합의서인 '남북기본합의서'나 '6·15선언'이 지속적인 원칙으로 동력을 유지하지 못한 이유는 어디에 있는가?

양안관계의 지난 십여 년 변화를 살펴보면서 나는 분단국 상호간의 관계를 다루는 정치의 질과 수준에 그 답이 있겠다는 생각이 들었다. 분단국체제에서 상대방을 어떻게 대하고 어떤 전략적 관계를 설정할 것인가는 내부정치의 핵심 쟁점일 수밖에 없다. 통일 이전 서독에서도 대對동독 정책을 둘러싼 논란이 정책적 대립의 핵심이 었고 현재도 대만의 총통선거에서 대중국 정책을 둘러싼 견해 차이가 매우 중요한 쟁점이 된다. 동시에 분단 상황을 정치권력의 장악과 세력 유지를 위한 정략 차원에서 활용하려는 유혹이 언제나 존재한다. 따라서 분단 상황을 중장기적으로 관리하면서 높은 수준의 국가전략과 연계하는 정치문화가 작동하는가 아니면 자신의 권력유지나 정파적 이해를 위해 분단 상황을 이용하려는 질 낮은 정치관행에 머물러 있는가 하는 것이 중요한 관건이다. '92공식'을 통해 양안이 이 정도 관계를 개선할 수 있었던 것은 서로를 자극하거나 긴장을 조성하는 요소를 줄이기 위해 함께 노력하고 전략적인 판단을 견지했기 때문이다. 중국은 대만의 거부감을 배려하여 통일이라는 말 자체를 자제했고 대만 역시 정치적 독립노선을 자제하면서 기능적인 통합을 추진하고자 했다. 개혁개방과 함께 무력통일에서 평화통일 원칙으로 전환한 중국은 최근에는 '평화발전'이라는 말을 주로 사용한다. 이는 대만문제에 관한 베이징정부의 여유를 보여준다. 통일이라는 말을 내걸지 않고 상호발전과 교류만 언급하는 것만으로도 실질적인 통합은 증대되고 그것이 결국 통일을 위한 구조적인 기틀이 되리라는 전략적 확신, 대승적 자신감을 견지할 수 있는 정치역량과 정치 문화의 발전이 얼마나 중요한지를 보여주는 사례라 할 것이다.

4. 소삼통의 힘은 어디에 있나?

'92공식'을 활용하여 실천한 구체적인 정책은 '통우通郵, 통항通航, 통상通商'을 포함하는 '삼통三通'이었다. 통우는 우편 및 통신의 교환을, 통항은 배와 항공기의 상호운항을, 통상은 자유로운 경제활동의 허용을 의미한다. 양안에서 주목되는 것은 이런 정책 아이디어가 실질적으로 집행되었을 뿐 아니라 지속되고 확장되는 강한 추동력을 얻었다는 점이다. 작은 불씨와 같은 소삼통을 관계 개선의 거대한 동력으로 만든 힘은 어디에 있었을까? 양측 전문가들은 한결같이 지역민들의 자발적 참여의 중요성을 강조했다. 정경분리 원칙 하에서 자발적으로 참여하는 민간주체가 없으면 어떤 정책도 구호에 그치기 쉬운데, 양안의 민간이 소삼통의 조치에 실질적인 활력을 제공했다. 샤먼의 도시발전 역시 양안관계의 발전과 밀접하게 결부되어 있었다. 실제로 양안관계에서 기층으로부터 다양한 요구들이 쏟아졌고 그에 따른 민간 부문의 제도개선 조치들이 이어졌다. 샤먼과 진먼 지역에 살고 있던 주민들은 1949년부터 단절되었던 대륙과의 연계기능을 되살리면서 새로운 동력을 만들어냈다. 그래서 정부 간에는 1995~96년도의 위기, 1999년의 '양국론' 등장,

천 수이볜의 독립론 등으로 갈등과 기복이 심했지만 민간교류가 큰 굴곡 없이 지속적으로 발전함으로써 소삼통의 효과를 강화시켰다.

무엇보다도 소삼통은 주민들의 불편을 해소하고 일상적인 생활권

사진 2. 진먼다오 수이터우 선착장

을 회복시키는 계기를 제공함으로써 민간부문을 활성화하는 데 크게 기여했다. 초기에는 고향을 방문하거나 친지를 만나는 왕래에서 시작되었지만 곧 상호이익이 교환되는 영역에까지 확대되어 샤먼은 대만의 자본을 끌어들였고 진먼다오의 주민들은 샤먼지방에 투자처를 찾았다. 대만연구원의 한 연구자는 30년 전에는 샤먼이 진먼보다 못했다고 말하면서 그동안 '천지개벽했다'며 웃었다. 통우, 통상, 통항이라는 세 요소는 각각 소식, 상품, 사람이 서로 오가는 길이 보장된다는 것을 의미한다. 이는 두 지역 간에 유동성의 확대를 가능케 했다. 통상과 통우보다는 통항의 실현이 특히 어려웠다고 하는데, 통항이 광범위한 인적 교류와 접촉을 통해 생활세계 전반에 새로운 변화를 초래하기 때문일 것이다. 실제로 샤먼에서 진먼을 오가는 선착장은 관광객은 물론 각종 물자를 수송하는 상인들, 친척집을 방문하는 사람들, 사업이나 문화협력을 위해 오가는 사람들로 여느 국제부두보다 더 붐볐다. 한국에도 잘 알려진 '진먼고량주'는 진먼다오 지방경제를 유지하는 핵심축이다. 진먼다오 호적 보

유자에게는 매년 세 차례 염가로 배급되는 공공기업의 생산품으로, 고량주는 소삼통을 계기로 양안을 이어주는 중요한 품목이 되었다고 한다. 진먼다오 주민 1만명 정도가 고량주를 판매할 수 있는 허가증을 소유하고 있고 이들의 활동으로 진먼고량주의 3분의 1 정도가 대륙으로 판매된다고 한다. 지역민들에게 이런 양안의 변화는 과거의 불편했던 '진타이金臺생활권'으로부터 '진샤金厦생활권'으로의 자연스런 이행이자 오랫동안 단절된 양안이 다시 하나로 통합되는 전환이었다. 한마디로 소삼통의 동력은 지역민의 소통 욕구, 지방의 발전 지향, 생활권의 복원을 향한 민간의 동력을 통해 얻어진 것이다.

돌이켜보면 남북 간에도 삼통의 구상이 없었던 것이 아니다. 1960년대에는 북한이 통우와 통행의 필요성을 적극적으로 제기한 바 있고 1972년의 '7·4공동성명'에서도 '남북 사이에 다방면적인 제반 교류를 실시하기로 합의'했지만 아무런 성과를 내지 못했다. 1982년 남한은 "남북간의 자유로운 인적 내왕과 다각적인 교류를 촉진할 수 있도록 교역, 교통, 우편, 통신, 체육, 학술, 교육, 문화, 보도, 보건, 기술, 환경보존 등 제반 분야에서 협력"할 것을 제안했고 이런 교류제안은 1988년 '7·7선언'과 1989년의 '한민족공동체통일방안'으로 이어졌다. 하지만 북한은 이런 교류우선론이 근본적 문제인 평화문제나 군사문제를 뒤로 미루려는 정책이라고 비판하고 부응하지 않았다. 1991년 '남북기본합의서'는 '민족구성원들의 자유로운 왕래와 접촉'(17조), '흩어진 가족 친척들의 자유로운 서신왕래와 상봉 및 방문실시'(18조), '끊어진 철도와 도로를 연결하고 해로, 항로를 개설'(19조), '우편과 전기통신 교류에 필요한 시설을 설치, 연결'(20조)할 것에 합의했지만 구체적 성과를 내기 전에 남북관계가 악화되었다. 2000년 남북정상회담 이후 본격적으로 진전되기 시작한 남북교류협력과 이산가족상봉은 민간부문의 협력과 교류를 강조하였고 특히 개성공단과 금강산관광은 민간기업 중심의 안정적인 생산과 관광사업을 제도화했다는 점에서 소삼통과 비교될 만한 실험이었다. 개성공단 가동은 남북관계가 정치적으로 매우 악화된 상황에서도 독자적 협력체제가 가능함을 보여줌으로써 한반도에 지속적으로 영향력을 행사할 것을 기대하게 했던 사업이었다.[6] 다만 남북관계에서는 양측 정부의 영향력이 너무 강해 양안과 같은 민간부문이 주도하는 생활권의 확장이 좀처럼 나타나지 않았다. 샤먼에서 배를 타고 진먼으로 넘어오면서 나는 개성지역으로 건너갈 때 또 금강산으로 가던 도중에 군사분계선을 넘던 기억을 떠올렸다. 개성과 금강산은 모두 남북교류의 상징 공간이고 장차 분단도 극복될 수 있다는 기대를 갖게 한 곳이다. 하지만 한정된 지역의 자연관광을 벗어나지 못한 금강산이나 복잡한 규제로 묶여있는 개성공단 모두 민간부문의 자율적인 참여와 생활상의 교류를 동반하지 못한다는 점이 큰 아쉬움으로 느껴졌다. 민간부문의 자율적 참여가 보장되었더라면 관광객 피격사건 만으로 금강산관광이 중단되거나 정치적 상황변화에 의해 개성공단의 운명을 염려할 필요는 없었을 터이다. 양안을 오가는 배 안에서 자유롭게 웃고 떠드는 다양한 사람들을 보면서 저 생활상의 역동성을 어떻게 남북한 사이에 접맥시킬 것인가 하는 것이 큰 숙제로 다가왔다.

---

6 김병로·김병연·박명규 외, 2015, 『개성공단: 한반도형 평화통일의 실험』, 진인진.

5. 민간교류를 통합자산으로 만들기

양안이 교류협력의 진전을 통해 과거의 단절과 억압, 불신의 상태에서 상당부분 벗어난 것은 틀림 없다. 기능주의적 시각이 옳다면, 교류협력이 증진되면 사회통합과 문화적 일체감도 따라서 증대될 것이다. 과연 양안의 경험은 그런 기대에 부응하는가? 혹시 지나친 교류확대를 우려한 중앙정부의 판단에 의해 지방의 교류협력이 교란되거나, 체제위협을 느낀 정치세력들에 의해 비판에 부딪칠 가능성은 없는가? 여러 사람을 만나고 현장을 눈으로 보면서 갖게 된 생각은 교류협력이 사회통합을 자동적으로 보장하지는 않지만, 통합을 모색하는 다른 노력들이 성공할 수 있는 환경을 조성해주는 것만은 사실이라는 점이다. 소삼통의 변화를 단지 수동적으로 향유하는 데 그치지 않고 이를 기반으로 사회문화적 통합을 더욱 공

사진 3. 샤먼을 바라보는 진먼 해안의 탱크들

고히 하려는 시도들에 주목하게 되는 이유도 여기에 있다.

　가장 우선적으로 눈에 띤 것은 민간교류가 가져온 변화를 이전과는 구별되는 새로운 가치로 정당화하려는 노력들이었다. 진먼다오 지역은 1949년 이래 '냉전의 섬'이라는 고착된 이미지를 벗어던지고 대륙과 섬, 중국과 대만을 잇는 연계지역으로서의 새로운 역할을 적극 찾아나서고 있다. 이를 위해 '평화의 섬'이라는 새로운 정체성의 정립이 지방정부의 주요한 정책으로 자리매김되었다. 특히 냉전시대의 군사훈련 시설을 고스란히 평화기념공원으로 바꾸어 관광과 교육, 문화와 경제, 과거와 미래를 결합시키려는 노력이 섬 곳곳에서 확인되었다. 군인들이 경계를 서던 지하벙커가 관광객을 맞는 안내소로 탈바꿈하고 장갑차가 마치 장난감처럼 해안에 서 있는 모습에, 섬 전체가 평화를 주제로 하는 테마파크처럼 느껴졌다. 수십년간 양안 사이에서 전개된 포격전의 결과 이 지역에는 숱한 포탄

사진 4. 포탄으로 칼을 만드는 진먼의 〈마에스트로 우〉의 작업장

잔해들이 남아있는데 그 탄피를 이용하여 생활도구인 칼을 제작하고 이를 판매하는 곳이 관광코스가 되어 있다. 우리가 한반도의 평화와 통일을 연구하는 답사팀이라는 소리를 듣고 그 자리에서 큰 탄피를 잘라 칼을 제작하고 겉면에 "남북 평화통일기원"이라는 글씨를 새겨주었다. "칼을 쳐서 보습을 만든다"는 성경의 평화론이 떠오르는 경험이었다. 계엄 종식 이후 과거의 군사시설을 어떻게 할 것인가를 둘러싸고 논란도 있었다는데, 적절한 문화정책이 시행되면 냉전의 유산들도 평화관광의 자산이 될 수 있음을 보여주는 좋은 사례다.

진먼다오의 변화와 짝하여 샤먼 지역에도 과거 양안 간 군사대치와 심리전의 현장을 관광장소로 바꿔놓았다. 영웅삼도전지관광원英雄三島戰地觀光園이 그것이다. 선전전에 쓰이던 세계최대의 확성기가 있고 과거 중국 측과 대만 측에서 마주보며 적개심 가득한 선전방송을 쏟아내던 방송종사자가 서로 만나 웃으며 찍은 사진이 걸려 있었다. 대만을 바라보는 곳에 '일국양제 조국통일'이라는 거대한 붉은 간판이 서 있다. 현재의 한반도 비무장지대도 남북관계가 진전되면 놀랄 만큼 멋진 관광지구로 탈바꿈할 것이 틀림없다.

평화라는 이미지의 활용을 넘어 장구한 시기를 포괄하는 문화적 정체성을 창안하려는 야심찬 문화정치도 진행되고 있다. 샤먼에서 좀더 내륙으로 들어가는 취안저우泉州는 오랜 옛날부터 다양한 문화를 가진 사람들이 오고가던 국제도시였다. 이곳에 2005년 '민대연박물관閩臺緣博物館'이라는 국가급 박물관이 세워졌는데 중국 남부 민난閩南지역과 대만의 오랜 인연을 밝히는 것을 목적으로 하는 문화시설이다. 이 박물관의 전시방식은 독특했다. 대만과 민남 사이의 다섯 종류의 연계, 즉 '오연五緣'을 각종 유물과 고고학적 자료를 통해 가시적으로 보여주는 형식이었다. 오연은 지리적 근접성을 의미하는 지연地緣, 혈통과 친척관계를 의미하는 혈연血緣, 제도와 법률의 상동성을 뜻하는 법연法緣, 경제활동과 생활공간의 유사함을 의미하는 상연商緣, 그리고 문자와 사상의 같은 연원을 의미하는 문연文緣으로 구성된다. 박물관을 들어서면서 마주치게 되는 거대한 벽화 그림은 "동문·동종·동근생同文 同種 同根生"이란 제목으로 뿌리를 함께 하는 거대한 나무에서 민난과 대만이 갈라져 나왔음을 형상화하고 있다. 중국이 비록 통일이라는 말을 삼가고 있지만 대만과의 통합과 연대를 강화하기 위해 얼마나 장기적이고 문화적인 노력을 하고 있는지를 실감케 하는 현장이었다. 진먼다오 지역의 여러 문화유적들 역시 역사적 서술과 인류학적 자료들을 통해 중국대륙과의 오랜 인연을 보여준다. 오강서원浯江書院, 총병서總兵署 같은 건물은 물론이고 성황묘나 민간신앙을 전시하는 공간에서는 대륙, 특히 민난 지역과의 연계가 뚜렷하게 서술되어 있다. 양안의 통합과정에서 오랜 역사와 전통, 문화와 민간신앙의 요소들이 장기적으로 큰 영향을 미칠 것임을 예감케 했다.

흥미롭게도 양안의 교류가 확대되면서 대만의 중앙과 지방, 특히 진먼지역과 타이베이 지역의 정서에 미묘한 차이가 나타나고 있다. 소삼통이 대삼통大三通으로 확대되면서 진먼다오의 특수한 역할이 약화되고 그로 인해 지역경제가 정체하는 현상이 나타나고 있다. 지역주민의 자발적인 참여로 힘을 얻었던 초기의 역동성이 점차 중앙정부 차원의 정치동학으로 옮겨가는 경향도 보인다. 무엇보다도 대만본토에서는 급속하게 영향력이 강화되는 중국에 대한 우려가 커지고 반중국정서가 강화되고 있는 데 비해 진먼다오는 샤먼과의 지역적 연계를 어떻게 발전시킬 것인가를 더욱 고민하고 있는 모습이다. 진먼대학의 한 연구자는 이 지역이 겪고 있는 문제들, 특히 지하수 고갈, 전력부족, 교통문제와 같은 새로운 어려움을 해결하기 위해 지하수와 전력을 중국대륙으로부터 가져오고 중국과 다리를 연결하는 '통수通水, 통전通電, 통교通橋'의 '신삼통新三通'이 필요하다고 했다. 평화의 교량이라는 지역정체성이 얼마나 지속가능한 발전전략이 될지에 관해 우려하는 목소리도 있지만, 대만본토에서 증대하는 반중국 정서에 공감하지 않는 진먼다오만의 미묘한 입장이 흥미로왔다.

대만이 보이는 거부감과 우려는 중국의 비대칭적 힘에 따른 미래에 대한 두려움에 기인한다. 따라서 힘이 강한 중국이 여유와 융통성을 보이는 것이 교류협력을 통합의 자산으로 만드는 중요한 요소다. 대만연구원의 한 연구자는, 대만이 중국에 비해 우월한 영역은 시민사회영역인 바, 양안통합과정에서 일당지배체제를 고수하는 중국이 지나치게 일방적인 힘을 행사할 경우 대만사회를 위축시킬 수 있음을 우려했다. 이 쟁점은 동북아 차원의 민주주의나 시민사회 네트워크의 발전에 중국의 부상이 어떤 기여를 할 것인가라는 물음과도 직결된다. 1949년 이후의 대만역사를 어떻게 해석할 것인가도 중국과 대만 사이에 새롭게 대두할 수 있는 갈등분야다. 그래도 1911년에서 1949년까지의 역사인식에는 양안이 서로 상당히 근접해 있다고 하니, 1945년 이전의 역사인식에서도 엄청난 차이를 드러내고 있는 남북한의 역사인식에 비해서는 한결 상황이 낫다고 할 수 있다. 역사해석의 갈등과 정체성의 긴장을 해소하기 위한 종합적

인 노력이 꾸준히 추구될 때 양안의 교류협력이 통합을 강화시키는
결과를 가져올 수 있을 것이다.

6. 양안평화는 통일로 이어질 것인가?

중국과 대만의 학자들은 각기 다른 이유로 통일이라는 말을 부각
시키기를 불편해 했다. 현재 반중 정서가 강한 대만에서는 독립과
통일을 이분법적으로 논의하는 것이 적절치 않다고 생각하는 사람
이 다수라 한다. 중국 역시 통일보다는 '평화발전' 혹은 대만 연구
의 차원에서 접근하고 있다. 통일이라는 말이 양측에서 다르게 해
석될 뿐 아니라 매우 논쟁적일 수 있는 상황에서 이를 명시적으로
강조하지 않는 것이 지혜로운 접근임은 분명해 보인다. 그럼에도 불
구하고 통일이라는 쟁점을 언제까지나 우회할 수 있는 것은 아니다.
어떤 의미에서 이 말을 사용하기 불편하다는 사실 자체가 이 쟁점
의 민감성과 폭발력을 반증한다. 실제로 '92공식'에서 합의했다고
알려져 있는 '하나의 중국' 원칙을 둘러싼 긴장은 결국 통일이라는
문제와 연결된다. '하나의 중국'을 중화인민공화국으로 해석하는 중
국 측과, 1911년에 세워진 중화민국으로 해석하는 대만 측의 거리
는 생각보다 훨씬 멀다. 실제로 샤먼지역에는 '일국양제통일중국'이
라는 간판이 여전히 서 있고 진먼에는 '삼민주의통일중국'이란 거대
한 선전판이 남아있다. 평화를 구축해가는 일과 통일을 이루어가
는 일은 밀접하게 연결되면서도 구별되는 두 과정이라 하겠다.
  양안의 평화정착과 교류증진이 통일로 이어질 것인가? 중국은 이

사진 5. 진먼이 바라보이는 샤먼 해안가에 세워진 '일국양제통일중국' 입간판

를 당연시하고 있지만 대만사회의 정치적 논쟁은 이 과정이 예상보
다 훨씬 불확실할 수 있음을 보여준다. 아이러니하게도 양안관계의
급속한 발전을 가능케 한 마 잉주 정부 하에서 대만의 반중국 정
서가 크게 강화되었다. 2014년의 해바라기운동은 교류협력이 아무
리 진전되어도 '하나의 중국'이라는 말 속에 담긴 통일 쟁점이 본격
화되면 언제든지 긴장과 갈등이 분출할 수 있음을 보여주었다. 대만
지방선거 직후인 2015년 1월 우리가 샤먼에서 만난 한 중국 학자는
2014년의 해바라기운동과 그 영향으로 대만 총통선거에서 국민당
이 패할 경우 양안관계가 흔들리게 될 것을 우려했다. 그는 대만의
정권교체가 일어나기 전에 민진당과 공산당 사이에 '92공식'에 준하
는 전략적 합의가 이루어져야 한다고 했다. 반면 타이베이에서 함께
학술회의를 했던 대만의 학자들은 민주주의와 민족주의의 긴장을

사진 6. 진먼 다단다오에 세워진 '삼민주의통일중국' 입간판

언급하면서 양안관계가 표면상의 전환과 달리 매우 복잡하고 쉽지
않은 문제임을 계속 강조했다. '비정상국가'에 대한 피해의식 및 그
로부터 파생된 동아중층적東亞重層的 원한구조가 근현대사 속에서
대만인의 의식 깊이 뿌리내리고 있는데, 시 진핑의 대만정책이 중국
중심의 통일을 지향하게 될 경우 강한 거부감을 불러올 것이라는
것이다. 중국의 힘이 너무 강해져 양안관계의 진전이 중국 민주화에
영향을 미칠 가능성이 낮아질 것을 우려하는 학자도 있었다. 현재
의 양안관계가 정치적 통일을 심화시키는 과정으로 이행하는 데 적
지 않은 난관과 변수를 예감케 하는 것이다.

  그럼에도 통일로 가는 길목에 평화가 있다는 사실은 재론의 여지
가 없다. 무력을 수반하거나 상대방에 대한 적대감을 지닌 채 통일
로 가는 길은 없을 터이다. 평화는 통일의 충분조건은 아니지만 필
수조건임은 분명해 보인다. 평화의 정착은 통일로 가는 여정에 놓인
장애물을 제거함으로써 통일의 길을 넓히고 평탄케 한다. 소삼통을
가능케 한 동력이 민간의 자율성에 있었듯, 평화는 사람들의 자발

적 연대와 생활의 통합을 제도화함으로써 체제 차원의 통일에 필요한 인프라를 제공한다. 또한, 21세기 사회의 네트워크가 더욱 복잡해질 것을 감안한다면 평화의 제도화 자체가 통일의 한 영역을 구성한다는 인식도 중요하다. 중국의 샤먼에서 대만의 진먼으로, 다시 타이베이를 거쳐 온 이번의 답사는 교류가 확대되고 평화가 정착되는 과정을 둘러보는 한편 통일을 둘러싼 이견들이 부딪치는 현장을 살피는 여정이기도 했다. 이 과정에서 중국과 대만, 지방과 중앙, 민간과 정부 간의 생각의 차이도 발견했고, 교류와 평화 그리고 통일을 어긋나게 할 수도 있는 긴장을 목도하기도 했다. 하지만 양안이 평화롭게 교류하고 사람들 사이의 협력과 공감, 생활권의 공유가 확장됨을 보면서, 나는 베를린의 브란트기념관에 쓰여있던 글귀를 떠올렸다. "평화가 능사는 아니지만 평화 없이는 아무것도 이룰 수 없다Der Frieden ist nicht Alles, aber Alles ist ohne den Freiden nichts." 이 명제가 통일에 적용되지 않을 이유는 전혀 없다.

7. 양안에서 무엇을 배울 것인가?

중국과 대만을 답사하며, 양안관계의 발전 경험에서 배우고 참조해야 할 내용이 적지 않다는 생각을 많이 했다. 중국의 개혁개방, 대만의 민주화 같은 큰 정책 전환이 중요하다는 점과 '92공식'과 같은 잠정적 합의를 지켜나가는 것이 소중하다는 것, 이는 남북한 당국이 깊이 숙고하고 정책에 적용해야 할 교훈이다. 무엇보다도 북한이 양안관계를 참조하면서 핵개발에 집착하는 노선 대신 필요한 내부 개혁과 국제화를 향한 정책적 지혜를 얻게 되면 좋겠다. 동시에 남한 역시 장기적인 전략구상으로부터 정치적 역량을 갖추기를 바라는 마음 간절했다. 이를 위해서는 정경분리 원칙에 따른 민간 부문의 자율성을 최대로 보장함으로써 주민 스스로의 통합 노력을 확대하는 것이 필요하다는 것도 새삼 확인했다. 한 연구자는 이를 '경제협력을 통한 평화구축'이라고 했고 또 다른 연구자는 '통일문제를 잠시 덮어둔 교류협력'이라고 했다. 중국과 대만이 각기 서로 다른 입장에서 조언한 것이긴 하지만 교착상태에 있는 남북관계를 어떻게 풀어가야 할지에 대한 좋은 참고사례임은 분명하다. 중국으로부터는 평화발전을 표방하는 강자의 여유와 장기적인 문화정치적 포석을, 대만으로부터는 민주화의 진전을 양안관계의 발전과 연결시키는 유연성을 배우는 것이 필요할 것이다.

이번 답사 중 대만의 학자들로부터 들었던 여러 비판적 논의들은 평화와 통일에 대한 상식들을 성찰하게 만들었다. 그 가운데서도 특히 중국이 장차 어떤 국가가 될 것인지가 중요하다는 지적은 곱씹을 만했다. '하나의 중국'이라는 원칙 아래 강대국으로 부상하고 있는 중국이 장차 어떤 성격의 국가를 지향할 것인지는 국제정치의 역학관계를 넘어 21세기 전 인류가 추구하는 사상과 가치의 문제이자, 대만이 중국과 평화롭게 통합될 수 있을지의 여부를 좌우할 요체이기도 하다. '중국몽中國夢'의 실현을 목표로 시민사회의 자율성보다 중앙집권적 권력 강화를 더 우선시하는 중국이 보편주의가 아닌 특수주의의 가치에 집착할 때 초래될 심각한 문제를 예의주시할 필요는 대만에만 있는 것이 아니다. 전지구적 대국이 새로이 등장할 때 보편주의적 가치를 표방하여 주변국가의 호응을 얻었던 미국, 영국, 프랑스, 소련 등에 비해, 그 대항유형으로 특수주의적 가치를 내세웠던 독일이나 일본에 중국이 더 가까울지 모른다는 한 대만연구자의 우려는 새겨들을 만했다. 또 다른 학자는 대만에서 독립이나 통일은 모두 바람직한 목표가 될 수 없으므로 새로운 목표 설정이 필요하다면서, 양안문제를 양자관계가 아닌 '6자회담' 같은 외부자 개입구조 아래서 해결해야 한다고 했다. 중국에 내재된 '평화발전'의 가치를 새롭게 찾아내야 한다는 말도 깊이 성찰할 가치가 있는 제언이었다. 무엇보다도 통일의 문제는 주변 국가의 지지를 받을 수 있는 보편주의적인 국가와 사회를 만들어내는 문제와 밀접하게 연관된다는 것을, 나는 새삼 깨달았다.

독일과 한반도를 비교할 때는 동독과 북한, 서독과 남한을 짝으로 검토하는 데 이견이 없다. 양안의 경우에 남한은 중국과 대만 중 어디를 비교의 준거로 삼을 것인가? 답사 내내 스스로 이와 관련하여 혼란스러움을 느끼곤 했다. 힘의 강약을 중심으로 보면 중국과 남한, 대만과 북한이 짝이 됨직하다. 통일에 대해 중국이 적극적인데 대만은 소극적이라는 점, 교류의 증대가 가져오는 통합효과에 대해 중국보다 대만이 더 주저하는 것을 보면 이런 비교틀이 타당해 보인다. 하지만 시장경제와 시민사회의 자율성, 선거에 의한 민주적 권력교체라는 체제차원에서 보면 남한은 대만과 가깝고 북한은 상대적으로 중국에 가깝다. 미국과의 관계를 중심으로 하는 동북아 국제정치 상황에서도 남한은 대만과 유사한 부분이 있다. 여러 차이들을 고려할 때 양안과 남북을 단순하게 비교하거나 어느 하나만을 준거로 삼는 것은 적절치 않아 보인다. 사안에 따라 교차적으로 비교함으로써 북한주민의 심성과 내적 고민을 감안한 높은 차원의 전략과 창조적 비전을 만들어가는 것이 필요하다는 생각을 했다.

떠나기 직전 대만의 한 교수로부터 받은 질문이 아팠다. 한국은 산업화에도 성공했고 민주화에도 큰 성취를 이룬 나라인데 왜 그런 힘이 남북문제에는 작동하지 않는가라는 물음이었다. 그 물음 속에는 한국이 통일을 생각하는 방식이 너무 단순하고 정치적이지 않느냐는 지적이 담겨 있다. 이는 중국에 물었던 것과 마찬가지로, 통일된 한국이 어떤 나라가 될 것인지, 통일이 한반도 주민들 개개인의 삶에 어떤 변화를 가져다 줄 것인지, 궁극적으로 통일된 한반도가 어떤 미래가치를 지향하는지를 묻는 것이기도 했다. 이런 물음은 남북한의 정치적 타협이나 경제교류의 차원을 넘어, 미래의 한반도가 어떤 공동체를 구현하고자 하는지에 대한 세계사적 전망 없이는 답하기 어렵다. 한반도 분단과 동북아의 긴장이 어떻게 연결되고 남북한 통일과 전인류적 평화구축이 왜 불가분한 관계인지, 진지하고도 지속적인 공부가 필요한 것도 이 때문일 터이다. 이 공부와 성찰의 수준만큼 한반도의 평화와 통일도 앞당겨질 것이니 각자의 자리에서 새로운 다짐과 노력을 다할 일이다.

제1장

양안관계의
명과 암

양안관계의 패러다임 전환은 가능한가

백지운

1. 다시 떠오른 '92공식'

2016년 1월 16일, 대만에서 두번째 정권교체가 실현되었다. 689만 여 표를 얻은 민진당民進黨 후보 차이 잉원蔡英文이 381만여 표를 얻은 국민당國民黨의 주 리룬朱立倫을 상대로 대승을 거두었다. 차이 잉원의 득표율은 56.12%, 국민당의 31.04%와 친민당親民黨의 12.84%를 합친 것보다 많았다. 물론 이는 2014년 말 지방현시장 선거를 통해 이미 예상된 바였다. 전통적으로 국민당 우세지역이던 타이베이와 동부 대만이 민진당·국민당·무소속으로 삼분되고 국민 당 표밭이던 진먼다오마저 무소속 현장이 당선되는 이변이 속출하 면서 대만 정치지형에 거대한 변화를 예고했던 것이다.

선거의 가장 큰 쟁점은 단연 양안문제였다. 그 중에서도 '92공식' 이 가장 뜨거운 쟁점으로 떠올랐다. 범 남영藍營[1]이라 할 국민당과

---

1 남영이란 국민당을 중심으로 한 친민당, 신당(新黨) 등의 계파와 그 지지자들을 말하고, 녹영이란 민진당을 중심으로 한 대만단결연맹(臺灣團結聯盟) 등과 그 지지자들을

친민당의 구호가 "92공식, 일중각표—中各表", "92공식을 전제로 중화민국 현상유지", "협력원원win-win, 구동존이求同存異", "양안 한가족" 등 '92공식'을 전면에 내건 데 비해, "양안현상유지", "중화민국 헌정체제"를 내세운 민진당의 구호는 확실히 그로부터 거리를 보였다. 선거가 끝난 지금, 대만 안팎의 최대 관심사는 지난 십년 파죽지세를 달려온 양안관계가 과연 지속될 수 있는가 하는 것이다. 그 지표로서 차이 잉원이 '92공식'을 어떻게 보느냐에 관심이 집중되고 있다. 선거 기간 중 온 힘을 '92공식'에 투여했던 주 리룬은 차이 잉원이 당선되면 양안관계가 퇴보할 것이라며 지지를 호소했지만, 결과적으로 국민당의 '92공식' 위협카드는 먹혀들지 않았다. 게다가 선거 직전 한국에서 발생한 '쯔위周子瑜사건'은 가뜩이나 안 통하는 '92공식'에 대한 대만인의 불신을 더욱 증폭시켰다. '92공식'의 슬로건인 '일개중국, 각자표술—個中國, 各自表述'은 중국과 대만이 '하나의 중국' 원칙에 합의하되 그 의미에 대한 해석은 서로 다를 수 있다는 뜻이다. 그런데 '쯔위사건'은 대만 사람들에게 '92공식'엔 '하나의 중국'만 있을 뿐 '각자 해석'의 여지가 없음을 재확인시킨 것이다.

 '92공식'을 내세우지 않고 압도적 지지를 받은 차이 잉원이 향후 양안문제를 어떻게 풀어갈까. 비록 극도로 자제하고 있지만, 사실 그녀는 '92공식'에 대해 의미심장한 발언을 한 바 있다. 선거 운동 중, 그녀는 "1992년의 양안 양회(중국의 해협회와 대만의 해기회)가 회담을 한 역사 사실을 부인하지 않는다"라고 말했다. 그리고 당선 후인 1월 21일 『쯔여우스빠오自由時報』와의 인터뷰에서는 "1992년 당

말한다. 청색과 녹색은 각각 국민당과 민진당을 대표하며, 전자는 '통일', 후자는 '독립'이라는 정치적 의미를 지닌다.

사진 1. 유세 중인 차이 잉원 © Coolloud

시 양안의 양회가 상호이해와 구동존이의 입장에서 공통의 인식과 이해에 도달했다는 역사 사실을 존중하고 이해하"며 "20년 이래 쌍방의 교류와 협상이 누적되어 형성된 현상과 성과를 소중히 여"겨, "이 기본 사실과 기존의 정치기초에 의거하여 양안관계의 평화안정과 발전을 추동할 것"이라 말했다. 이 신중하기 그지없는 발언에 장착된 전략적 모호성은 대만해협을 다시 한 번 달구었다. 범 남영과 중국 언론에서는 '92공식'에 대한 책임 있는 입장표명을 촉구하는가 하면, 녹영綠營에서는 선거 승리의 여세를 몰아 '92공식 부재설'을 한결 밀어붙었다.

'92공식'을 긍정도 부정도 하지 않는 차이 잉원의 작전이 선거 승리에 지대한 영향력을 미쳤음은 물론이다. 극렬한 반중정서가 최근 대만 국토를 휩쓴 것은 사실이지만, 정치인이라면 누구나 지난 십년 양안교류가 낳은 경제효과를 간단히 부정할 수 없음을 잘 알고 있다. 중국에 대한 의존도가 커지면서 그에 대한 반감도 함께 거세지는 대만인의 모순된 심리를 어떻게 읽어내고 다독이느냐가 이번 선거의 관건이었다. 그런 점에서 '현상유지'를 강조한 그녀의 전략은 '92공식'을 정면으로 부정하지 않으면서도 그것에 붙어있는 정서적 거부감을 적절히 회피함으로써, 녹영뿐 아니라 남영의 표까지도 효과적으로 자기편으로 끌어올 수 있었던 것이다.

표면적으로 국민당의 '92공식'과 민진당의 '현상유지'라는 두 구호가 대립하는 것처럼 보이지만, 따지고 보면 그 차이는 매우 미묘하다. '92공식'의 핵심인 '일중각표'가 '하나의 중국'이라는 원칙에 대해 중화인민공화국과 중화민국이 각자 자신의 대표성을 주장하는 것을 상호 묵인하는 것인 만큼, 그 자체가 일종의 '현상유지'론이기 때문이다. 또한, 천 수이볜陳水扁 정권 때부터 녹영에서 '92공식'의 존재 자체를 부인하는 '92공식 부재설'이 끊이지 않았음을 감안한다면, 차이 잉원의 이른바 '92사실설'은, 비록 '92공식'이라는 말을 의도적으로 피하긴 했지만 적어도 그 역사적 존재를 인정한다는 점에서 기존의 녹영 입장과 크게 다른 것이었다.[2] 차이 잉원은 민진당과 국민당의 대립 사이에서 중간지대를 찾고 있는 듯하다. 오는 5월 집권을 앞둔 민진당이 과연 이 복잡한 퍼즐을 어떻게 풀어갈지, 귀추가 주목되는 이유다.

---

2 范世平, 2006, 「北京不應誤判蔡英文的善意」, 『自由時報』 (2006.1.27.).

2. '92공식'의 창조적 모호성

그렇다면 '92공식'이란 도대체 무엇이며, 어떻게 생겨났는가. '공식共識'이란 말은 'consensus'의 번역어이다. 대만에서는 1980년대, 중국은 1990년대에 와서 이 말을 쓰기 시작했다. 정확하게 번역하면 '합의' 정도가 될 텐데, 이는 결코 법률용어가 아니다. 국제법상으로 보면 조약이나 협의에도 미치지 못한다. '92공식'이 지칭하는 것은 1992년 홍콩회담에서 양안 쌍방이 '하나의 중국'의 의미를 놓고 구술과 서신 교환으로 벌인 토론을 말한다. 중국 측은 대만을 중국의 일부라고 보았고, 대만은 중국과 대만이 각각 중국의 일부라고 보았다. 양자의 관점은 좀처럼 좁혀지지 않았다. 결국 중국 측은 '하나의 중국'이라는 원칙적 태도만 견지한다면 그것의 정치적 의미는 논하지 않아도 좋다고 했고, 대만 측 역시 '하나의 중국'에 대해서는 동의하나 쌍방이 그에 부여하는 의미는 다를 수 있다고 말하는 선에서 회담을 매듭지었다. 이렇게 보면, '92공식'이란 양안 쌍방이 논쟁을 처리하는 방식의 합의이자 전략이지 결코 '하나의 중국'의 의미에 대한 합의는 아니었다.[3]

1992년 홍콩회담이 마련된 데에는 양안 모두에게 수요가 있었다. 1990년대 초, 양안해협에 40년에 걸친 냉전이 종식되면서[4] 중국과 대만 모두에 정치적 환경의 변화가 발생했다. 리 덩후이는 취임 초기 획기적인 사업을 벌여 집권기반을 공고히 할 필요가 있었

---

3 徐春柳, 2008, 「"九二共識"形成內情」, 『報刊薈萃』 2008년 제7기, p.38; 初國華, 2011, 「臺海兩岸九二共識之研究」, 『育達科大學報』 제26기, pp.184~191.

4 대만 본섬은 1987년, 진먼다오에는 1992년 계엄령이 해제되었다.

고, 1989년 톈안먼天安門 사건으로 국제적 제재를 받고 있던 중국은 대만을 끌어들여 통일공정을 추진함으로써 이미지를 향상시키려 했다. 이에 1990년 말에서 1992년 8월 사이 리 덩후이 총통이 밀사 쑤 즈청蘇志誠을 베이징에 파견하여, 중국 국무원대만사무처中國國務院臺灣事務處辦公室 주임 양 쓰더楊斯德와 왕 자오궈王兆國 및 해협회 회장 왕 다오한汪道涵 등과 비밀 회담을 갖게 했다. 이 비밀 회담에서 쌍방 간에 초보적 신뢰를 확인하면서 1992년 홍콩회담이 가능해졌던 것이다.[5]

당시 홍콩회담의 핵심 쟁점은 '하나의 중국'이 무엇을 의미하느냐 하는 것이었다. 1947년 제정된 대만의 중화민국헌법에는 이미 '하나의 중국'이 명시되어 있었다. 말할 것도 없이 이때의 중국은 중화민국을 뜻하며, 1949년 중화인민공화국이 생겨나기 전까지 이는 전혀 문제되지 않았다. 1991년 2월, 대만 국통회國家統一委員會에서 '국가통일강령'을 통과시킬 때에도 대만은 '하나의 중국' 정책을 견지했다. 1992년 홍콩회담에서 중국과 대만 양측은 모두 '하나의 중국'을 내세웠지만 그 의미는 전혀 달랐다. 당시 '하나의 중국'이라는 공통분모는 사실 적대성마저 안고 있었다. 그럼에도 불구하고, 이 허약한 공통점으로부터 양측은 상호 신뢰의 기반을 찾고 필요에 따라 간단한 사안부터 실천에 착수함으로써 이후 양안교류의 기반을 다졌던 것이다.

그러나 홍콩회담에서 주고받은 내용은 각자의 구술과 서신에 의한 것일 뿐 쌍방이 함께 작성하고 서명한 문서로 남은 것이 전혀 없

---

5 蘇起, 2002, 「'一個中國, 各自表述'共識的意義與貢獻」, 『海峽評論』 제143기, 2002, pp.7~9.

다. 당연히 당시에는 '92공식'이라는 말도 존재하지 않았다. 게다가 지금은 널리 알려진 '일개중국, 각자표술(하나의 중국, 해석은 각자)'이라는 원칙도, 설령 그 취지가 포함은 되었을지언정, 정확하게 이 여덟 글자가 회담에서 사용된 것도 아니었다.[6] 바로 이러한 비공식성과 모호성으로 인해 '92공식'은 오랫동안 그 존재의 인정 여부가 쟁점이 되어왔으며, 대만의 일각에서는 지금까지도 '92공식 부재설'이 끊이지 않는 것이다.

그렇다면 '92공식'이라는 말은 어떻게 만들어진 것일까. 지금은 중국이 '92공식'으로 대만을 압박하는 형세지만, 이 말이 처음 만들어진 것은 대만에서였다. 홍콩회담으로부터 8년이 지난 2000년 4월, 리 덩후이의 임기 말 대륙위원회中華民國行政院大陸委員會 주임이었던 쑤 치蘇起가 처음 만들어 공포했다. 역설적으로 쑤 치가 '92공식'이라는 말을 고안한 2000년은 양안관계가 악화되어 홍콩회담의 내용이 중국과 대만 모두에게 부정되던 시기였다. 홍콩회담 이후 1993년 구왕회담辜振甫-汪道涵, 1994년 후롄회담胡錦濤-連戰, 후쑹회담胡錦濤-宋楚瑜으로 급물살을 타는 듯했던 양안 대화는 1995년 리 덩후이의 미국 방문과 1999년 '양국론'의 제기로 급속히 냉각되었다. 그 과정에서 중국은 1996년에 들어 홍콩회담의 내용을 부인하기에 이르렀고, 대만에서도 2000년 1월 대선에서 민진당이 집권하면서 역시 부정될 위기에 처했다.[7] 쑤 치가 '92공식'이라는 말을 만

---

6 '一個中國, 各自表述'이 처음 사용된 것은 1995년에서 1996년 즈음 대만 쪽에서인 듯하다. 1995년 해기회 비서장 자오 런허(焦仁和)가 처음 사용했다는 설, 1996년 4월 행정원대륙위원회 주임위원 장 징위(張京育)가 처음 사용했다는 주장이 있다.

7 특히 이후 천 수이볜이 제기하게 되는 '일변일국(一邊一國)'론은 92년 회담의 핵심전제인 '하나의 중국'을 전면적으로 뒤집는 것이었다.

들어낸 것은 이 같은 양안간의 위기국면을 타개하는 전략적 공간을 열기 위해서였다. '하나의 중국'과 같은 정치적으로 고도로 민감한 표현을 '92공식'이라는 모호한 말로 대체함으로써 일종의 타협공간을 마련하자는 것이었다.

그러면 중국은 언제부터 '92공식'을 인정했는가. 여기에 대해서는 해석이 분분하다. '92공식'의 모호성은 중국이 '하나의 중국一中' 부분을 더 강조한 반면 대만에서 '각자 해석各表' 부분을 더 강조한 데 있다. 문제는 중국이 언제부터 '각자 해석' 부분을 수용했느냐이다. 적어도 1999년까지 중국은 '일중각표' 원칙에 반대했다.[8] 중국이 '일중각표'가 '92공식'의 핵심정신임을 공식적으로 인정한 것은 2008년 후 진타오 주석과 미국 부시 대통령의 전화 통화에서였다. 그러나 일각에서는 이미 홍콩회담 이후 중국이 더 이상 중화인민공화국이 중국의 유일한 합법정부임을 강조하지 않았으며 대만이 '하나의 중국'을 중화민국으로 해석하는 것을 묵인해왔다는 주장도 있다.[9] 이로 보건대, 중국은 '하나의 중국' 원칙을 기본으로 하되 '각자 해석'에 대한 부분을 점차적으로 수용해 온 듯하다. 이는 2008년 '92공식'과 '직항개통'을 전면에 내세워 역대 최고 득표율(58.45%)로 당선된 마 잉주 정권의 출범에 호응하는 것이기도 했을 것이다. 그러나 중국이 '92공식'을 본격적으로 강조하기 시작한 것은 아주 최근, 다시 말해 마 잉주 집권 후기 민진당의 재집권 가능성을 의식하면서부터였다.

---

8 바이두(百度) 백과사전의 '一中各表' 항목 참조.
9 初國華, 2011, p.188.

말하자면 '92공식'은 양안관계가 안정보다는 위기에 처했을 때 더 강조되었다. 우선, 그 용어가 만들어진 것이 2000년 초반, 즉 양안이 탈냉전 이래 처음으로 정치군사적 긴장에 돌입하는 와중이었다. 그리고 대만에 반중정서가 확산되고 민진당이 총통뿐 아니라 국회의원, 지방현시장 선거까지 모조리 승리함으로써 건국 이래 '진정한' 정권교체를 맞은 지금, 다시 한 번 뜨거운 쟁점으로 떠오르고 있는 것이다. 다시 말해 '92공식'은 그 '창조적 모호성'으로 인해,[10] 양안이 어려운 시기를 만날 때마다 갈등과 긴장을 버티는 완충지대를 마련하여 다음 단계를 준비할 시간과 공간을 제공했다고 할 수 있다.

3. 지구전으로서의 '평화발전'

대만이 발신한 양안담론이 '92공식'이라면 그에 호응하여 나온 것이 중국의 '양안평화발전'론이다. 건국 이래 중국의 공식적인 양안담론은 세 단계를 거쳤다. 첫째는 냉전시대의 '대만해방'. 미국 제국주의로부터 대만을 해방한다는 이 말에는 당연히 무력통일의 의미가 포함되어 있다. 이어 1979년 중미수교로 탈냉전이 시작되면서 '대만해방'은 '평화통일'로 대체된다. 그리고 2000년대 이후에는 '양안평화발전'이 중국의 공식적인 양안담론으로 사용되고 있다.

'양안평화발전'의 모토는 2000년대 중반 중국공산당 16차 중앙위

---

10 '92공식'의 '창조적 모호성'이라는 말은 이 책에 수록된 쉬 진위(徐進鈺)의 글에서 얻어왔다.

원회에서 채택된 '사회주의 조화사회'와 연동되어 있다. 개혁개방 이후 급속한 경제발전이 초래한 지역 및 계층간 격차를 해결하기 위해 제기된 '조화和諧'의 이념이 대외문제로 확장되면서 양안문제에도 적용되기 시작한 것이다. 공식적인 문서를 중심으로 보면, 2005년 원 자바오溫家寶의「정부공작보고」중 어렴풋이 드러난 '평화발전' 개념이 2005년 후 진타오와 렌 잔이 공동 발표한 '양안평화발전공동비전'에서 구체화되었으며, 2007년 중국공산당 17대 정치보고서에서 "양안관계의 평화발전의 주제를 확고히 장악할 것"을 주장한 후 진타오의 발언을 통해 공고해졌다.[11] 그런데 '양안평화발전'의 구상이 1980년대 덩 샤오핑鄧小平에게서 이미 배태되었다는 주장도 있다. 류 궈선劉國深에 따르면, 1984년 미국 조지타운대학 연설에서 덩 샤오핑이 "중국이 국내 건설에 온 정신을 집중하려면 최소한 20년의 평화가 필요하다"며 양안문제를 거론했고, 이어 1985년에 "평화와 발전은 당대 세계의 양대 문제"라고 말했는데, 이것이 지금 '양안평화발전' 개념의 기원이다.[12]

그러나 정치담론으로서 '평화발전'은 '92공식' 못지않게 모호하다. '대만해방'이나 '평화통일'의 구호에 정치적 지향이 명확한 데 반해, 평화롭게 상호 발전하자는 이 구호에는 냉전 이래 양안의 민감한 쟁점이었던 국가정체성이나 통일에 관한 언급이 보이지 않는다. 도대체 이처럼 무색무취한 구호에 어떤 정치적 의미가 담겨 있는가. 결론부터 말하면, '평화발전'은 일종의 지구전持久戰론이다. 마오 쩌둥

---

11 陳孔立, 2010,「和平發展的聯想」,『走向和平發展的兩岸關係』, 北京: 九州出版社, p.13.

12 劉國深, 2012,「兩岸和平發展價値觀社會化探析」,『臺灣硏究集刊』2012년 제6기, p.8.

毛澤東의 지구전론이 일본에 대한 해방군의 상대적 열세에서 나왔다면, 지금의 '평화발전'은 힘의 절대적 우세와 자신감에 기반한 신판 지구전론이다. 그러나 뒤집어 보면, 이는 중국에 양안문제가 그만큼 어려운 과제임을 말해준다.

여기서 잠시 중국 샤먼대학 대만연구소 원장 류 궈선의 논설을 중심으로 '양안평화발전'의 의미를 분석해 보고자 한다. 중국의 대표적인 대만 연구기관으로는 베이징대학 대만연구원(2010년 설립), 중국사회과학원 대만연구소(1984년), 그리고 샤먼대학교 대만연구원(1980년) 등이 있다. 그 중에서도 샤먼대학 대만연구원은 가장 오래되었을 뿐 아니라 규모도 제일 크다. 대만의 진먼다오를 지척에 둔 샤먼은 대만과 같은 민난閩南문화권인 푸젠성福建省에 소재하고 있어, 역사·언어·문화뿐 아니라 경제적으로도 대만과 긴밀한 관계를 맺고 있다. 또한, 중앙정부로부터 상대적으로 떨어져 있는 탓인지, 양안문제를 보는 관점도 미묘하지만 더 유연한 데가 있다. 그 점에서 류 궈선의 양안평화발전론을 특화시켜 보는 것은 의미가 있다고 생각된다.

'평화발전'이 앞시대의 양안담론과 갖는 두드러진 차이는 '통일'이 빠져있다는 점이다. '대만해방'이든 '평화통일'이든, 무력적 수단이냐 평화적 수단이냐의 차이만 있을 뿐, 기본적으로는 양안문제를 영토적 주권 회복의 문제로 보아왔다. 그런데 류 궈선은 양안문제를 더 이상 영토주권의 문제로 보아서는 안 된다고 주장한다. 그에 따르면 영토주권의 문제는 1945년 대만이 일본에서 독립할 때 이미 해결되었으므로 더 이상 양안이 추구할 목표가 아니다. 영토주권은 '가짜 문제'일 뿐, 진짜 과제는 양안 두 정권의 적대관계를 종결하여 내정과 외교 공간을 재분배하고 인민의 생활과 밀접한 경제·사회·문화의 수준을 향상시키는 것이다. '하나의 중국'은 도달해야 할 목표가 아니라 "양안이 함께 지키고 구체화해야 할" 현상이다.[13] 류 궈선의 이 같은 논법은 사실상 '92공식' 중 '하나의 중국一中' 원칙의 연장이다. 이 주장을 뒷받침하기 위해 그는 대만의 헌법을 든다. 자국 영토를 대륙까지 포함시키는 중화민국 헌법이 이미 양안문제가 영토문제가 아님을 증명한다는 것이다. 대만으로서는 달갑지 않겠지만 국호와 헌법을 바꾸지 않는 한 이를 원칙적으로 부정하기 어렵다. 이는 대만의 딜레마이다.

사실 류 궈선의 논술은 묘한 뉘앙스를 지닌다. 대만이 중국 영토의 일부라는 중국의 억압적 주류 언설과 같이 가는 듯하면서도, 대만을 압박하기보다는 상대방의 정당성을 모호하게 인정해 주는 방식으로 민감한 대목을 건너뛴다. 이렇게 양안문제에서 '영토주권' 문제가 제외되면서 '평화발전'론은 '통일'이라는 뜨거운 감자를 건드리지 않아도 될 근거를 획득한다. 통일이 다루기 힘들어 미루는 것이 아니라 다룰 필요가 없게 되는 것이다. 그런가 하면, 그의 논술은 '하나의 중국'을 의심할 수 없는 전제로 상정하되 그것이 어떤 정치체인지는 미결로 남겨둔다는 점에서, '92공식' 중 '각자 해석各表' 원칙도 포괄한다. 이처럼 류 궈선은 양안문제에서 통일을 '합법적으로' 제외시킴으로써 양안 논술에 한결 탄력적인 논의공간을 제공한다. 이는 '평화발전'이라는 중국의 논술에 '92공식'이 얼마나 중요한 전제가 되는지를 다시 한 번 보여준다.

---

13 劉國深, 2008, 「兩岸關係和平發展新課題淺析」, 『臺灣研究集刊』 2008년 제4기, pp.2~9.

주지하듯 '양안평화발전'론의 원칙은 민감한 정치문제는 미뤄두고 실행 가능한 경제와 민생 문제부터 해결하자는 '선이후난先易後難', '선경후정先經後政'이다. 그런데 류 궈선의 논술을 잘 읽어보면, 이러한 기본 원칙을 반복하는 듯하면서도 일반적인 중국 언론에서 잘 듣지 못하는 다른 사고의 편린들이 발견된다. 그 첫번째 단서를 그가 '독립론'을 부정하는 방식에서 찾을 수 있다. 대만의 독립론을 일방적으로 비판하는 중국 언론들과 달리, 그는 '독립론'이나 '양국론'의 일정한 시대적 배경과 합리성을 인정하고,[14] 나아가 대만의 '독립론'과 중국의 '통일론'을 같은 차원에서 모두 시대적 한계로 파악한다. 즉, 독립론이든 통일론이든 모두 양안이 '하나의 중국'이라는 현실을 제대로 인식하지 못한 지난 시대의 오류로서, '평화발전'이라는 창조적 발상 전환을 통해 극복될 대상이라는 것이다.

두번째로 주목할 것은 류 궈선이 '평화발전'을 통일로 가는 중간 단계로 설정하지 않는다는 점이다. '평화발전'에 관한 그의 논술 어디에도 '통일'을 주장하거나 전제하는 표현은 보이지 않는다. 그의 논리대로 하자면 오히려 통일을 주장하는 것이야말로 시대착오적 발상이다. 왜냐하면, 지극히 모호한 의미에서지만, 양안은 이미 '하나의 중국'이기 때문이다. 그 '하나의 중국'이 도대체 어떤 정치체인지에 대해서는 전적으로 열려있다. 그가 반복적으로 주장하는 것은 '하나의 중국'이 어떤 정치체가 될지는 일정한 조건이 성숙되었을 때 양안의 후손들이 지혜를 모아 해결할 문제이지 조건이 갖춰지지 않은 지금 소모적인 논쟁을 할 필요가 없다는 것이다. 지금 세대의

---

14 劉國深, 2012, pp.9~10.

과제는 오직 그 조건을 성숙시키기 위해, 실현 가능하고 실질적으로 요구되는 경제협력을 추진하는 것이다.[15] 물론 그가 '하나의 중국'의 미래상에 대해 전적으로 함구하는 것은 아니다. 언뜻 그의 글 중에는 "'평화발전'을 구성하는 '평화'와 '발전'이라는 개념에는 본래 독립과 통일의 성분이 모두 포함되어 있다"[16]는 다소 놀라운 표현도 보인다. 익숙한 변증법적 논리로 치부할 수도 있겠지만, 미래의 '하나의 중국'이 '독립'과 '통일'을 모두 포함한다는 그의 말은 '독립'이라는 말만 나와도 경기를 일으키는 중국의 일반적인 반응과는 확실히 다른 뉘앙스를 지니고 있다. 그가 말하는, '독립'과 '통일'을 한 차원 넘어서는 새로운 국가형태가 과연 어떤 것인지는 알 수 없지만, 현재 지구상에 규범적 국가형태로 존재하는 국민국가를 넘어서는 새로운 상상력을 요구하는 것만큼은 틀림없어 보인다.[17]

마지막으로 중요한 지점은 '평화발전'에 경제문제를 우선적으로 배치하면서도 정치문제의 진입 가능성을 차단하지 않는다는 데 있다. 류 궈선은 양안 쌍방이 충분한 시간과 공간 속에서 경제를 발전시켜 나간다면, 자연스런 접촉의 증가와 전반적인 전지구화의 흐름 속에서 필연적으로 상대방의 정치변혁을 요구할 수밖에 없다고 말한다.[18] 즉, 경제 교류와 인적 왕래의 축적 속에서 서로에 대한 이해

---

15 劉國深, 2008, p.5.

16 劉國深, 2012, p.10.

17 또 다른 글에서, 중국의 국가관이 중세 유럽식 제국이나 근대 국민국가와 다르다는 말도 보이는데, 이런 논의가 일각에서 제기되는 제국론과 호응하는 것인지는 자세한 논술이 없어 속단하기 어렵다. 劉國深, 2014, 「'九合一'選後臺灣政黨政治發展的未來趨勢」, 『臺灣研究』 제1기, p.27.

18 劉國深, 2008, pp.4~5.

와 신뢰가 성숙하면 양안 쌍방이 서로에 대해 정치적 변화를 요구할 수 있다는 것인데, 여기서 제기되는 것이 '양안공치 兩岸共治' 즉 거버넌스의 개념이다. "정부, 공민 그리고 민간사회 조직들의 협력"으로서의 거버넌스는 비록 공권력의 참여를 전제하지만 민간사회의 주체적 역할이 더 강조되는 다원적 주체에 의한 관리방식이다. 궁극적으로 '평화발전'의 비전은 경제발전과 인적 왕래를 기반으로 축적된 사회자본(네트워크, 제도, 신뢰)을 어떻게 미래의 정치자본으로 전환시키느냐에 달려 있다.[19]

물론, 류 궈선의 논술에 대국주의적 기조가 깔려있는 것을 부인하기는 어렵다. 어떤 경우에도 대만의 독립을 허용하지 않는다는 점에서 '평화발전'론은 기본적으로는 대국주의이다. 이미 세계의 중심이 중국으로 향하는 21세기의 흐름 속에, 당분간 이 대세를 거스르기는 힘들 것이다. 중요한 것은 이러한 절대적인 힘의 우세에도 불구하고 중국이 양안문제를 속승론 速勝論이 아닌 지구전의 관점에서 접근하고 있다는 사실이다. 독립도 통일도 아닌 모호한 상태를 장기간 유지하며 실현 가능하고 서로에게 필요한 문제들부터 추동함으로써, 천시 天時와 지리 地利 그리고 인화 人和를 얻겠다는 발상이다. 그리고 이때의 '인화'가 반드시 대만의 민중만을 겨냥한 것은 아니라는 점도 주목을 요한다. 류 궈선의 논술은 '평화발전'의 이념이 중국 인민들 사이에도 충분히 공유되어 있지 않음을 전제한다.[20] 그 점에서

---

19 劉國深·楊冬磊, 2013, 「增進兩岸政治互信的社會資本路經探析」, 『東南學術』 제4기, pp.15~22; 劉國深, 2009, 「試論和平發展背景下的兩岸共同治理」, 『臺灣研究集刊』 제4기 참조.

20 이를 테면, 그가 최근 십년 중국 안에서도 통일을 주장하기보다 '하나의 중국'이라는 틀에서 현상을 유지하자는 주장이 점점 더 많은 사람들의 이해와 지지를 얻고 있다고

'평화발전'론의 대국주의는 대내 교양용의 측면이 없지 않다. 즉, 한편으로는 대국적 자신감의 발로이지만, 다른 한편으로는 중국 인민들에게 대국의 인민답게 자신감을 갖고 편협한 민족주의에서 벗어날 것을 요청하는 의미도 들어있는 것이다.

류 궈선의 '평화발전'에 대한 해석이 중국의 공식적인 해석과 일치하는지는 더 따져봐야 할 것이다. 적어도 국가 이념으로서 '92공식'이나 '평화발전'은 아직까지는 현재진행형인 듯하다. 이번 쯔위 사태만 하더라도, '92공식'이 중국 안에서 충분히 공유되지 않았음을 보여준다. 중국 네티즌의 감정적 대응은 말할 것도 없고, 정부 공식 매체인 『환치우스빠오』(인터넷판)마저 쯔위의 사죄를 "대독세력에 대한 중국 네티즌의 완승"[21]으로 보도한 것은 중국 스스로가 '92공식'의 '각자 해석' 원칙을 배반한 셈이 되는 것이다. 어느 글에서 류 궈선은 양안이 공동의 영토주권에 대해서만 합의한다면, 국호, 국기, 국가國歌 논쟁은 그만 하자고 제안하기도 했다.[22] 이런 상황으로 보건대, 양안문제가 지구전을 요하는 것은 당연해 보인다. '92공식'이든 '평화발전'이든 내부의 합의에 이르는 길 또한 상대방을 설득하는 것 못지않게 지난하기 때문이다.

말하는 대목에 주목하자. 劉國深, 2014, p.28.

21 環球時報－環球網(2016.01.16.).

22 劉國深, 2008, p.5.

4. 위기인가, 기회인가

탈냉전 이래 양안관계는 지금 근본적인 위기에 직면해 있다. 지방선거 승리에 국회의원 과반수 의석까지 확보한 이번 민진당의 재집권은 양안 간 물적·인적 교류가 최고조인 시점에서 얻어낸 것이라는 점에서, 2000년 천 수이볜 당선 때와 질적으로 다르다. 이런 변화가 지난 몇 년 대만을 휩쓴 사회운동의 성과라는 사실도 중요하다. 게다가 대만의 반중정서는 점차 중국 민간의 반反대만 정서로 되돌아올 조짐도 보이고 있다. 쯔위사건은 중국 네티즌의 고질적인 민족주의의 발현이기도 하지만, 어떤 면에서는 대만의 거센 반중 파고에 대한 중국인의 당혹감과 초조감의 발현이기도 하다. 적어도 지금 상황으로 보건대 양안관계가 '인화'에 이르기는 요원해 보인다.

지금 양안에 필요한 것은 이 위기를 냉정하게 분석하는 것이다. 2014년 '3·18해바라기운동'으로 정점을 찍은 대만의 사회운동은 그간 민중들의 누적된 불만을 '반중反中'이라는 기치 아래 집결시켰다. 그러나 과연 24일 동안 연인원 50만 명을 동원한 이 운동을 오로지 '반중'='반국민당'으로만 설명할 수 있는가에 대해서는 이미 다양한 분석들이 나오고 있다. 그 중 하나는 해바라기운동을 지난 십년간 대만의 사회운동이라는 거시적 맥락에서 보아야 한다는 주장이다. 2004년 타이베이 메트로 공사 부지를 위해 러성樂生 한센병 요양원을 철거하기로 한 타이베이 시에 반대하여 일어난 '청년러성운동', 2008년 중국 해협회 회장의 방문 당시 중산베이루中山北路 일대에 대만국기를 내리게 한 데서 출발하여 민주적 집회시위법 개정 요구로 확대되었던 '산딸기운동', 2012년 중국 자본과 대만 공권

사진 2. 해바라기운동에 참여한 시위대 ⓒ Coolloud

력이 대만 매체의 자율성을 억압하는 데 반대했던 반매체독점시위,
2013년 군대의 사회화와 군 인권보장을 제기했던 '바이샨쥔白衫軍
운동' 등, 학생들을 주축으로 시민단체들이 결합한 이 일련의 운동
에는 대만사회에 잠복해 있던 좌파적 기류를 기반으로 하되 인권·
언론·표현의 자유와 같은 민주주의 의제들이 반중적 요소와 복잡
하게 뒤얽혀 있었다. 해바라기운동은 바로 이러한 복잡한 흐름들의
축적 속에서 그처럼 대규모로 터져나올 수 있었던 것이다.[23] 비슷
한 관점에서, 의제와 주체집단의 이질성에 주목하여 해바라기운동
의 중층성에 주목하는 시각도 제기되었다. 이에 따르면, 해바라기운

---

23 劉美好, 2014, 「一夜長大: 臺灣當代青年社會參與之濫觴」, 『思想』 27호, pp.111~128.

동은 1) 반중을 주장하는 대만 국족주의, 2) 신자유주의적 자유무역에 반대하는 급진좌파, 3) 양안담판의 민주적 절차 개선을 요구하는 민주개혁파, 4) 기성세대에 불만을 폭발시킨 청년세대의 '세대정의론'이 한데 결합된 다층성으로 재규명되어야 한다.[24] 그밖에, 해바라기 운동으로 대표되는 대만의 최근 사회운동이 대만사회의 갈등구조가 족군ethnic group 갈등에서 계급 및 세대 갈등으로 대체되고 있음을 보여주며, 그 점에서 민진당과 국민당은 더 이상 이데올로기 차원에서 대립하지 않는, '적대를 가장한 공존' 관계라는 주장도 주목할 만하다.[25]

문제는 이처럼 복잡하게 구조화된 대만사회의 모순이 왜 '반중'이라는 이름으로 표출되었는가 하는 것이다. 왜 '중국 요소'가 이 모든 사회모순의 결정적 원인인가. 이에 대한 근거로 흔히 이야기되는 것은 이익의 불공정한 분배이다. 양안교류에서 나오는 이익이 일부 특권층에게만 돌아가며, 궁극적으로 그것은 대만의 민주주의가 중국의 자본과 권력에 침식당하고 있음을 보여준다는 것이다. 그러나 이런 주장에 대해 쉬 진위徐進鈺는, 그렇다면 왜 한국처럼 대만보다 더 대기업 편향적인 나라들이 중국과 FTA를 체결할 때 대규모 반중시위가 일어나지 않았느냐고 묻는다. 그가 볼 때 대만사회운동에서 '반중'은 대만 내부의 모순구조를 직시하지 못하게 가로막는 인식적 장애물이다. 대만사회의 중층적 모순은 결코 '중국 요소'가 제거된다고 해서 해결되는 것이 아니기 때문이다. 그런 점에서, 이번 민

---

24 曾柏文, 2014, 「太陽花運動: 論述軸線的空間性」, 『思想』 27호, pp.129~148 참조.

25 김민환·정현욱, 2014, 「'양안서비스무역협정'의 쟁점과 대만사회 갈등구조 변화」, 『아태연구』 제21권 제3호, pp.29~30.

진당의 재집권이 오히려 대만사회의 구조적 문제를 올바로 인식하고 양안문제 토론의 새 단계를 여는 계기가 될 것이라는 쉬 진위의 말은,[26] 향후 양안관계의 추이를 지켜볼 때 유념해 둘 만한 지적이다.

한편, 해바라기운동은 그동안 양안문제에 소극적이었던 중국 지식계에도 토론의 열기를 불어넣었다. 2014년에서 2015년 사이, 중국 신좌파 진영을 대표하는 왕 후이汪暉 칭화대학清華大學 교수가 운영하는 '인문과사회人文與社會' 웹사이트에서 벌어진 일련의 논쟁은 양안문제가 지식인의 토론장으로 진입했다는 사실만으로도 적잖은 변화를 보여준다. 논쟁은 2014년 8월, 대만 학자 자오 강趙剛의 칭화대학 강연에서 시작되었다. 이 강연에서 그는 해바라기운동에 대해 통일/독립이라는 대만의 고질적 대립구조를 벗어나지 못한 급진적 대독주의臺獨主義라 비판하면서 이러한 한계를 넘어서기 위해 대만과 중국을 초월한 (공동의) '이념으로서의 중국'을 새롭게 사고할 것을 주장했다. 이에 호응하여 왕 후이 역시 해바라기운동이 신자유주의의 지구화라는 구도 아래 벌어지는 양안 자본의 유통과 분배의 모순 그리고 미국의 '아시아 회귀' 이후 동아시아에 형성되는 '신냉전' 구도를 제대로 읽어내지 못함으로써 대중추수주의로 떨어지고 말았다고 비판했다. 여기에 대만 학자 류 지후이劉紀蕙가 이들의 주장을 반박하면서 논쟁의 지형이 만들어졌다. 류 지후이는 해바라기운동으로 대표되는 최근 대만의 사회운동은 국가–자본–민족의 고질적 유착에 대한 저항으로서, 결코 '대독臺獨'으로 단순화될 수 없다고 항변했다. 아울러 자오 강과 왕 후이가 주장한 '이념으로

---

26 이 책에 실린 쉬 진위(徐進鈺) 글의 결론 부분 참조.

서의 중국' 틀로는 현재 양안의 모순을 해결할 수 없으므로 마땅히 폐기하고 새로운 공동의 이념을 모색해야 한다고 주장했다.[27] 이들의 논쟁이 대륙과 대만, 통일과 독립이라는 기존의 대결구도를 크게 벗어났다고 하기는 어렵다. 그러나 그동안 거의 정치구호의 수준으로 통속화·공동화되었던 양안문제를 사상토론의 차원으로 끌어올리는 시도였다는 점에서 이 토론은 의미가 있으며, 앞으로 더욱 심화되어야 할 것이다.

사실, 산발적이지만, 기존의 경직된 통독統獨 대립구도를 넘어서는 다양한 주장들이 이미 양안 지식계에서 제출되고 있다. 이를 테면, 중국을 무조건 포용하는 '중국기회론'과 무차별적으로 악마화하는 '중국위협론'을 넘어 '제3의 중국상상'을 제기한, 대만 중앙연구원의 우 제민吳介民이 있다. 그는 부단히 변화하는 국가—사회 관계로부터 발아하는 중국의 공민公民운동에 주목한다.[28] 대만의 시민사회와 중국의 신생 공민운동 간의 접점을 모색하는 그의 시도는 일견 '민주주의 수출론'의 혐의가 없지 않지만, 이제까지 양안 논의에 없던 길을 개척하고 있다는 점에서 주시할 만하다. 그런가 하면, 중국자본이 대만에 가하는 부작용만을 비판할 게 아니라, 1990년대 중국 초기 자본주의화 과정에서 대상臺商과 대만자본이 중국의 노동구조를 기형화하는 데 일조했던 역사를 반성함으로써 대만사회의 통독

---

27 趙剛,「風雨臺灣的未來: 對太陽花運動的觀察與反思」(2014.8.13.); 汪暉,「當代中國歷史巨變中的臺灣問題: 從2014年的'太陽花運動'談起」(2015.1.30.); 劉紀蕙,「與趙剛商榷: 我們需要甚麻樣的'中國'理念」(2015.7.1.) 등이 '人文與社會' 웹사이트에 연달아 실렸다. http://wen.org.cn 에서 검색 가능.

28 吳介民, 2013,「從臺灣出發的中國想像」,『思想』제24기, 321~339쪽; 吳介民, 2009,「中國因素與臺灣民主」,『思想』제11기, pp.141~157.

논쟁구조를 자성적으로 극복해야 한다는 주장도 대만 일각에서 보인다.[29] 또한, 중국에서도 소수이지만, 기성세대와 다른 관점에서 양안문제를 바라보는 시각이 생겨나고 있다. 해바라기운동이 현대 대만사회의 곤경과 더불어 그것을 주체적으로 타개하려는 민간사회의 역량을 함께 보여주었으며, 이제 관건은 중국이 이를 어떻게 받아들이느냐에 달렸다고 말한 사회과학원 리 나李娜의 문제제기는 중국의 젊은 지식계의 등장을 알리는 반가운 신호다. 그녀는 중국이 이제까지 각종의 물질적·제도적 우대정책으로 대만 기층의 민심을 얻는 데 주력했지만 정작 대만 인민의 역량에는 관심을 기울이지 않았다고 비판하면서, 해바라기운동을 계기로 중국이 대만사회 모순의 내부로 침투함으로써 양안문제의 돌파의 방향을 모색해야 한다고 주장했다.[30]

해바라기운동의 파장 속에서 달성된 대만의 정권교체는 그동안 거침없이 질주해온 양안교류를 근본에서 되묻게 하는 심각한 위기 상황을 드러내었다. 그러나 동시에 이는 위기에 대한 반성을 통해 양안관계를 한 단계 진전시킬 더없는 기회이기도 하다. 낙관하기는 어렵지만, 적어도 해바라기운동을 계기로 해협 양쪽에서 생겨나는 토론들이 기존의 소모적인 통독논쟁의 수준을 넘어서고 있는 것만큼은 분명하다. 이들 토론이 공통적으로 말하는 것은, 양안문제가 과거의 통독논쟁과 전혀 다른 차원에서 새로운 정치화를 요구받고

29 陳柏謙, 2014, 「臺資'登陸'史與中國資本主義化」, 『人間思想』 제7·8기, 2014, pp.257~267.

30 李娜, 2015, 「虱目魚與太陽花: 爲何, 以及如何'寄希望於臺灣人民'」, 『人間思想』 제9기, pp.4~19.

있다는 것이다. 정치문제를 뒤로 미루고 경제문제를 앞세워 온 이제까지의 양안관계의 패러다임은 임계점에 도달한 듯 보인다. 경제교류의 축적으로 양안 인민 사이에 신뢰를 쌓겠다는 '평화발전'론의 구상과 반대로, 경제교류 중심의 양안교류는 오히려 인민들 사이에 반감과 불신의 장벽을 쌓았던 것이다. 이 장벽을 깨기 위해서는 양안문제에 관한 의사결정에 민간이 참여할 수 있는 민주적 정치공간을 만드는 것이 관건이다. 그 점에서, 양안 거버넌스는 당면한 위기를 기회로 전환하는 중요한 쟁점으로 향후 떠오르게 될 것이다.

5. 양안 거버넌스의 필요성과 가능성

양안이 직면한 지금의 위기가 양안관계를 근본적으로 후퇴시키지는 않을 것이다. 지난 십여 년 양안교류는 이미 거스를 수 없는 대세가 되었다. 2016년 1월 1일, 마 잉주 총통은 그의 마지막 신년사에서 양안교류의 성과와 '92공식'의 중요성을 다시 한 번 강조했다. 그의 임기 중 양안은 총 23개의 협의를 맺었고 중국과 대만을 오가는 직항은 하루 최다 120편에 이르렀으며 대만으로 오는 중국 관광객 수는 연인원 1,800만을 초과했고 유학생은 35,000명에 이르렀다. 아울러 그는 2015년 '시마회習馬會'의 성과로서, 2016년부터 중국의 전문학교專科 졸업생을 대만의 2년제 대학에 받아들이는 협의가 새로이 타결되었음을 공포했다.[31]

---

31 「2016年元旦馬英九總統元旦文告全文: 八年興革, 臺灣昇格」,『聯合晩報』(2016. 1.1.).

양안의 가교를 잇는 데 마 잉주가 결정적인 역할을 한 것은 사실이지만, 사실 양안무역은 이미 2000년대 초반부터 급물살을 타고 있었다. 중국에 대한 대상臺商의 직접투자는 2002년 비약적으로 상승하여 40억 달러를 달성했고, 이를 기반으로 2010년 다시 한번 수직상승하여 146억 달러를 돌파할 수 있었다. 양안의 무역량 또한 2000년대 초반부터 급증했다. 2002년 대만에서 중국으로의 수출액은 23.1%, 양안 수출입 총액은 25.3% 성장했다. 2005년 중국은 미국과 일본을 제치고 대만의 최대 무역상대국이 되었고, 2011년 일사분기에 대만은 중국의 제7위 무역상대국이, 중국은 대만의 제1위 수출시장이자 제2위 수입처 그리고 제1위 무역흑자대상국이 되었다.[32]

이처럼 양안경제협력이 '대독파'가 기승을 부리던 천 수이볜 시절부터 본격적인 흐름을 형성했음을 생각한다면, 이번 민진당의 정권교체가 양안의 역사적 시계를 되돌려놓을 가능성은 적어 보인다. 어느 정권이든 권력을 공고히 하기 위해 안정된 대외환경을 원한다. 더구나 지금 중국은 지구상의 모든 국가가 경제협력을 원하는 대상이 아닌가. 선거 기간 중 차이 잉원 역시 중국 관광객 유치와 전세기 운행을 포함한 수많은 양안교류가 지난 민진당 집권 때 시작되었으며 2000년의 '소삼통' 역시 자신이 대륙위원회 위원 시절에 추진한 것임을 거듭 강조했다.[33] 이는 차이 잉원의 승리가 얼마나 모순된 민의에 의해 지지되고 있는지를 보여준다. 향후 민진당 정권의

32 吳介民·曾嬿芬, 田上智宜 譯, 2012, 「'海峡を越えたガバナンスの場'におけるシチズンシップ政治」, 『中国21』 36호, pp.15~16.

33 「兩岸政策交戰: 蔡英文, 誰推動兩岸小三通?」, 『臺北報導』 (2015.11.30.).

성패는 중국은 싫지만 중국과의 경제협력이 단절되기를 원치 않는 대만 민중의 모순된 요구에 어떻게 지혜롭게 화답하느냐에 달려있다. 다른 말로 하면, 어떻게 양적인 협력은 유지하되 그 구조를 바꿔낼 것이냐 하는 것이다. 그 핵심은 정상政商 주도의 메커니즘에서 벗어나 양안의 민간이 주체적으로 참여하는 공간을 만들어 나가는 것이다. 그 점에서 향후 양안문제의 관건은 양쪽의 관과 민이 함께 참여하는 거버넌스의 창조에 달려있다. 양안의 진정한 '인화'는 정부 주도로 만든 이익을 민간에 적절히 분배함으로써가 아니라 그 이익 창출 과정에 민간이 주체적으로 참여함으로써 한층 현실에 가까워질 것이다.

양안 거버넌스는 결코 먼 미래의 이야기가 아니다. 인적 왕래의 규모가 커지고 장기화되면서, 이미 두 정부 사이에는 통치권의 중첩과 충돌이 발생하고 있다. 이를 테면, 2000년대 초 대만의 컴퓨터 및 전자산업 종사자들의 대량 이주로 중국에 이른바 '상주형' 대만 인구가 늘어나면서,[34] 이들의 시민권(호적제도)과 의료보험 문제가 이슈가 되고 있다. 2005년부터 중국은 대만인의 중국 이주를 장려하는 차원에서 이들을 법적으로 '중국 공민'으로 규정하고 의료보험 또한 중국의 보험제도에 준하여 의무와 권리를 동등하게 부여해 왔다. 그런데 중국에 거주하는 대만인들로서는 의료보험료를 중국과 대만 양쪽에 부과해야 하는 부담이 생긴다. 이는 자연히 대만의 호적을 포기하고픈 유혹을 야기한다. 반면 자국민의 이탈을 막기 위

---

34 2006년 상하이에는 거주 기간 6개월 이상의 '상주형' 대만인의 수가 20만을 넘었고, 대상(臺商) 집중 지역인 광둥에서는 2011년 20만을 넘었다. 또한 대만 자본의 밀집 지역인 둥관(東莞)에서는 2010년에 10만을, 샤먼에서는 2006년 조사에서 6만을 초과했다. 吳介民·曾嬿芬, 2012, pp.18~19.

사진 3. 기존의 종이식 '대만동포증'
ⓒ 중문위키피디아, 이하 동일

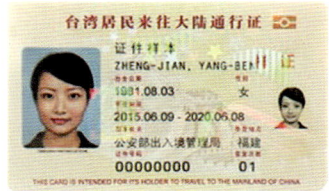

사진 4. 2015년 7월 1일 푸젠성에서 시범
시행된 카드식 '대만동포증' 샘플 앞면

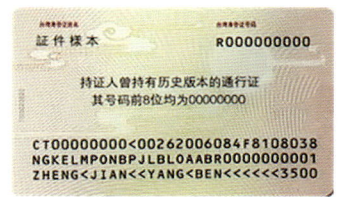

사진 5. 카드식 '대만동포증' 뒷면

해 대만정부는 6개월 이상 입국하지 않은 대륙 체제 대만인의 호적을 박탈하게 되어 있는 원래의 법규를 개정하여 대륙 체제 기간을 4년까지 연장하는가 하면(2001년), 심지어 이중호적을 허용하는 개정안을 발의하기도 했다(2002년 이중호적제도는 폐지되었다). 의료보험에 있어서도, 대만정부는 중국의 일부 대도시에 체제하는 대만인의 의료비를 환급해 주고 있으며 그 절차도 점점 더 간소화되고 있다. 이 비용이 증가하면서, 대만 내에서는 과연 해외(대다수가 대륙)에 체제하는 대만인의 의료비를 부담해야 하는지를 놓고 논란이 일고 있다.[35]

양안 간 통치의 충돌에 관련하여 최근에 떠오른 또 하나의 이슈는 '카드식 대만동포증臺灣居民來往大陸通行證'제도이다. 2015년 6월, 중국 국무원은 2015년 7월 1일부터 대륙을 방문하는 대만인에게 비자를 면제하고, 9월 21일부터 기존의 종이로 된 대만동포증을 전면 폐지하고 전자카드식 동포증으로 전환한다고 공포했다. 과거에 대만인이 중국을 방문하려면 대만여권 대신

35 吳介民·曾嬿芬, 2012, pp.21~25.

중국 공안부에서 발급하는 대만동포증과 함께 별도의 비자를 발급받아야 했다. 동포증의 유효기간은 5년이고, 비자의 경우는 취업이나 유학이 아닌 경우 3개월 단수비자와 1년·2년 복수비자로 나뉜다. 2014년 중국을 방문한 대만인 수가 1,073만을 넘어선 상황에서 비자 면제 조치는 대만인에게 시간과 비용 면에서 엄청난 편의를 제공하는 것임은 말할 것도 없다.

　문제는 카드식 대만동포증이다. 5년마다 갱신하는 카드식 동포증은 휴대하기 편하고, 종이식 동포증과 달리 직업, 주소, 등록지역을 기입하지 않는다. 그러나 개인마다 부여되는 영구 유효한 고유번호는 마치 카드식 동포증이 중국의 신분증 역할을 하는 느낌을 준다. 이에 대해 대만 언론도 중국이 대만인을 중국 공민으로 관리하려는 것 아니냐며 의혹을 표했다.[36] 그도 그럴 것이, 카드 앞면에는 소유자 이름의 한어병음(漢語幷音: 중국어 알파벳 표기법)과 중국 공안국에서 발급하는 고유번호가 기입되어 있고, 뒷면에는 대만 신분증상의 한자 이름과 대만 신분증 번호가 기입되어 있다. 즉, 카드 앞면과 뒷면이 마치 중국 신분증과 대만 신분증을 합쳐놓은 형태를 하고 있는 것이다. 게다가 대만 대륙위원회와 사전 협의 없이 중국이 일방적으로 공포했다는 사실도 대만 측의 반감을 사는 데 일조했다. 물론 다른 한편에서, 중국인이 대만 방문을 위해 발급받아야 하는 입대증(入臺證, 정식 명칭 '中華民國臺灣地區入出境許可證')의 경우 발급절차가 더 엄격하고 윗면에 대만 국기가 그려져 있으며 지문 날인까지 의무화되었음(2015.3.1. 이후)을 생각한다면, 상호 형평성에 대해서는

---

36 「免簽注: 卡式台胞證首發出」, 『蘋果日報』 (2015.7.7.).

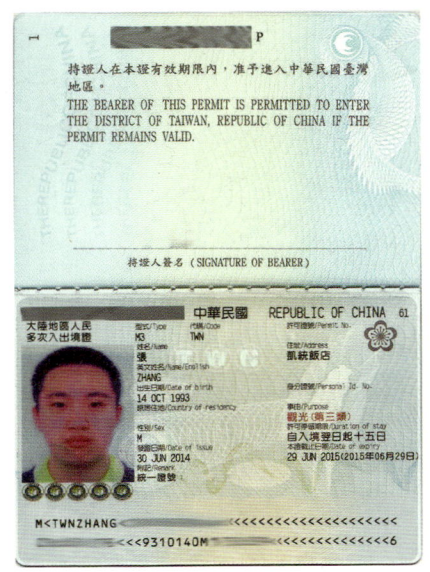

사진 6. 중화민국에서 발급한 복수형 '입대증'

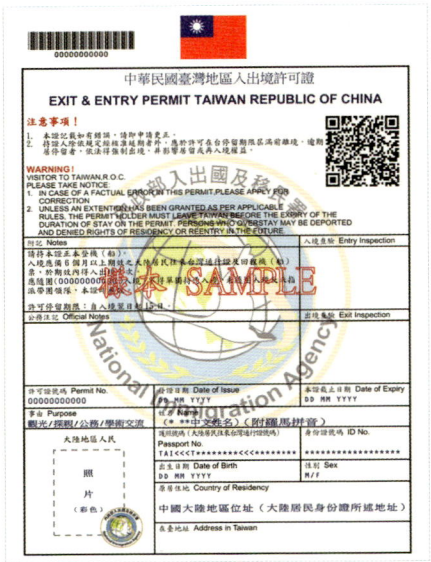

사진 7. 단수형 '입대증'

여전히 논란의 여지가 있다.

　양안의 인적 왕래가 증가하는 상황에서 출입에 관한 행정절차가 간소화되는 것은 어찌되었건 바람직한 추세일 것이다. 그 과정에서 상대편 인민에 대한 관리가 필요해지는 상황 또한 불가피한 면이 없지 않다. 그렇기 때문에 더더욱 두 정부의 협력과 공동 관리의 필요성이 증대되는 것이다.

　또한, 2004년에 제기되어 2009년 중국 국무원을 통해 정식 공포된 '하이시프로젝트海峽西岸經濟區計劃' 역시 향후 양안 거버넌스의 형성과 관련하여 귀추가 주목되고 있다. '하이시海西경제구'는 푸젠성을 중심으로 하여 저장浙江·장시江西·광둥廣東 등 주변 일대를 포함한다. 중국으로 보면 동남부에 위치한 이곳을 대만에서 보는 각도

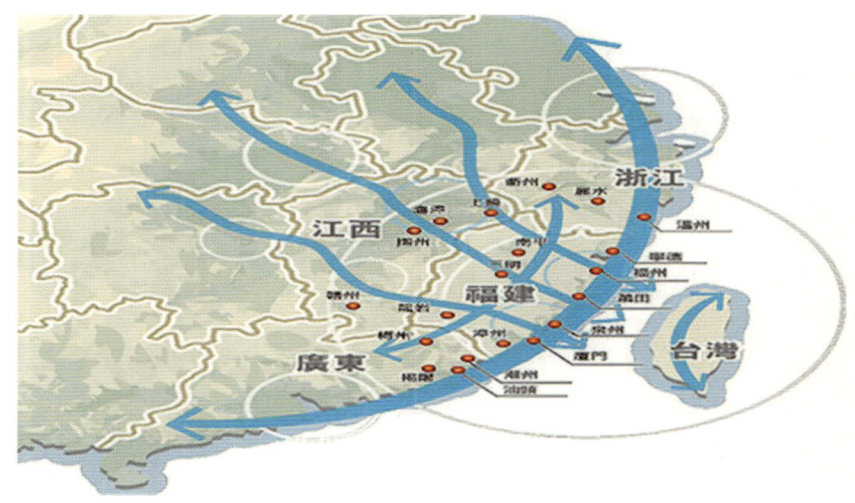

사진 8. 하이시경제구 © INCHAM

에 따라 '하이시'로 이름붙인 것부터가 특이하다. 이는 하이시경제
구 개발의 주요 목표가 대만의 성숙한 사회보장제도를 중국에 시험
해 보는 데 있기 때문일 것이다. 하이시 지역은 대만 제조업 투자가
집중된 곳은 아니지만, 대만과 지리적으로 근접하고 문화적으로 친
근하여 대만 신세대에게 흡인력이 큰 곳이다. 또한, 대만의 유동인
구와 상주인구가 늘어나면서 질 높은 사회보장제도에 대한 요구도
늘어나고 있다. 이에, '하이시프로젝트'는 대만사회보장제도의 시험
적 가동을 통해 양안 기층의 의미 있는 유대를 구축하고 이를 기반
으로 양안교류의 질적 돌파를 목표로 한다. 그 핵심 내용은 자동차
관리제도와 의료보험제도의 호환이다. 하이시 지구에 거주하는 대
만인을 대상으로 대만의 자동차보험제도와 의료보험제도를 현지와
연동시키는 것이다. 이 프로젝트는 양안 간의 제도적 호환 가능성을

실험하는 중요한 시도일 뿐 아니라, 장기적으로 규범과 가치에 대한 인식의 교환을 통해 상대방에 대한 이해를 높이고 더 나아가 중국의 취약한 사회제도를 개혁하는 기초를 제공할 수 있다는 기대효과를 안고 있다.[37]

6. '양안'이라는 양면거울

격동하는 양안이 직면한 위기와 가능성은 우리에게 어떤 암시를 줄까. 최근 한국에서도 정치적 차이를 제쳐두고 공동의 이익을 추구하는 양안의 경제적 실용주의를 배우자는 목소리가 나오고 있다.[38] 서독이 동독을 일방적으로 흡수한 독일의 사례와 달리, 오랜 시간에 걸쳐 실행 가능한 것부터 차근차근 교류의 폭을 넓혀온 양안의 사례는 우리에게 실질적으로 더 많은 참고가 될 것이 분명하다. 그러나 안으로 깊어지는 그 갈등의 골을 들여다보건대, 진정으로 양안을 거울삼으려면 결코 겉모습만 봐서는 안 된다는 생각을 하게 된다. 양안은 우리에게 양면거울이다. 복잡한 정치적 갈등보다 손쉬운 경제협력을 앞세운 양안으로부터 실용주의의 지혜를 배워야 하겠지만, 동시에 그것이 양안 기층에 심각한 정서적 반목을 키워왔음을 간과해서는 안 된다. 해바라기운동으로 분출되어 민진당의 재집권으로 전면 가시화된 양안의 위기는 지난 십여 년 거침없이 달

---

37 林正修 외, 2013,「大陸海西區吸納我國人才相關措施及因應策略方案」, 行政院大陸委員會委託硏究報告, pp.125~128.

38 정동영·지승호, 2013,『십년 후 통일』살림터, pp.9~13; 임동원, 2015,『피스메이커』(개정판), 창비, pp.593~594.

려온 양안교류의 모델이 임계에 다다랐음을 보여준다. 이제 양안은 패러다임을 근본적으로 재점검할 시기에 이르렀다.

그러나 바로 그렇기 때문에, 지금이야말로 더더욱 우리가 양안을 주의깊게 살펴보아야 할 때가 아닐까. 양안이 이 위기를 계기로 자신과 상대에 대한 인식을 일신하고 관계의 새로운 패러다임을 찾을 수 있을 것인가. 이제까지 양안교류에서 배제된 민간사회의 주체적인 참여공간을 만들어 냄으로써, 과거의 소모적인 정체성 정치와는 또 다른 차원에서의 새로운 정치 공간을 창조할 수 있을까. 지나친 낙관은 금물이지만, 최근 양안 사회 각층에서 벌어지는 다양한 실험과 토론들을 보건대 양안의 미래가 비관적인 것만은 아니다. 아이러니한 것은 위기를 기회로 만들 가능성의 싹들이 오랜 정치적 질곡 속에서도 중단 없이 축적해온 양안 경제교류의 물적 기반 없이는 생겨날 수 없었으리라는 사실이다.

양안문제는 지구전이고 장기전이다. 시간을 벌어天時 공간을 확보하고地利 그로부터 인심을 얻는 것人和이 지구전의 기본이다. 이번 양안의 위기는 양안문제의 종국적인 성패가 '인화'에 달려있음을 다시 한 번 확인해 주었다고 할 수 있다. 이제, 지금까지 달려온 속도전을 잠시 멈추고 다양한 토론과 실험을 기반으로 '양안공치'의 모델을 탐색하여 궁극적으로 '인화'에 도달하는 지루한 성공의 길을 모색할 때다. 이것이 바로, 통일에 대한 점증하는 무관심과 극단적인 조급증 사이에서 장기적인 전망을 세우지 못하는 우리에게 양안이라는 모순된 거울이 주는 가장 중요한 교훈일 것이다.

'중국몽'과 '소확행小確幸', 두 발전 상상의 갈등과 대화

쉬 진위(徐進鈺)

2015년 양안의 두 지도자의 갑작스런 회담과 2016년 1월 대만 중국에 덜 우호적인 민진당의 집권으로, 양안의 미래는 한결 불안해 보인다. 지식인으로서 양안의 화해 가능성과 그 저해 요인은 무엇인지, 이 상황에 대해 보다 진지하게 되새겨볼 필요가 있다. 특히 동아시아의 발전에서 미국의 재균형 전략(아시아로의 귀환? 사실 미국은 한 번도 아시아를 떠난 적이 없다) 및 동중국해·남중국해에 잠재하는 충돌은 모두 미국이 '중국굴기'의 가능성을 재차 봉쇄하려는 것으로 보인다. 그런가 하면, 비록 대륙이 2008년부터 대만에 각종 경제적 유인, 심지어 정치적 양보까지 내보이고 있지만, 2014년 3월의 '해바라기운동太陽花運動'[1]으로부터 두 달 전 '교과과정개편반대운동反課綱運動'[2]에 이르기까지 대만에서 일어난 일련의 사건들은 대만의

---

1 국민당이 '양안서비스무역협정'을 졸속 통과시키면서 일어난 대규모 항의시위. 이하 모든 주는 역자 주이다.

2 2015년 7월, 중국이 주장하는 '하나의 중국' 정책홍보에 편승하는 친중국적 성향이 강화된 고등교과서 개편 철회를 요구한 시위.

젊은 세대에게 대만 본토주의가 공고해지고 있으며 대륙의 우호와 통일전선 전략이 외면당하고 있음을 말해준다. 이것이 대만 미래의 발전 및 양안의 평화발전 가능성에 어떤 영향을 미칠 것인가. 예상컨대 이는 이번 정권교체 이후 대만의 지정학적 정치와 국내 정치경제의 미래를 가늠하는 데 중요한 과제가 될 것이다.

향후 양안의 충돌과 화해의 가능성은 보다 깊은 분석과 연구를 요하는 것으로, 한 편의 글로 다 설명할 수 있는 것이 아니다. 여기서는 주목할 만한 제 현상에 대해 초보적으로 다루어보고자 한다. 2012년 당시 대만 경제는 세계 경제침체의 영향으로 부진했다. 정치적으로도 2009년 8월 8일 태풍 모라곳 이후 마馬 정권에는 '무능'이라는 꼬리표가 따라다녔다. 그런데도 마 잉주는 2012년 대선에서 승리를 거둘 수 있었다. 이는 미국 정부 및 대만 주요 기업가가 지지한 양안교류 정책에 힘입은 바 크다는 것이 일반적인 인식이다. 그러나 불과 2년도 채 되지 않아 2014년 지방 현縣시장선거를 포함한 '구합일九合一' 지방선거[3]에서 국민당이 참패한 것으로부터 2016년 대선과 국회의원 선거에 이르기까지, 이른바 친親중국적 대륙정책은 국민당 참패의 주요인으로 꼽히게 되었다. 그렇다면 왜 이렇게 짧은 시간 사이에 양안교류 정책에 대한 민심이 크게 달라졌는가?

---

3 2014년 11월 선거비용 절약 차원에서 9종 선거를 하나로 합하여 직할시장(直轄市長), 직할시의원(直轄市議員), 현시장(縣市長), 현시의원(縣市議員), 향진시장(鄉鎭市長), 향진시민대표(鄉鎭市民代表), 촌이장(村里長), 산지원주민구장(山地原住民區長), 산지원주민구민대표를 선출하였다.

사진 1. 2016년 1월 대만 총통으로 당선된 차이 잉원 © Coolloud

1. 2008년 이전의 양안교류

1980년대 후기부터 시작된 양안관계의 발전에 대해서는 이미 많은 논의가 있지만, 우선 리 덩후이 집권으로부터 지금에 이르는 몇 가지 논의를 짧게 짚고자 한다. 그 이유는 그동안의 과정에서 대륙에 대한 대만의 태도에 변하지 않은 부분이 있음을 말하기 위해서이다. 변하지 않은 부분이란, 대륙에 대한 대만의 자부심(더 적절하게 표현하자면 오만) 내지 대륙 정권과 대륙 인민의 문명에 대한 경시이다. 비록 자부심과 경시의 구체적인 상황은 끊임없이 변했지만, 대만에 대한 대륙의 통일전선 전략 또한 계속 변해왔는데, 특히 이른바 '중국굴기' 이후 더욱 그렇다. 여기서 보다 자세히 논하고자 하는 것은, 이러한 태도상의 차이는 사실 발전을 욕망하는 상상의 차이에서 비롯된 것으로, 이는 앞으로 양안의 화해와 대화에 커다란 장애가 될 것이라는 점이다.

1949년 이후, 양안이 정식으로 교류하기 시작한 것은 1980년대 후기부터였다. 장 징궈蔣經國가 퇴역군인들의 대륙 친척 방문을 개방한 이후, 대만의 자본과 기술도 대륙에 투자를 시작하였고, 리 덩후이 집권(1988~2000) 이후에는 빈번한 교류와 충돌이 있었다. 이 시기에는 기본적으로 대만이 경제적으로 자본과 기술 모든 면에서 대륙에 앞서 있었다. 정치적으로는 탈냉전 시기 미국의 주도하에 중국 굴기를 저지하는 역할의 일각을 담당함으로써 국제조직이나 무대에서 대만의 존재감을 부각하고자 하였다. 이를 위해 대만정부는 거금을 들여 미국에 로비까지 했고 결국 리 덩후이의 공식적인 미국 방문을 성사시켰다. 대만 내부적으로 이 시기는 또한 본토화本土化 정책이 주류가 되기 시작한 때이기도 하다.[4] 이렇게 리 덩후이는 대내외적인 작업을 통하여 대만 내에서 입지를 공고히 하였다.

이러한 배경 속에서 양안관계는 동요하게 된다. 대체로 말하면 리 덩후이는 자신의 권력이 공고해지기 이전에는 대륙에 대화의 태도를 취하였다. 그 대표적인 예가 1993년 싱가포르에서 열린 구 전푸辜振甫와 왕 다오한汪道涵의 회담이다.[5] 그러나 다른 한편, 권력이 공

---

4 1980년대 후반, 대만의 경제성장과 함께 대만에 대한 자각이 강화되면서 주체의식을 강조하고 대만 본토의 역사, 지리, 문화 전반에 대해 관심을 갖고 재인식하는 작업이 진행되었다.

5 1993년 4월 27일~29일, 구 전푸 대만 해협교류기금회(海峽交流基金會) 이사장과 왕 다오한 중국 해협양안관계협회(海峽兩岸關係協會) 회장의 싱가포르에서의 회담은 양안관계 해빙에 물꼬를 튼 것으로 평가받는다. 이 회담에서 양안은 경제협력을 강화하고 기술, 문화, 청년, 신문 등 영역에서의 교류를 합의하였다.

고해진 이후에는 대화를 축소하거나 심지어 도발적인 책략을 취하였다. 1996년 대만 상인의 대륙 투자에 취했던 '인내심으로 조급함을 다스리자戒急用忍'는 정책을 비롯하여, 임기 말인 1999년에는 양안은 특수한 국가와 국가의 관계라는 '양국론兩國論'을 표명하는 등, 양안관계를 끊임없이 격화시켰다. 리 덩후이의 점진적인 도발에 대해 대륙은 군사위협을 가했고 미국이 양안문제에 개입하지 못하도록 강제했다. 그 과정에서 1996년 대만 대선 중 미사일 위기가 발생했다. 이는 1950년대 포격전 이후 양안이 직면한 가장 공개적인 군사 위기였다.

장 징궈 시기의 '불접촉不接觸'정책 때와 달리, 리 덩후이 시기 대만 사람들은 여행과 투자를 통해 대륙과 접촉하기 시작했다. 여전히 '삼민주의통일중국三民主義統一中國'을 내세웠으나, 이 시기 통일에 대한 기본 논조는 '대륙 경제가 대만을 따라올 수 있을 정도로 발전하면 다시 논의하자'는 것으로 바뀌었다. 경제발전에 대한 자부심과 자신감으로 마치 부자가 가난한 친척이나 이웃을 대하는 듯했던 대만의 태도는 2000년대 중기 이후 대륙의 경제가 예상을 뛰어넘는 빠른 속도로 굴기하면서 비로소 사라지게 되었다. 경제적 장벽을 전제로 한 대만의 '불통不統', 즉 '통일을 추구하지 않는다'는 태도와 달리, 대륙은 시종일관 '일국양제'를 견지하며 양안의 통일을 말해왔다. 그러나 결국 리 덩후이의 '양국론'이 일어나면서 양측의 대화는 사라졌다. 그리고 구 국민당 정권은 2000년 총통선거에서 정권을 잃었다.

양안관계를 논할 때, 민진당의 천 수이볜 시기(2000~2008)는 늘 대만에서 '반중反中'이 가장 격렬했던 시기로 간주되고, 그런 점에서

'쇄국'의 시기로 여겨진다. 그러나 실제적으로 양안 경제교류의 측면에서 보면 그러한 인식은 편면적일 뿐이다. 이 시기의 가장 큰 변화는 2000년 중기 이후 대륙 경제의 굴기가 현실화되었다는 데 있다. 그리고 대륙에 대한 대만의 투자도 점진적으로 첨단기술 산업 방면으로 전환되었는데, 특히 PC와 노트북을 포함하여 반도체에 이르기까지 대만의 관련 주력산업은 세계공장으로서 대륙의 노동력과 나아가 기술까지 운용할 것을 기대하기 시작하였다. 신흥 거대시장을 의미하는 대륙의 굴기는 대만의 자본에게 지극히 매력적일 수밖에 없었다.

그리하여 사실상 대륙에 대한 경제적 의존도는 민진당의 집권으로 인해 감소하지 않았다. 오히려 2002년 이후 대륙은 대만의 가장 큰 수출무역 지역이 되었을 뿐 아니라 양안무역은 이전 국민당 시기보다 훨씬 빠른 속도로 성장했다. 이는 대륙에 있는 많은 대상臺商들이 예전과 다름없이 핵심 부품과 원료를 대만에서 들여왔기 때문이다. 비록 민진당은 공공연하게 '반중' 태도를 내보였으나(대만의 유엔 가입운동을 비롯하여 대만 국호 '정명(正名)' 운동, 대만 주권 수호 국민투표 등), 실제적으로 보면 반도체의 대륙 투자 개방을 비롯하여 통상通商·통항通航·통우通郵의 '소삼통'과 같은 정책은 모두 민진당 집권 시기에 완성된 것이다. 2006년 8인치 웨이퍼 공장의 대륙 투자 개방에 관한 논쟁을 보면, 민진당은 한편으로는 대륙에 불법적 비밀투자를 하지 않는 기업인들의(대표적으로 대만 반도체 제조회사 TSMC) 의견을 수용함으로써 민진당에 따라다니는 '반反기업적'이라는 비판을 모면하면서도, 다른 한편으로는 그 과정에서 UMC聯電 그룹의 차오 싱청曹興誠을 기소하여 대륙에 비밀리에 투자하는 친

국민당 성향의 기업인을 징계함으로써 개방을 반대하는 지지자들을 안심시켰다.

민진당이 실제로 대륙에 대한 투자를 지속적으로 증가시키면서도 공개적으로는 '반중'의 태도를 내보인 것이라면, 그 속에 담긴 의미는 무엇이겠는가? 생각건대, 민진당은 이런 방식으로 대만 내부세력에 대한 분리·구분을 진행한 것 같다. 다시 말해 친 국민당 성향의 모든 정치인, 투자자 및 학계의 친 중국적인 이른바 '제5열' 인사들, 이 반역자들에 대한 고발은 특히 2004년 천 수이볜 총통의 연임 경선 때 과도하게 행해졌다. 그 결과 '족군평등연맹族群平等聯盟' 운동[6]이 일어났을 뿐 아니라, 천수이볜 총통의 제2임기 중에는 소수를 점하는 외성인外省人에게 극도의 모욕과 공포심을 일으켰다. 특히 "대만을 인정해야 대만인"임을 강제하는 그 자부심의 내면에는 여전히 차별적인 시선이 깔려 있었다. 민진당 정권은 결국 부패의 먹구름 속에 실각하였으나, 그 자부심은 결코 청산되지 않았다(어떤 의미에서의 자부심인가? 어떤 의미에서 반성이 필요한가?). 그 후 국민당의 마 잉주 정권으로 바뀌었으나, 기본 태도는 달라지지 않았다. 다만 공권력을 통해 모욕하지 않았을 뿐이었다.

이 시기 대륙에서는 민진당 정권이 통일 논의를 회피하는 데 대한 대응으로 2005년 '반분열법反分裂法'을 제정하여 대만을 위협하는 마지노선으로 삼았다. 그러나 실제로는 과거 양안문제에 외국이

---

6 2004년 총통 선거 전에 대만의 문화계, 사회운동가 및 학계 인사들을 중심으로 '족군평등행동연맹(族群平等行動聯盟)'이 결성되어 정치권에 대해 '원주민'과 '외성인'과 '본성인(本省人)', 북부와 남부 등 출신성분이나 지역을 정치적으로 이용하며 대만사회를 분열시키지 말 것을 촉구하고 각 족군이 공정하고 평등한 관계 속에서 공존할 수 있도록 해야 한다고 주장하였다.

개입하지 못하도록 했던 태도를 바꾸어 미국의 힘을 빌려 미국과 공동으로 대만을 압박함으로써 미·중 간의 충돌을 피하고 '평화굴기和平崛起'방향에 유리하도록 한 것이었다. 대륙의 자신감은 경제력 증가와 더불어 강화되었다. 이와 함께 민족주의도 되살아나 양안 교류의 저변에 잠재적인 흐름을 형성하고 있다.

2. 2008년 이후 마 잉주 정권 시기

2008년 국민당의 마 잉주는 압도적인 차이(221만 표)로, 역대 총통 선거 가운데 최고 득표율(58.45%)로 정권을 잡았다. 타이베이시장으로서 성과가 두드러지지 않았던 마 잉주가 가볍게 승리를 거둘 수 있었던 것은 민진당의 부패와 양안관계의 긴장에 힘입은 바 크다는 것이 일반적인 인식이다. 뿐만 아니라 국회의원 선거에서도 국민당이 2/3를 넘는 의석을 차지한 것을 비롯하여, 한 해 전에 있었던 지방현시장선거에서도 민진당 표밭인 남부를 제외한 나머지 지역 모두에서 국민당 및 친 국민당 진영의 인사가 당선되었다. 다시 말해, 마 잉주 정권은 선거를 통해 거의 절대적인 권력을 장악했다. 8년 후인 오늘날 국민당이 이토록 처참하게 무너지리라고는 누구도 예상하지 못했다. 게다가 2014년 지방현시장선거에서 민진당이 과반을 차지하였으니, 상황이 반대로 된 셈이다. 왜 유권자들은 2008년에는 마 잉주의 국민당에 절대적인 권력을 주었는데 이제는 무능한 정부로 인식하게 되었을까? 왜 마 잉주에 대한 지지도는 불과 20%도 되지 않는 역대 최저의 지지율로 떨어지게 되었을까?

비록 마 잉주 정권에 대해 많은 사람들, 특히 대만 독립운동 지지자들은 친중 정권이라 공격하지만, 민진당의 천 수이볜 정권을 간단하게 '반중쇄국反中鎖國'이라 규정할 수 없듯 마 잉주 정권을 한 마디로 친 중국적으로 보는 것도 정확한 것은 아니다. 실제로 보면, 전체적으로 말해서 마 잉주가 걸었던 노선은 일종의 '현상유지'('獨臺'라고도 한다)였다.[7] 이는 주로 내정에서 나타난다. 그는 대만 본토화세력에 도전하지 않았을 뿐 아니라 오히려 지지했고, 반대로 통일에 찬성하거나 친 중국적인 세력을 약화시키려 하였다. 최근 교과과정 개편 문제만 해도, 2008년 집권 초기에 착수하지 않고 8년 임기 마지막 해에 와서야 시도했다. 전부터 많은 학자들, 특히 통일을 주장하는 학자들이 교과과정의 '정상화'를 요구했음에도 마 잉주는 입장 표명을 하지 않았다. 그러다 최근 선거를 앞두고서야 뒤늦게 추진하면서 풍파만 일으켰던 것이다.

대만사회에 대해 일종의 외성인으로서의 원죄를 지니고 있어서인지, 마 잉주는 정적에게 관대하고 잠재적 친구에게 엄격했다. 결국 그러다 의지할 곳 없는 신세가 된 것이다. 애초에 그를 지지했던 사람들은 그가 (비교적 청렴하다는 것 외에는) 천 수이볜 시기의 과오를 바로잡는 것을 보지 못했고, 그를 반대했던 사람들은 그에 대한 인식에 변화가 없을 뿐 아니라 오히려 마 잉주의 쇠락을 자신들의 도덕적 승리의 증거로 여겼다. 결국 그의 지지도는 대만 역대 정치인 가운데 최저를 기록했고, 원래 그를 지지했던 지방파地方派, 군인·공

---

7 '獨臺'와 '臺獨'은 모두 중국과의 통일에 반대하고 대만의 독립을 지향하지만, 약간의 구분이 있다. '대독'은 '대만 독립'의 준말로 '대만'이라는 국가 수립을 목표로 한다. '독대'는 '중화민국'의 현 체제로 독립을 유지하는 '독립적 대만'을 뜻한다.

무원·공립학교 교사 및 통일파 인사들은 그에게 실망하여 지지를 거두거나 반대로 돌아섰다. 이러한 '탈脫국민당, 친親민진당'적 성향으로 인해 집권 후기 최대의 좌절을 겪게 되었을 때, 예컨대 해바라기운동을 비롯하여 교과과정 개편 반대운동, 반핵운동 등이 일어났을 때, 마 잉주에게는 그를 지지하는 맹우가 없었다. 왕 진핑王金平 등 국민당 내부 파벌싸움을 비롯하여 사방에 적들밖에 남지 않았고, 결국에는 수습할 수 없는 지경에 이르렀다.

양안정책에서 마 잉주는 천 수이볜 시기의 많은 정책들을 바꾸어 냈다. 그 가운데는 양안 직항을 비롯하여 대륙 관광객의 대만 관광 허용과 대륙 유학생 수용 및 ECFA(양안경제협력기본협정) 체결 등이 있다. 이러한 정책들의 주요 배경을 살펴보면, 2008년 마 잉주 집권과 함께 세계적인 경제위기 발발, 구미 경제의 쇠퇴로 야기된 대만 경제의 침체, 그리고 이와 동시에 중국 경제의 굴기가 현실화되면서 2010년 중국은 일본을 추월하여 정식으로 세계 제2의 경제대국으로 도약했다. 많은 전문가들은 세계적 경제위기로부터 벗어날 주도권을 가진 소수 국가 중 하나로 중국을 꼽았다(그러나 이후의 발전 상황을 보았을 때 그렇게 순조롭지만은 않아 보인다). 막 집권하게 된 마 정권에게 중국대륙은 때맞춰 대만 경제의 구원자로 등장했다. 2010년 체결된 ECFA는 기본적으로 불공평한 무역, 즉 대륙에 극히 불공평한 무역이다. WTO의 개발도상국인 중국이 선진국 혹은 선진 지역인 대만을 보조하고, 나아가 농산품을 대만이 수입하지 못하도록 규정했다. 반대로 대륙의 농업 비중이 큰 지린성吉林省 등을 포함한 많은 성省에서 대만의 농산품을 사들여야 했다. 이것이 이른바 '랑리讓利', 즉 이익 양보이다.

사진 2. 서비스무역협정 반대로 입법원을 점거한 학생들 © Coolloud

　　대륙의 이익 양보에도 불구하고 이후 양안관계의 전개 상황을 보면 대륙이 기대한 통일전선 전략의 효과는 전혀 없는 것 같다. 특히 2014년 양안의 '서비스무역협정'(ECFA의 후속협정 체결)에 대한 반대는 양안교류에 대한 가장 극적인 반격이라 할 수 있다. 왜 이익을 양보하는 정책이 감사의 말을 듣지는 못할망정 독약처럼 저지당해야 했는가? 한 가지 해석으로, 이익을 양보한다고는 하지만 양보가 충분하지 않기 때문이라는 말이 있다. 특히 많은 항목(예를 들어 석유화학공업 생산품, 정밀기계의 주요 부품 등)에서는 대륙 자체의 관련 산업 경쟁 때문에 대만 기업들은 눈앞에 바라보기만 할 뿐 실질적으로 이득을 얻기 어려운 구조였다. 그러나 솔직히 말하면, 이는 무역 담판에서 자국 산업 육성에 관한 것으로, 대륙이 자신의 관련 산업을 발전시키려는 것은 당연한 이치이다. 관세를 감면 받으면, 시장을 개척할 수 있는지의 여부는 기업가들의 경쟁력에 달린 것이다. 다시 말해, 문제는 대만 기업 자체의 시장 공략 능력에 있는 것이지 이익 양보가 소용이 없다는 식으로 끌고 가는 것은 말이 되지 않는다.

자주 언급되는 또 하나의 해석은 서비스무역협정 반대운동의 주요 주장이기도 한데, ECFA 혹은 양안의 경제적 통합은 단지 특정한 '양안의 권력층·부유층'만의 이익을 도모하는 것으로 그 혜택이 일반 서민에게 미치지 않을 뿐 아니라 대만의 중하위 계층, 중소기업 및 중남부 민중(이른바 '三中')은 타격을 입게 된다는 것이다. 다시 말해, 만약 '평화배당금'이 있다면 소수 국민당이나 공산당과 관계가 긴밀한 정경유착 기업에 집중되지, 일반 근로대중에게는 돌아가지 않는다는 것이다. 이는 자유무역을 비판하는 좌파들의 기본 논조이다. 그러나 앞에서 기술한 바와 같이 양안의 경제협정은 자유무역이 아니다. 보통 자유무역으로 피해자가 되는 대만 농민들은 ECFA로 인해 피해를 입지 않는다. 중소형의 전통적 산업은 다소 타격을 받을 수 있으나 그와 관련한 보상기제는 대만정부가 어떻게 대응하는가에 달려 있지 상대방의 문제가 아니다.

이는 또한 이른바 재분배 기제의 구축과 관련된다. 2008년 마 정권이 집권했을 때 나는 『대만사회연구계간臺灣社會研究季刊』 제72기(2008.12.)에 「양안 경제통합과 대화해의 가능성兩岸經濟整合與大和解的可能」이라는 글을 발표했다. 글 끝부분에서 나는, 마 잉주가 비록 압도적으로 권력을 장악하였으나 그것이 양안의 화해가 탄탄대로에 놓여 있음을 의미하는 것은 아니라고 했다. 왜냐하면 "현재 국가의 좌우 양손이(무역성장을 촉진하는 오른손과 재분배의 왼손) 제대로 작동하지 않은 결과, 양안의 경제통합에 화해와 진보의 기초를 마련하지 못했고, 역설적으로 사회와 지역갈등의 심화로 인해 정치적으로 이용될 물적 기초를 만들었기 때문이다." 뿐만 아니라 "새로운 마 정권이 만약 양안관계의 정상화를 희망한다면 나라의 좌우 양손 기제를 조정해야 한다. 한편으로는 경제무역의 공식화로 기업이 대륙 및 세계시장에 효과적으로 분포되도록 촉진하고, 아울러 금융서비스 등을 포함한 생산자 서비스업producer service의 대륙 진출을 개방함으로써 특권을 이용한 뒷거래 방식으로 기업을 보조하지 말아야 한다"고 말했다. 다른 한편, 나는 "오늘날 주류가 된 신자유주의를 지양하여 국가가 재분배 영역에 적극적으로 개입하고 특히 중소형 업자의 기술향상과 개선, 그리고 양안 통합(및 세계화 프로세스) 과정에서 타격을 입는 부문과 지역과 계급을 도와야 한다"고 분명히 주장했다. 그러나 불행하게도 신자유주의 정책은 애초엔 좋은 의도였던 '평화배당금'을 평화를 파괴하는 독약으로 변질시켜버렸다. 이 점에서 마 정권은 자업자득인 셈이다.

그러나 일부 대기업이나 부유층에만 이익이 된다는 해석은 최근의 '반중' 기류를 충분히 설명해주지 못한다. 자유무역을 비롯한 분배의 불공평은 ECFA에만 나타나는 문제가 아니다. 어떠한 무역협정이든 모두 이와 같은 문제가 있을 수 있다. 하물며 ECFA는 상대적으로 대만에게 '실보다 득이 많은' 협정이다. 사실상 중·일·한 자유무역협정 체결 또한 일본과 한국 내에서 일부 비판이 있었으나 대만과 같은 대규모의 항의, 나아가 충돌 상황은 일어나지 않았다. 반대로 일본과 한국에는 중국을 매우 큰 시장의 기회라 여기고 빠른 시일 내에 진출해야 한다는 목소리들이 존재한다. 일본과 한국의 산업과 사회구조는 대만보다 훨씬 대기업 편향적인데, 왜 중국과의 무역담판을 강력히 저지하는 시위가 일어나지 않았는가? 의심할 여지없이, 대만에서 '반중' 논쟁은 사회운동 형식을 통해 강화된 것이다. 그 과정에서 '신자유주의 독점=국민당 특권층=중국의 거대한 군軍·정政·경經 유착'이라는 절합구조articulation가 만들어졌다. 아마도 이것이 양안 경제통합에 직면하여 대만에 반중反中·공중恐中 논쟁이 벌어진 주요한 갈등의 소재가 아닐까.

반대 측의 사람들이 어떻게 주장하든, 마 잉주 본인 혹은 그 주변 관계자들이 양안 경제통합의 직접적 수혜자임을 입증할 아무런 직접·간접적 증거가 없다. 대부분은 그저 추측과 근본적인 불신일 뿐이다. 그러나 전체적으로 말하자면, 친중국은 사실상 마 정권에게 정서적 편향이라기보다 실무적 선택인 측면이 더 많다. 2008년 경제위기 때 중국에 기대한 것들을 보면(당시 구미 국가를 포함하여 많은 국가들 가운데 중국에 대해 기대하지 않은 국가가 있었던가!), '직항=중국 공산당군 침입'과 같은 바보 같은 논조를 없애는 데 일조한 직항 개통이나 대륙 관광객 및 학생에 대한 개방은 모두 대만 여객기와 공항 및 남아도는 대학 문제를 해결하기 위한 것으로, 이를 친중국 혹은 중국 괴뢰傀儡로 바로 연결짓기는 어렵다. 사실상 마 잉주는 중국공산당에 대해 그다지 호감을 갖고 있지도 않고 개인적인 친분도 없다. 그는 중국에 대해 국가 표기로서, 문화로서 친근감을 유지하고 있으나, 대륙의 정치 현황에 대해서는 상당히 비판적이다(총통

취임 이전에는 매년 6월 4일 천안문 사태의 진상규명을 요구하는 글을 발표하였다). 하지만 미국이 표방하는 서방 민주·인권의 가치에 대해서는 의혹을 가진 적이 없을 뿐 아니라, 대만이 세계 조류에 발맞추어 가는 것을 영광으로 여겼다. 유엔 감시단이 정기적으로 대만에 와서 '공민, 정치적 권리에 관한 국제공약' 및 '경제·사회·문화적 권리에 관한 국제공약'의 집행 여부를 감시하도록 허가하여(대만은 유엔 회원국이 아니므로 이를 준수할 의무가 없다) 대만의 문명 수준을 부각하고자 했다. 이는 모두 마 잉주가 기본적으로 친미반공 성향의 정치인임을 설명해준다. 이 점에 있어, 사실 역설적이지만, 해바라기운동의 젊은 세대가 양안의 경제통합이 실무정책 차원임을 믿지 않는 점 외에는, 그들이 표방하는 중국의 비민주와 반문명적 태도에 대한 거절은 마 잉주와 놀랄 만큼 일치한다.

체제의 '현상유지', 즉 '독대獨臺'를 표방한 마 잉주 정권 역시 일관적으로 대만의 문명에 대한 자부심(오만)을 지녀왔다. 2015년 3월, 그는 '풀브라이트 연례 워크숍Fulbright Research Workshop'에서 어느 방문 학자의 질문에 아주 분명하게 답했다.

"대만의 경험은 중화문화와 전통이 진실로 민주제도를 발전시키기에 적합하다는 것을 증명하였습니다. 대만의 중요한 공헌 가운데 하나는 바로 중국대륙과 그 경험을 함께 나눈다는 것입니다. 외부에서는 줄곧 양안 사이에 높은 벽이 존재한다고 생각해왔습니다. 대만의 노력 아래 그 높은 벽은 이미 점차적으로 낮아지고 있습니다. 그러나 양안 간의 '마지막 1마일'의 거리를 좁히려면 중국대륙도 대만과 같은 노력으로 민주 발전과 인권 보장에 진전을 보여야 합니다."

즉, 오직 대륙이 서방 민주 인권의 보편적 가치를 받아들일 수 있는가 하는 것만이 양안의 대화와 화해가 진전될 수 있는 전제가 된다는 것이다. 마 잉주의 많은 공식 담화는 모두 이와 같은 내용을 담고 있다. 사실 대륙의 경제 굴기 이후, 대만의 마 정권은 공식적으로 더 이상 경제적인 차이를 담판 거부와 현상유지의 구실로 삼을 수 없게 되었고, 그 이후로는 '대륙이 민주제도를 시행할 때 다시 논의하자'는 자세를 취하고 있다.

3. '반중'의 새 담론: '작지만 확실한 행복' 추구의 발전 상상

이러한 태도는 사실 대륙을 참조 대상으로 삼아 비교하는 가운데 생긴다. 대륙과 비교할 때 가장 크게 부각되는 점은 대만의 민주 경험이다. (아무런 효율 없이 공회전하고 있든, 금권 정치이든 관계없이) 대만의 민주 경험은 대만의 정체성을 구성하는 주요한 요소이며, 그로 인해 전체 인민의 문명적 향상이 존재한다는 것은 대만의 정부와 민간의 공통된 인식이다. 이러한 공통된 인식 위에서 대만의 민주는 대륙의 전제專制와 대조를 이루고, '대만인의 우호적 태도는 대륙의 반문명적 태도와 대조'된다("문명으로 저를 설복해 주십시오"라는 룽잉타이龍應臺의 말을 생각해보라. 얼마나 대단한 자부심인가!).[8] 또한 대만

---

8 2006년 1월 24일, 중국 저항언론의 선봉이라 할 수 있는 공산주의청년단('共靑團') 기관지 『중궈칭녠빠오(中國靑年報)』의 인기 주간 부록인 『빙뎬(氷點)』이 정간되었다. 중국공산당과 공청단은 홍콩 중산대학(中山大學)의 위안 웨이스(袁偉時) 교수의 기고문 「현대화와 역사 교과서」라는 글을 문제 삼아 무기한 정간조치를 내린 것이다. 이에 전 대만 문화부장 룽 잉타이는 『중궈스빠오(中國時報)』 1월 26일자에 후 진타오 주석에게 보내는 장문의 공개서한 「문명으로 저를 설복해 주십시오(請用文明來說服我)」

사람들의 세계와 화합하는 정신은 대륙의 편협한 민족주의와 대조된다. 최근에 특히 주목할 것은, 대륙의 경제적 독단 및 경쟁의 폭력성과 대조를 이루면서 대만의 경제생활에서 '소확행小確幸'이라는 새로운 사조, 즉 일상의 '작지만 확실한 행복'에 대한 충일감이 부각되었다는 것이다. 이 같은 발전 상상에서의 대륙과의 격차가 바로 대만의 젊은 세대가 중국대륙식 발전을 거부하는 가장 큰 거리감을 형성한다. 생각건대, 이는 장차 양안의 대화 교류에 최대의 장애가 될 것이다. 이러한 차이가 꼭 정치성을 수반하는 것도 아니고, 반드시 '반중'인 것도 아니다. 그러나 이는 본토의식과 상호작용하고 양안 특권층의 수혜에 반대하는 정서와 결합하여 사회운동으로 발전함으로써 '반중' 논설의 또 다른 동력이 되고 있다.

사실 마 잉주의 제2임기(2012)가 시작될 때부터 사회의 저항운동은 끊임없이 일어났다. 2013년 왕중그룹旺中集團의 신문방송독점 반대운동을 비롯하여,[9] 같은 해 있었던 궈광國光 석유화학 개발반대,[10]

를 써 신랄한 비판을 가하였다. 서한에서 그녀는 『빙뎬』의 정간은 중국에 유일하게 살아 있는 목소리의 숨통을 끊은 것과 같다고 하면서, 후 진타오 주석에게 이렇게 말했다. "당신이 언론의 독립을 보장할 수 있는지, 지식인을 존중할 수 있는지, 어떠한 태도로 역사를 대하는지, 그리고 어떠한 방식으로 인민을 대하는지, 이 모든 세부 사항들에 대한 태도의 결정은 모두 '문명'이라는 두 글자와 관계가 있습니다. 야만을 경험한 적이 있기에 우리는 문명을 근심하지 않을 수 없습니다. 청컨대 문명으로 저를 납득시켜주십시오." 이후 『빙뎬』은 정간 한 달여 만에 복구되었다.

9 대만 최고 식품업체 왕왕(旺旺)은 2009년 『중궈스빠오』 계열사를 합병하면서 왕왕(旺旺)·중시(中時)그룹이 되었다. 이후 왕중그룹은 유선TV에도 진출하고자 2010년 케이블 네트워크 '중자네트워크(中嘉網路)'를 인수할 계획이었으나 학계 및 민간 사회단체의 반대에 부딪쳐 차질을 겪다가 2012년 '중자네트워크'를 합병하고 대만 최대 언론매체 그룹이 되었다. 거대 그룹의 언론독점에 반대하여 대만 신문기자협회 및 100개에 가까운 민간단체들이 항의시위를 벌였다.

10 2005년 궈광석유화학 투자개발안이 제기되었으나 생태환경 문제로 반대에 부딪쳐

다푸大埔 농지 철거반대,[11] 도시 혁신 반대,[12] 그리고 2014년 3월의 해바라기운동, 2014년 6월 반핵운동 등. 이들 운동의 공통적 기조는 '반 국민당'일 뿐 아니라 동시에 발전에 대한 다른 상상과 요구를 나타낸다. 즉, 모두 보편인권과 관련한 논의이고, '작지만 확실한 행복'에 대한 확인이다.

사실 '소확행'이란 원래 지극히 개인적 차원의 망중한忙中閑에 존재하는 것으로, 자신이 현재 소유하고 있는 자원이나 네트워크, 인정人情을 소중히 함으로써 고단한 생활의 위안을 얻는 것이다. 누구나 어느 한순간 마음속에 한 줄기 따뜻한 온기가 스쳐 지나가면 기분이 전환되고 아주 적은 자본으로 자족하며 즐길 수 있다. 이는 자본주의적 생산양식과 사회관계가 야기하는 인간소외에 대한 본질적인 항의이다. 사회발전에 적극적인 작용을 하는 것은 아니지만 그 자체가 나쁜 것은 아니다. 그러나 이러한 심리가 하나의 발전 상상으로 자리 잡으면, 특히 이것이 현대성 전체 혹은 지역사회 바깥의 사회적 공간과 대립하고, 나아가 여기에 정치적 욕망까지 섞여들게 되면 매우 큰 집단적 힘을 발휘하게 된다. 이런 힘이 반드시 진보나 해방을 의미하는 것은 아니다. 대만의 '소확행'식 발전 상상은 어떤 의미에서 이미 이와 같은 집단성을 지니고 있을 뿐 아니라 민심

개발지 선정에 난항을 겪다가 2013년 개발 계획이 중지되었다.

11 신주(新竹) 과학단지 조성계획지구에 속하는 다푸 주민들이 정부의 강제철거에 항의하여 일어난 운동. 개발계획에 동의하지 않은 일부 주민들의 집과 전답까지 강제 철거되었고, 그 과정에서 수확을 앞둔 농지가 파괴되면서 전국적인 비판 여론이 일어났다.

12 타이베이시 스린(士林)구 재개발 과정에서 철거와 이주를 거부하는 주민이 정부를 상대로 소송을 제기하면서 일어났다. 이 과정에서 도시정비계획과 개인의 주거의 자유 침해와 관련한 논쟁이 일어났다.

을 선동하고 정치적 요구와 호응한다.

　이렇게 '소확행'을 추구하는 발전양식은 특히 대만의 젊은 세대의 호응을 얻고 있다. 그 근거는 현재의 발전양식이 시장경쟁과 생산소외를 강조하여 인간을 상품의 논리 아래 굴복시킨다는 것이다. 그에 반해, 작은 생산규모와 현지생산 그리고 소셜 네트워크를 강조하는 발전양식은 생산과 인간의 생활생태를 결합하고, 소셜 네크워크의 창의적 공간으로 '소확행'의 미래상을 제공한다. 이에 도시농업, 유기자영농, 지역사회기업 및 소형 공방이 새로운 창업주들의 선택을 받게 된 것이다. 반대로 기존의 생산양식은 단지 사회 양극화를 심화시키고 개인을 기계 혹은 자본의 부속물로 변모시킬 뿐이라고 여겨졌다.

　이와 같이 다소 무정부주의적 발전 상상이 생긴 원인에 대해서는 대만의 현실생활에서 많은 '증거'를 찾을 수 있는데, 대개는 대륙과의 경제교류와 관련이 있다. 예컨대, 대만의 첨단기술산업의 대륙 수출이 과학기술계 신흥 부호의 이익을 도모하는 것일 뿐 그 폐해가 심지어 대만의 안전에 영향을 미치고 지역발전을 파괴한다거나, 대륙 자본을 끌어들이는 것은 독점을 초래하고 대만의 경제적·정치적 자유를 손상시켜 중소기업의 파산과 독립적 산업의 파괴를 불러온다거나, (무역으로 인한 이익금을) 토지에 투자한다면 집값 상승을 가져와 신세대의 주거 안정을 담보할 수 없게 된다는 등, 대략 생각나는 몇 가지만 들어도 모두 중국과의 왕래로부터 발생한 불공정과 실업이고, 모두 구 생산양식적 발상에 기인한 것이다. 남에게 의지하는 것은 스스로 자구책을 구하느니만 못하다고, 이러한 상황에서 자영농과 수공업이 새로운 출로가 된 것이다. 신문·잡지에도 관련 보도가 끊임없이 나오고 있다. 어느 촉망 받던 과학기술계 신흥 귀족이 자신의 피폐한 삶을 발견하고는 고액 연봉을 포기하고 자영농으로 새로운 삶을 시작하게 되었다는 식의 보도는 주위에서 심심치 않게 들을 수 있는 화젯거리이다.

오늘날 글로벌 경쟁과 소외적 생태환경에서 '소확행'은 하나의 대안으로서, 일종의 보상적 선택으로서 그 존재의의를 지닌다. 그러나 이러한 '소확행'이 하나의 주류, 일종의 대만의 주류 가치를 드러내는 방식으로 선언되고, 정치적 의도와 결합하여 사회운동으로 발전하게 되면, 보다 자세한 검토가 필요해진다. 특히, 현지 창업을 강조하는 '소확행'이 '신자유주의 독점=국민당 특권층=중국의 거대한 군軍·정政·경經 유착'에 대한 반대로 이용될 때, 나아가 모든 무역 담판 및 자본의 유동을 반대하게 될 때, 이는 오늘날 양안의 대화와 화해에 장애가 될 것이다.

많은 젊은 세대들이 '소확행'식 창업을 대만의 창의적 발상이자 자부심이자 문명의 표상으로 여긴다. 대기업의 유혹에 저항하여 로컬사회의 관계망을 강조하고, 심지어 '반反발전'의 구호를 외치고 있다. 그러나 수출입에 크게 의존하는 개발도상국으로서 경제침체 위기와 산업경쟁력 상실 및 분배 불공평 문제에 직면한 지금, 구미 좌파들을 따라 '반발전'이나 월가 점령시위와 같은 'XX점령'을 소리 높여 외치는 것이 무슨 의의가 있는가? 이렇게 스스로를 선진사회, 선진국가 상태와 그에 준하는 문명 가치에 놓고 여전히 '발전'이 핵심 문제가 되는 단계의 사회와 국가에 적용하려 한다면, 진정 그것이 우리의 실업과 저임금과 높은 집값 문제를 해결할 수 있을까? 이는 대만의 창의적 발상인가, 아니면 단지 좌절과 패배감으로 인한

도피행각인가?

　얼마 전까지만 해도 대륙은 젊은이들이 취업을 꿈꾸는 곳이었다. 대륙을 향해 중원제패의 야망을 키우는 이도 있었다. 1990년대 후기에서 2000년 중기 사이 일었던 상하이 열풍이 생각난다. 당시 대만의 많은 젊은이들이 대륙에서의 취업과 창업을 희망했다. 하지만 대륙의 경제 굴기로 대륙은 자신의 산업과 취업을 육성하려 했고 (이를 탓할 수는 없다), 그동안 지나친 총애로 제멋대로가 된 대만 기업과 대만인들이 그다지 경쟁력이 없어지면서, 대륙으로 향하던 꿈은 더 이상 실현되지 못하였다. 『렌허빠오聯合報』의 조사(2015년 11월)에 따르면, 20~29세의 젊은 세대 가운데 대륙 취업을 희망하는 비율은 2010년 49%에서 2015년에는 32%로 떨어졌다. 민진당 전 주석 쉬 신량許信良이 대만인 이민사회가 "늑대와 같은 근성으로 중원의 사슴을 쫓는다[逐鹿]"고 했던 말이 생각난다. 지금 생각하면 실소를 금할 수 없다.

　대만이 표방하는 사회 창조와 작지만 아름다운 창업은 점차 젊은이들의 출로가 되고 있다. 특히 대륙 경제와의 통합으로부터 얻는 이익은 오직 양안의 권력층·부유층이 가져가고, 반대로 '삼중'은 피해를 입는다는 인식이 팽배해졌다. 이러한 발전은 "실보다 득이 많다"는 식으로는 설득되지 않는다. 분배의 정의에 부합하지 않고 안정된 삶을 담보할 수 없는 발전방식이라는 인식에서 '반발전'으로 돌아섰고, 특히 서양 비판이론의 영향을 받아 '반발전'을 일종의 문명적인 태도로 여기면서, 대만의 젊은이들은 현실의 좌절 속에서도 만족감을 지킬 수 있게 되었다. 이러한 인식은 오늘날 '왕중그룹 반대'로부터 '해바라기운동'에 이르기까지 성공적인 사회운동으로 이어질 수 있는 심층적인 동력이 되었다. 반중국, 반국민당, 반신자유주의, 반발전을 하나로 꿰어보면 하나의 지배담론이 형성된다. '대만독립'을 당연한 진리로 받아들이는 '천연대독 天然臺獨'이라는, 이 시대 젊은이들의 기조[13]가 이전 시대 (통일을 당연한 진리로 여겼던-편자) '천연중국'처럼 확고부동한 것은 아닐지라도, 2008년 이래 너무나 많은 '증거'들이 대륙과의 교류의 불의 不義와 좌절을 입증했다. 생각건대, '소확행' 현상은 그러한 좌절에 대한 젊은이들의 해석이자 일종의 새로운 희망이다. 이는 구체적으로 중국에 대해 냉담하거나, 교류를 원치 않거나, 그다지 관심을 기울이지 않거나, 흥미를 두지 않는 방식으로 나타난다. 반중 주장을 할 때 가져다 쓰는 것 외에는 기본적으로 중국에 관심을 기울이지 않고, 중국의 발전에 대해 다만 난폭한 '공비 共匪'(이 단어는 오래 전부터 사용되지 않았던 것인데 최근 많은 반중 논술에 등장했다. 해바라기운동의 주도자도 중국공산당을 '사악한 정권'이라고 말한 바 있는데, 예전에 도적집단 연구자들이 썼던 표현과 매우 흡사하다) 내지는 현대문명의 세례를 받지 못한 '지나인 支那人'이라는 인상이 있을 뿐, 중국대륙의 다방면의 산업 발전 양상과 지식인 혹은 사상가들 사이에 진행되는 비판적 사고에 대해서는 전혀 아는 바가 없다. 이러한 중국에 대한 경시가 어쩌면 양안 간 화해와 대화의 가장 큰 장애일지 모른다. 젊은이들은 중국을 이해하거나 탐

---

13 중국은 '대만공화국' 수립을 내세운 민진당 강령에 반발해 민진당과의 공식 대화를 거부해왔다. 2014년 민진당 전국당원대표대회에서 일부가 대만독립강령의 동결을 제안했으나, 당시 차이 잉원 주석은 "대만을 인정하고 대만의 독립적·자주적 가치를 견지하는 것은 이미 젊은 세대에게 '천연성분'이 되었다"라고 말하며, '독립'은 특정 정당이나 특정 세력이 추진하는 것이 아니라 이미 자연적인 것으로 당연시되니 '동결'할 것도 '폐지'할 것도 없다고 하였다.

색하는 데 흥미가 없고, 중국이 지정학적·지경학적으로 대만과 긴밀한 관계에 있다는 사실을 무시한 채, 대만이 오직 '중국 요인'의 훼방만 없다면 독립적인 무릉도원이 될 수 있다고 생각한다.

그러나 이러한 유토피아가 실현될 수 있으려면, 비록 많은 '소확행' 신봉자들은 인정하지 않겠지만, 적어도 두 가지 전제가 선행되어야 한다. 첫째는 소비 위주의 내부 영역일지라도 사실은 수출에 크게 의지하고 있다는 사실이다. 간단하게 말해서, 누가 비싼 유기농 채소를 살 수 있는가? 자영농들이 서로 물물교환을 하겠는가? 당연히 아니다. 대도시에서 수출무역(주로 중국대륙)으로 성장한 과학기술계의 신흥 귀족이나 중산계급이 주요 소비자가 될 것이다. 바꾸어 말해, 무릉도원은 전혀 자족적이지 않으며 수출에 의한 성장을 소비시장으로 삼는다. 이러한 조건일진데 서비스무역협정을 상관하지 않을 수 있는가?

두번째, 이러한 무릉도원은 '큰형님'의 보호가 있어야 비로소 가능하다. 국제지정학적으로 중국에 대한 미국의 봉쇄가 새로이 시작되었다. 대만의 일부 정치인과 사회운동가들은 이제 중국의 영향을 벗어날 공간 혹은 균형을 이룰 여지가 생겨났다고 내심 기뻐할지 모른다. 그러나 아시아에서 미국의 군사배치는 '중국굴기'에 따라 경제적으로 점점 더 힘겨운 상황이 되고 있다. 특히 중국의 아시아인프라투자은행AIIB 설립을 비롯한 '일대일로—帶—路'의 육상·해상 실크로드 개발정책의 제기는 미국의 원래 계산을 깨어버렸다. 최근 남중국해 분쟁에서의 미국과 중국의 이해충돌 상황에 대해 대만이 손 놓고 있기는 어렵다. 대만은 미국과 중국의 지정학적 충돌의 핵심에 위치한다. 대만의 정치인들은 그래서 미국의 보호를 얻을 수 있다고 생각하는데, 여기에는 대가가 필요하다. 최근 무기판매를 비롯하여 오바마는 IS에 대항하는 반테러 전선을 위한 자금지원에 대만을 지명했다(이로 인해 대만은 IS가 인터넷에 발표한 테러대상국에 포함되었다. BBC는 대만이 "원치 않는 국제적 인정을 받게 되었다get unwanted international recognition"고 말했다). 다시 말해, 대만이 '중국 요인'을 벗어나고자 한다면(거의 불가능해 보이지만) 정치적으로 더욱 미국에 의존해야 하는데, 그 대가(예컨대 미국산 소, 돼지, 농산품 시장개방)는 자유무역을 반대하는 주장과 완전히 상반된다. '소확행'의 무릉도원은 사실 독립적이지도 자족적이지도 못한 것이다.

4. 양안의 화해는 가능한가?

이러한 상황에서 시 진핑과 마 잉주의 싱가포르 회담을 어떻게 바라봐야 하는가? 단지 양안의 경제교류만을 강조한다면 앞에서 말한 바와 같이 대만 젊은이들의 대륙에 대한 적의 내지 무관심을 움직이기에는 역부족일 것이다. 관건은 '반중국=반국민당=반자유주의=반발전'이라는 현재 대만의 지배담론을 어떻게 깨뜨리는가에 있다. 그래야 양안은 대화와 화해를 심화할 수 있다. 그런 의미에서 민진당 차이 잉원의 집권은 역설적으로 하나의 열쇠가 될 수 있다. 국민당이 실각한다는 것(심하게는 와해되어 아예 주요 정치세력을 형성하지 못할 수도 있다), 차이 잉원 본인이 신자유주의의 신도라는 것(그녀는 대만 노동자들의 휴가가 너무 많다고 말한 적이 있다. 그녀의 정치적 우상은 탄광 노동자 파업을 와해시킨 영국의 전 수상 대처이다), 그리고 민진당이 집권하면 중국이 더 이상 대만에 이익 양보를 하지 않을 것이라는 점, 이 세 가지 상황은 앞의 등호관계를 약화시킬 수 있다. 오늘날 양안의 평화 발전이 가져온 문제들, 예컨대 평화배당금 분배의 불균형을 비롯하여 무역구조가 대만 산업에 미친 영향, 대만 산업의 구조 전환과 중국 공급망 관리 시스템과의 연결 등을 모두 국민당이나 중국의 음모라고 간단하게 귀결시키기는 어렵다. 그때가 되면 아마도 양안의 경직된 국면이 변할 새로운 기회가 찾아오지 않겠는가.

한편, 역사적 의미에서 시 진핑과 마 잉주의 회견을 바라본다면, 2008년 이래 양안이 진행해온 많은 교류와 실험, 즉 양안 직항, 대륙 관광객에 대한 여행 개방, 대륙 학생 유학 수용 등, 마 잉주 정권 이전에는 상상하기 어려웠지만 오늘날 당연시되는 사안들을 다시 생각하게 된다. 이런 것들이 민진당 집권 이후 변할 가능성이 있겠는가? 만약 변한다면 그 변화를 대만이 감당할 수 있을 것인가? 특히 매년 400만을 넘는 대륙 관광객은 이미 대만 관광 산업의 주력이 되어, 민진당의 지방정부 수장조차도 후퇴를 희망하지 않는다. 그렇다면 시 진핑·마 잉주의 회견은 이러한 성과를 공고히 한다는 점에서 역사적 의미가 있다. 회견에서 끊임없이 조명되었던 것은 바로 '92공식'이라는 모호하고 창의적인 합의이다. 재미있는 것은 당시(1993) 행정원 대륙위원회 부위원장이었던 마 잉주는 양안의 합의를 부인했었다. 반대로 당시 위원장이었던 황 쿤후이(黃昆輝, 후에 대만 독립에 적극적인 대만단결연맹의 주석이 되었다)는 양안이 '하나의 중국'이라는 원칙 아래 명칭은 각자 붙인다는 데 합의를 이루었음을 인정했다. 그러나 이제 두 사람의 입장은 완전히 뒤바뀌었다. 중국

공산당 또한 마 잉주 집권 후기, 특히 민진당의 다음 집권 가능성을 의식하면서 '92공식'의 중요성을 강조해왔다. 심지어 중국공산당은 '92공식'이 양안 상호 간의 가장 중요한 기초라 선언하고 "기초가 불안정하면 하늘과 땅이 뒤흔들린다"고 강조했다. 이렇게 각각의 필요에 따라 의미를 취하는 창조적인 모호성은 사실 양안관계 화해의 주요한 제도적 설계이다. 민진당은 이러한 기술을 이해할 것이다 (그리고 이해해야만 한다).

물론, 양안 발전의 더 큰 책임은 역시 중국에 있다. 대국으로 굴기한 중국은 발전에 대한 상상이 다른 대만의 상황을 직시하여, 경제적 양보 외에도 '중국몽'과 '소확행' 사이의 큰 간격을 어떻게 연결할지 심사숙고해야 할 것이다. '중국몽' 안에 급속한 경제발전 외에 소형의 네크워크적·사회적 성질의 기업이 생존할 공간이 있는가? 대만의 젊은 세대에게 중국을 재인식할 기회를 주었는가? 그리고 중국이 현재 직면하고 있는 곤경과 근심에 대해 더 많이 이해할 수 있도록 하였는가? 이는 모두 양안이 미래에 대화와 화해를 추진하는 전제가 된다. 신세대를 반드시 '반중' 혹은 중국을 적대시하는 세대로 볼 필요는 없다. '천연대독'이라는 관념은 사실 양안의 오랜 체제 분단의 산물이지 고정된 조건이 아니다.

앞에서 언급한 바와 같이 양안은 먼저 서로의 역사를 이해해야 한다. 특히 식민의 역사와 그 역사가 가져온 정서적 상황을 살펴야 한다. 이 점에서 중국은 일본의 식민지 및 미국의 보호 아래 형성된 대만의 현대화와 서구식 민주주의 체제에 대한 대만인의 생각, 그리고 최근 소단위로 형성된 공동체의 '소확행' 심리에 대한 분석과 이해가 부족하다. 어쨌든 60년 분단이 초래한 양안의 차이는 단순히

'모국'이라는 말로 포용되기 어렵다. 양안의 분단체제는 사실상 이미 일종의 자아생산기제가 되었다. 그 과정에서 혜택을 얻는 것은 양안 권력층만이 아니다. 더 중요한 것은, 이 체제에서 쌍방이 끊임없이 서로 참조하고 대항하면서 자아를 만들어내고 또 상대를 타자화하는 가운데 점점 뒤엉켜, 어느 특정한 한쪽의 잘못이라 말하기도 어려울 정도로 모두 공모자가 되었다는 것이다. 이러한 작용을 깨려면 오직 상대의 신발을 신어보는 역지사지의 태도를 요구하는 수밖에 없는데, 사실 매우 어려운 일이다. 특히 그 가운데 약자에 대해 강자가 먼저 모범을 보이거나 양보하지 않고 약자에게 강자의 관점을 강제한다면 결국 약자를 궁지로 몰아가게 된다. 그러므로 (굴기한 강자로서) 중국은 양안의 분단체제가 야기한 상호타자화의 과정에 대해 적극적인 자세로 출로를 모색해야 한다. 예컨대 경제적 양보뿐 아니라, 대만에 국제 사무에 참여할 적정 수준의 공간을 제공하는 것 등이다. 이에 대해서는 대륙 측에서 이미 일부 필요한 양보를 하였고 싱가포르의 회담에서도 합의했다. 만약 그것이 지속될 수 있다면, '시마회'는 역사적 의의를 지니게 될 것이다.

더욱 관건은, 대륙이 내부의 타자에게 위로나 강박을 가하는 정책 대신, 약자에게 권력을 주어 그들 스스로 한층 자주적으로 '중국몽' 건설에 참여하도록 하는 것이다. 이러한 시도는 이익을 양보하거나 상대를 그저 이해하는 것보다 훨씬 더 대만 내 지지자와 반대자들을 설득할 수 있으며, 대만의 '소확행'이 '중국몽'과 호혜적으로 공존할 수 있다는 믿음을 줄 것이다. 다시 말해, 대만정책은 대륙 내부의 '타자'에 대한 수용과 화해를 포함하는 것이어야 한다.

양안 화해의 운명에 관심을 가진 대만인으로서 말하자면, 본토화

정책 이래 생겨난 '천연대독' 요소 외에, 동아시아 신냉전 국면의 전개, 젊은 세대의 '소확행'식 무릉도원 지향과 '중국몽'에 대한 반감, 이 모두가 향후 양안의 화해를 가로막는 장애가 될 것이다. 더욱 많은 지혜를 모아 이 문제를 풀어가야 한다. 그런데 어쩌면 민진당의 재집권이 그동안 풀리지 않았던 매듭, 즉 '반중국=반국민당=반자유주의=반발전'의 매듭을 느슨하게 푸는 효과를 낳아, 양안의 평화적 대화의 가능성을 열게 될지도 모르겠다. 필경, 화해하고 싸우지 않는다면 불필요한 소모를 면할 수 있을 테니 이것이야말로 양안의 가장 큰 평화배당금일 것이다. (번역: 안소현)

양안 통상,
축복인가 독배인가

오승렬

1. 양안 통상은 양날의 검

중국과 대만의 소위 '양안관계'의 현실을 보는 한국인의 마음은 착
잡하다. 간편한 수속으로 편하게 중국과 대만을 오갈 수 있는 양안
주민들을 보면, 부러움과 더불어 우리 현실에 대한 분노와 열패감
이 먼저 떠오른다. 다른 한편으로는 근자에 들어 국제회의 등에서
마주치게 되는 대만 학자나 관료들이 점차 자신감을 잃어가고 자기
정체성의 혼란을 겪는 모습을 보면서 통상이나 교류 확대가 과연
무엇을 위한 것인가 하는 의문도 지울 수 없다. 일반적으로 한반도
나 중국—대만 등의 분단 지역에서 경제교류는 기능적 협력 과정을
통해 정치적·군사적 긴장관계 완화와 평화 정착에 긍정적인 영향
을 미치는 '선善'으로 비친다. 그러나 상반된 관점에서 '중국의 일부'
로서 '주권' 없는 대만 경제의 중국으로의 쏠림 현상은 단순한 '상
생'을 위한 경제교류 확대로 보기 어렵다는 우려도 확산되고 있다.
  아직도 기술적으로는 전쟁상태인 정전체제에 머물고 있는 남북관

계에 비해, 양안관계는 중국—대만 간 직항로 운용과 함께 2000년 대에 들어 거의 '폭증'에 가까웠던 무역 및 투자 관계의 발전으로 인해 얼핏 보기에 부러움을 살만하다. 2014년 기준으로 중국대륙과 홍콩에 대한 대만의 상품 수출은 대만 전체 수출의 약 40퍼센트, 금액으로 보면 1,250억 달러에 달했다. 또 중국대륙에 대한 대만의 직접투자FDI는 대만의 전체 해외투자 금액의 80퍼센트에 이르렀다. 또 중국을 방문한 대만인은 연인원 300만 명을 넘어섰고, 대만을 방문한 중국인도 20만 명 규모이이다. 중국대륙에서 상주하고 있는 대만인 수에 대한 정확한 통계는 없으나 대만 측에서는 약 70만 명 수준으로 파악하고 있으며, 중국 측은 적어도 150만 명 이상의 대만인이 중국대륙에 거주하고 있는 것으로 보고 있다. 사실이라면, 일시 방문객을 포함하여 거의 대만 전체 인구의 10퍼센트 이상에 해당하는 인구가 중국에 머물고 있는 것이다. 대만에서 유학하고 있는 중국 유학생 수 역시 1만 명에 달하는 것으로 알려지고 있다. 어디 그 뿐인가. 양안 간의 통상, 통항, 통우를 가리키는 소위 '대삼통'과 중국의 샤먼과 진먼다오 등 대만 부속 도서 간 허용되는 '소삼통'도 있다. 예를 들면, 샤먼 지역에서 홍콩이나 다른 지역을 거치지 않고 곧바로 2km 남짓한 거리에 있는 대만 땅인 진먼다오를 방문할 수 있는 것이다. 적어도 겉보기에 중국과 대만 사이에는 이미 '사실상의 통일'이 이뤄진 것 같다.

그러나 양안 통상관계를 바라보는 중국대륙과 대만사회의 시각은 그리 간단하지 않다. 양안 통상관계는 단순히 분단 지역의 긴장을 완화하는 윤활유의 역할로 볼 수 없는 부분이 있다. 양안관계는 분단으로부터 통일을 향해 발전해 나가는 단순하고도 분명한 과정이 아니다. 대만의 정체성과 독립 문제가 또 다른 축이기 때문이다. 2013년과 2014년에 대만의 국립정쯔대학國立政治大學 산하 한 연구소가 대만인을 상대로 실시한 설문조사 결과에 따르면 독립을 지향하거나, 영원한 현상유지, 일단 현상유지 후 다시 고려해야 한다는 견해가 90퍼센트 이상이며, 통일을 지향하거나 가능하면 빨리 통일해야 한다는 견해는 9퍼센트에 불과했다. 또 자신의 정체성을 대만인으로 인식하는 비율이 60.5퍼센트, 대만인이자 중국인으로 인식하는 비율이 32.5퍼센트인 데 비해, 자신을 중국인으로 인식하는 비율은 단지 3.5퍼센트에 불과했다. 더욱이 대만 인구의 세대교체로 인해 대만인으로의 정체성을 강하게 느끼는 인구의 비중이 현저하게 증가하는 양상을 보여주고 있다. 또 2016년 1월 대만 총통 선거에서 대만 독립을 지향하는 민진당 대표 차이 잉원이 당선되면서 양안관계의 불확실성이 점증하고 있다. 역설적으로 2008년 이후 국민당 마 잉주 정부가 출범한 이후 상대적으로 돈독해진 양안관계가 오히려 대만인의 반反중국 정서를 초래한 것이다. 이처럼 '사실상의 통일'로 인한 다방면의 교류 및 경제관계 증가에도 불구하고, 대만인의 반중국 정서나 독립 지향성, 그리고 양안 간의 '정체성의 분열'이 갈수록 심화되는 이유는 도대체 무엇일까.

2. 양안관계의 비대칭성과 통상의 일방성

1978년 말 이후 중국이 덩 샤오핑 주도로 시장경제를 개혁개방의 주요 수단으로 활용하고 1984년 중국과 영국 간 홍콩 반환을 위한 합의가 이뤄지면서, '일국양제'의 개념은 비로소 현실적 의미를 지니게 된다. 중국은 홍콩 반환 후 적어도 50년 동안 홍콩의 제도를 그대로 유지한다는 '일국양제'의 기본 틀을 대만에 대한 통일정책에도 적용했다. 중국의 시장지향적 변화는 중국대륙과 대만 관계가 경제적 교류로 발전하는 계기가 된다. 또 양안 통상관계 발전 과정에서 중국대륙의 압도적인 인구와 경제규모, 그리고 국제무대에서의 위상이나 통일전략의 주도권 행사 등 요인으로 인해, 사회주의 체제를 유지하는 중국이 시장 자본주의 기반을 지닌 대만에 비해 오히려 더 적극적인 양상을 보였다. 중국대륙과 대만의 경제규모와 정치 역량의 비대칭성, 중국 주도의 양안관계 발전, 그리고 중개 역할을 담당했던 홍콩의 존재로 인해 양안관계는 독특한 양상을 보이게 된다. 양안관계는 '통일을 지향하는 특수한 관계'로 보기 어렵다. 중국대륙의 군사적 위협만 아니라면 절대 다수의 대만인이 독립을 선호하며, 또 현재와 같이 군사적 위협이 존재하는 상황에서는 통일도 독립도 아닌, 대만으로서의 적절한 정체성을 가지는 현상유지가 바람직하다고 생각한다.

양안관계는 중국의 변화와 홍콩의 중개 기능으로 인해 2008년 '삼통'의 실현 이전부터 확대됐다. 사실 중국의 변신 초기인 1980년대에 중국이 외국자본에 개방했던 지역, 즉 경제특구와 일부 연안 지역에 유입된 외국인직접투자FDI의 대부분은 홍콩 및 대만 자본이다. 당시 대만의 경우 중국대륙에 대한 직접 투자와 무역이 규제되었으므로 주로 홍콩을 통한 간접 투자와 무역 형태를 보이게 된다. 홍콩은 자유로운 경제 제도와 낮은 관세율, 그리고 중국대륙과의 빈번한 인적 교류 및 물류로 인해, 대만 기업이 대만정부의 규제를 피해 중국과의 투자 및 무역을 추진하기에 이상적인 지역이었다. 중국과 대만의 무역은 홍콩 세관 통과 후 중국이나 대만으로 재수출되는 경로와 함께, 대만의 수출품을 홍콩에서 제3국 소속 선박으로 환적transshipment하거나 홍콩을 경유transport하여 중국대륙으로 들어가는 방법을 택했다. 또 중국대륙에 대한 대만 자본의 투자는 주로 홍콩에 법인을 설립하여 추진하였고, 심지어 홍콩과 제3국에 페이퍼 컴퍼니를 설립하여 투자 주체를 모호하게 만드는 방법으로 진행됐다.

대만 자본의 중국 유입 초기에는 주로 중소기업 위주의 투자가 이뤄졌으나, 2001~2002년 중국과 대만의 세계무역기구WTO 가입 이후에는 팍스콘Foxconn 등 대만 기업을 포함하여 대형 다국적 기업의 위탁 생산 기업 등이 대륙 투자를 확대하기 시작했다. 또 이들이 대만으로부터 최종 생산라인 가동을 위한 중간재 수입을 늘림으로써 양안 무역량도 급증하게 된다. 2008년 대만 국민당 마 잉주 정부 출범으로 인해 삼통이 가능해지고 2010년 양안경제협력기본협정(Economic Cooperation Framework Agreement, 이하 ECFA) 체결에 따른 관세혜택 등으로 인해 중국과 대만 간의 직접 무역 규모는 다시 한 번 증가세를 보였다. 그러나 대만 정치의 민주화와 독립 지향의 정서 확산으로 인해 정권을 창출할 수 있었던 민진당의 천 수이볜 정부 시기인 2000~2008년 동안에도 양안 교역량이 빠른 속도로 증가한 것으로 미루어 보아, 정치적 환경 변화보다는 중국과 대만의 WTO 가입과 홍콩의 존재로 생겨난 통상 공간을 활용코자 한 대만 기업과 다국적 기업의 경제적 동기가 양안 통상 확대의 근본 요인임을 알 수 있다.

양안 통상 관계 확대는 중국대륙과 대만 간 인적 물적 교류 증가를 통해 중국대륙—홍콩—대만 간에 생산요소의 결합을 통해 이뤄지는 경제통합 양상을 보였다. 비록 정치적으로는 홍콩에 대한 중국의 영향력 확대와 홍콩으로부터 홍콩인이 소외되는 현상이 2014년의 '우산시위'로 연결되었고 또 ECFA로 인한 대만경제의 지나친 중국 의존을 우려한 대만의 정치적 반응인 '해바라기학생운동'이 같은 해에 있었지만, 이들 '양안삼지兩岸三地' 간 생산요소와 시장의 결합도는 더욱 높아졌다. 중국의 일방적인 영향력이 확대되고 중국의 국제적 위상이 더욱 높아지면서 홍콩 및 대만 주민의 정체성을 둘러싼 '양안삼지'에서의 정치사회적 갈등은 오히려 더욱 고조되는 현상이 나타나고 있다. 2000년대 중국의 경제성장과 세계질서 편입으로 인해 '중국의 힘'이 현실적 위협으로 느껴지기 이전까지 홍콩과 대만 주민들은 중국대륙에 상대적으로 우월감을 가질 수 있었다. 그러나 중국이 급격히 신장된 국력을 바탕으로 1997년 홍콩 반환 이후 적극적인 홍콩 및 대만 정책을 구사하게 되자, 대륙에 대한 경제적 의존도가 높아짐과 동시에 산업 공동화 현상을 우려한 일종의 박탈감과 중국으로부터의 위압감을 느끼게 된다. 바로 이와 같은 상황이 홍콩의 우산시위와 대만의 해바라기운동의 배경이 된 것이다.

1997년 홍콩 반환 이후 홍콩 제조업은 대부분 인접한 광둥성廣東省으로 이전했고, 홍콩의 산업구조는 90퍼센트 이상이 서비스업으로 채워졌다. 제조업 공동화 현상에도 불구하고, 홍콩 경제는 금융과 물류, 중개무역 등의 고부가가치 서비스업의 존재로 인해 1997년 중국 반환 이후의 정치적 충격으로부터 비교적 자유로울 수 있었다. 사실 중국과 홍콩의 관계는 매우 흥미롭다. 1980년대 이후 중국경제의 변화 과정에서 홍콩은 외자의 중국 유입을 중개하여 중국 남부의 경제특구와 연안지역에서 노동집약적 상품의 생산을 위한 자본과 기술을 제공했다. 뿐만 아니라 중국대륙에서 생산된 상품을 세계시장에 공급하는 통로로서 홍콩을 통한 재수출 과정에서 당시 중국이 갖추지 못했던 포장과 마케팅 등 수출 관련 서비스를 제공하기도 했다. 특히 세계 금융센터로서의 홍콩은 중국이 부족했던 금융서비스 기능을 갖추고 있었으며, 다국적기업의 지역 거점으로서 중국경제와 세계경제를 이어주는 교량 역할을 담당했다. 1997년 홍콩이 중국에 반환되고 2001년 중국이 세계무역기구에 가입하면서 세계 주요 다국적 기업이 중국에 직접 진입하게 되자 홍콩과 중국의 경제적 역할에 변화가 나타나기 시작했다. 역설적으로 중국의 초기 개혁 과정에서 홍콩은 중국과 세계를 연결하는 창구 역할을 대리함으로써 중국의 체제 전환을 지연시키는 효과를 초래했다고도 볼 수 있다. 2001년 중국의 WTO가입 이후, 비로소 중국경제와 세계경제의 본격적인 접목이 이루어진다. 2000년대 홍콩의 위상 변화는 홍콩으로 하여금 세계를 대상으로 중국의 대외경제 관계를 연결해 주던 역할에서 벗어나, 중국대륙과 대만을 연결시키는 중화경제권의 지역 경제 네트워크로서의 기능이 강화되는 계기가 되었다. 중국경제의 빠른 성장 및 제도 변화로 인해 상하이와 선전深圳이 점차 국제 금융센터 및 동아시아 거점으로 부상하면서, 중국과 세계를 연결하는 물류 및 금융 서비스 센터로서의 홍콩의 기능을 부분적으로나마 대체하기 시작했다. 이 과정에서 홍콩은 세계 자유무역항과 금융센터의 상징으로서의 위상과 정체성으로부터 점차 중국 남부 지역의 한 도시, 즉 중국의 일부로 다시 자리매김되는 과정을 겪게 된다.

대만과 중국의 경제관계는 매우 복잡하게 구성되어 있다. 홍콩을 통한 간접 무역 및 투자가 중요한 통로이다. 이에 더해, 홍콩에서의 환적과 경유를 통하지만 서류상으로는 직접무역으로 처리되는 경우도 있으며, 제3국 선적의 해운을 통한 대만과 중국 항만 간의 직접 무역이나 밀무역도 적지 않은 규모로 이루어지므로 그 전체 규모에 대한 정확한 통계를 확보하기 어렵다. 특히 2001년 중국과 대만의 WTO 가입 이후, 그 동안 대만에서 위탁생산을 해왔던 반도체 및 정보통신기기 부문의 다국적 대기업들이 중국대륙에 투자한 다음, 대만산 중간재中間財를 대륙으로 수입하고 대륙의 저임금 노동력을 활용하여 최종재를 생산하는 방식의 공급사슬supply chain을 구축하게 되었다. 이들이 대륙의 경제개발구 보세지역保稅地域에서 가공 또는 조립 생산을 한 다음 중국 내수시장에 수출(판매)하는 형식을 택하는 경우, 중국 세관 통계에는 중국이 대만으로부터 수입하는 것으로 기록되는 경우도 나타났다.

이와 같이 복잡한 양안 무역 경로로 인해 2013~2014년의 경우, 대만정부가 발표한 대중국 수출규모는 약 820억 달러인데 비해, 중국정부가 발표한 대만으로부터의 수입 규모는 1,500억 달러를 상회한다. 또 대만의 대홍콩 수출 규모가 430억 달러 수준이며, 그 중 약 80퍼센트가 다시 중국으로 재수출 되는 것으로 판단하면 대만의 중국에 대한 직간접 총 수출액은 1,200억 달러 규모다. 대만 기업이 중국 현지 보세가공 지역에서 생산된 상품을 중국이 내수시장 수요를 위해 자체 수입한 경우, 대만정부의 통계에는 포함되지 않는다. 2014년 대만의 국제무역에서 총 수출액이 약 3,100억 달러 수준임을 감안하면, 대만의 중국대륙에 대한 직간접 수출 비중은 전체 수출의 약 40퍼센트 수준임을 알 수 있다. 실질적으로는 대만해협을 통한 밀무역도 일상적으로 행해지고 있으며, 중국 보세가공구에서 대만기업이 생산한 물품이 대륙 내수시장에 판매된다고 볼 때, 수출 부문에 있어서 대만의 대중국 의존도는 매우 높은 수준임을 알 수 있다. 한편 대만 경제의 총 수입 규모는 2014년 기준 약 2,700억 달러이다. 여기에서 대륙으로부터의 수입 약 420억 달러가 차지하는 비중은 약 15퍼센트로 대만의 대륙에 대한 수출 비중이 훨씬 더 높은 것으로 평가된다. 즉 대만의 중국경제 의존도가 매우 높은 것이다. 홍콩을 통한 직간접 수출입을 포함하면, 대만의 전체 무역에서 중국대륙이 차지하는 비중은 약 30퍼센트 수준으로 평가된다. 중국대륙에서 대만 기업이 생산하여 중국 내수 시장을 위해 통관 과정을 거치는 상품까지 고려한다면, 실질적으로 체감하는 대만 경제의 중국 의존도는 더욱 높다고 볼 수 있다. 더욱이 중국대륙에 대한 대만 기업의 직접투자FDI는 2013년 기준으로 대만 전체 해외 직접투자액의 80퍼센트 수준이다. 대만 기업의 홍콩에 대한 투자 역시 실질적으로는 대부분 중국대륙으로 유입된다는 점을 감안하면, 최근 대만의 해외투자는 대부분 중국을 향한 것임을 알 수 있다.

대만 경제의 높은 중국의존도를 어떻게 봐야할까? 또 이와 같이 높은 의존도의 원인은 무엇일까? 이에 대해서는 다양한 관점과 주장이 제기되고 있다. 양안관계의 당사자인 중국과 대만정부와 학계 및 일반 대중, 대만 독립 지향의 민진당 계열, 그리고 애매하지만 대체로 '하나의 중국'론에 중심으로 둔 양안관계 발전에 비중을 뒀던 마 잉주 정부의 국민당 계열 인사들의 관점이 서로 다른 복잡한 양상을 보인다. 양안 경제관계를 바라보는 다양한 시각의 공통점은 대체로 양안관계를 정치적 관점에서 해석한다는 것이다. 이와 같은 견해는 단순히 양안관계의 정치적 영향의 당사자인 중국대륙과 대만에만 있는 것이 아니다. 양안관계를 분단구조로 파악하고 이로부터 남북한 관계 및 통일에 대한 함의를 파악하고자 하는 한국의 일반 국민과 학계에도 광범위하게 확산돼 있다. '독립'을 지향하든, '일국양제'를 지지하든, 대만인으로서는 베이징정부가 전략적으로 양안 경제관계를 활용한다는 관점이 지배적이다. 단지 국민당을 지지하는 대만인의 경우, 양안 경제관계 확대가 대만경제 발전을 위해서 나쁘지 않으며 '일국양제'가 경제관계의 발전을 통해 구현될 수 있다는 생각이다. 반대로 민진당을 지지하거나, 반드시 민진당이 아니더라도 장기적으로 대만 독립을 지향하는 대만인들은 양안 경제관계가 현재의 구도로 발전한다면 결국 대만은 중국에 종속될 수밖에 없다고 본다. 따라서 대만의 독립이나 정체성을 보장할 수 있는 독자적 공간을 확보하기 위해서는 대만 경제의 중국 의존도를 낮춰 중국이 일방적으로 경제적 지렛대를 사용하지 않도록 예방해야 한다는 것이다. 그러나 서로 상반되는 양안 경제관계에 대한 관점을 가지는 이들이 서로 일치하는 영역은 베이징정부나 타이베이정부가 정치적 판단에 의해 양안 경제관계를 조율할 수 있다는 '정치 결정론'적 입장을 보인다는 점이다.

3. 통일 과정으로 보기 어려운 양안 통상관계

국공國共 내전에서 패배한 장 제스의 국민당이 대만으로 물러가고 1949년 10월 중화인민공화국이 출범한 이후, 한국전쟁의 여파와 1958년 진먼다오에서의 포격전 등으로 인해 대만해협은 냉전의 전초前哨로 변했다. 양안 경제관계 확대의 출발점은 중국대륙의 개혁개방이다. 그러나 중국의 개혁개방이 궤도에 올랐던 1990년대에 들어서도 1996년 대만 총통 선거를 앞둔 시점에 대만 근해로의 미사일 발사 등 대만해협의 군사적 긴장은 계속됐다. 특히 2000년대 들어 천 수이벤 정부 출범과 함께 대두된 '대만독립' 문제로 인해 양안관계는 정치적 불안정 상태를 벗어나지 못했다. 비록 중국의 개혁개방과 동유럽 사회주의체제의 전환 등으로 인해 탈냉전시대를 맞이하면서 냉전적 갈등은 완화됐으나, 2000년대 국제질서에서 중국의 급격한 부상과 함께 대두된 중·미 갈등구조 또한 양안관계를 제약하는 요소로 작용하고 있다.

1970년대 말부터 덩 샤오핑 주도로 추진됐던 중국의 개혁 개방은 '실용주의 노선'에 의한 중국 스스로의 변화와 함께, 중국과 대만이 제도와 이념의 측면에서 '수렴'될 수 있는 필요조건을 충족시키는 결정적인 계기를 마련했다. 또한 아직 냉전의 틀에서 벗어나지 못했던 당시 상황에서 월등한 국력으로 세계질서를 주도했던 미국의 '우려'를 덜고 개혁 개방에 유리한 국제환경을 조성하기 위해서라도, 미국과의 수교(1979.1.1)는 물론 대만해협에서의 군사적 충돌 가능성을 완화시킬 필요가 있었다. 이와 같은 고려에서 당시 베이징정부가 제시했던 타협책이 '일국양제'였다. 물론 '일국양제'의 개념은

1984년 중국과 영국이 1997년 홍콩 반환과 관련된 논의를 마무리 짓던 '중·영공동성명'의 기본 틀이기도 했다. 그러나 '중국의 일부'로서 '특별행정구SAR'의 지위를 얻게 된 홍콩의 경우와 대만의 정치 현실은 큰 차이가 있었다. 홍콩은 중국에 대해 비적대적이었으며 중국으로의 귀환에 아편전쟁 이후 겪었던 '식민지 지배'의 종결이라는 역사적 의미가 결부되어, '일국양제'라는 중국-홍콩의 새로운 관계를 쉽게 수용할 수 있었다.

이에 비해 개혁 초기 덩 샤오핑에 의해 '일국양제'의 원칙을 대만에도 적용한다는 큰 원칙은 결정됐으나, 과연 중국에 적대적인 군사력을 갖추고 미국의 군사적 영향 하에 놓인 대만을 어떻게 다룰 것인지에 대한 구체적 방안은 없었다고 볼 수 있다. 이와 같은 상황에 종지부를 찍는 변화가 바로 1992년 싱가포르에서 중국의 '해협회'와 대만의 '해기회' 대표 간에 합의된 '92공식'이었다. 즉 '하나의 중국' 원칙에 합의하되 양측의 해석에 따라 각각 그에 상응하는 명칭을 사용한다는 것이다. 즉 '일국양제'의 틀 속에서 중국과 대만이 각각 통일의 주체가 되어야 한다고 보는 '중화인민공화국'과 '중화민국'이 공존하게 된 것이며, 이를 통해 각각 나름대로의 명분을 찾을 수 있었던 중국과 대만은 비로소 사회 및 경제교류의 물꼬를 트게 됐다.

양안관계의 변화가 '분단 구조의 극복'이라는 자신들의 과제에 매우 중요한 시사점을 가진 사례로 인식하고 있는 것이 한국인이다. 한국인들은 분단 극복 사례로서 독일모델과 중국-대만 간의 양안모델 사이에서 심리적 갈등 구조를 보여준다. 심리적 갈등구조는 남북관계의 미래에 관심을 가지고 있는 개인이나 정부의 내부적 갈등이기도 하거니와, 한국 사회를 가르는 보수와 진보 진영의 생각의 차이로 드러나기도 한다. 내부적 갈등 구조 속에서 현실적 상황 전개 방향에 따라, 같은 개인 또는 정부라고 하더라도 북한과 통일에 대한 인식이 변화하고 그 변화는 곧 독일 모델과 양안 모델 사이에서 어떤 모델이 바람직한 것인가에 대한 판단의 문제와 연결될 수 있기 때문이다. 대다수의 한국인은 독일 모델을 궁극적인 남북한의 '통일모델'로 인식한다. 통일 이전 서독 사회와 경제의 발전, 그리고 서독인이 누렸던 자유는 동독 주민의 부러움을 샀으며, 정치 경제적으로 우위에 섰던 서독이 동독을 포용함으로써 결국 서독 체제에 동독이 수렴된 것으로 파악하고 있다.

1990년대 동서독 경제의 통합 과정에서 서독이 지불해야했던 '통일비용'이 과다한 것 아니냐는 논란이 있었지만, 통일 25년이 지난 현 시점에서는 사회와 정치, 그리고 경제적 측면에서도 동서독의 통일 모델은 성공적이었다고 보는 입장이 지배적이다. 통일 초기에는 경제적으로 동서독 화폐의 적정 교환비율과 동독 주민의 생산성을 감안하지 않았던 사회복지 수준에 대한 상이한 관점이 제기됐다. 그러나 통일 후 독일의 국제적 위상 상승과 유럽연합을 포함한 국제 정치 무대에서의 역할 증대 등으로 인해 통일이란 단순한 경제적 계산이 아니라 정치경제적 전략으로서 그 방향과 정책이 추진돼야한다는 '흡수통일 모델'의 성공적 사례로 받아들여지고 있다. 한국사회에서 동서독의 통일 과정은 우월한 서독이 동독을 흡수 통일했다는 관점에서 보수진영의 통일 모델로 수용됐다.

독일의 '흡수통일 모델'에 비해 중국과 대만의 실질적 '교류협력' 확대는 경제와 사회의 교류가 정치와 군사적 갈등을 넘어 양안관계의 안정과 번영을 초래할 수 있다는 기능적이며 점진적인 분단구조 해소 방안으로 인식된다. 여기에서 인식상의 혼란은 양안관계가 결국은 '통일'로 마무리될 것이라는 '통일지상론'에 따른 것이다. 사실 양안 통일에 대한 대만인의 성향과 대만의 정치적 상황으로 미루어 볼 때, 중국과 대만의 통일 가능성은 그리 높아 보이지 않는다. 오히려 정서적으로는 독립도 통일도 아닌 어중간한 상태에서 서로의 입장을 어느 정도 배려해 주는 '문화공동체'로 남을 가능성이 커 보인다. 단지 대만이 국제무대에서 그 주권을 보장받을 수 있는 '국제적 법인성法人性'을 배제해 왔던 중국 입장에서는 장기적으로 대만이 '분단상태를 이용하여 중국대륙의 국익이나 안보를 저해하지 않고 문화적 동질성과 경제통합을 지향'한다는 전제 아래 국제무대에서 대만의 지위를 용인할 가능성도 있다. 양안관계는 당위론적 '통일'을 향해 다가가는 것이 아니며 그 정치적 미래는 생각보다는 불확실한 것이다.

이와 같은 상황에서 양안 통상관계에 대한 착시 현상을 불러일으키는 가장 큰 요인은 양안 경제관계가 정치의 영향에 종속된 위치에 놓여있을 것이라는 상상이다. 즉 중국정부와 대만정부의 관계가 양안 통상관계의 위축이나 확대에 결정적인 영향을 미친다는 생각이다. 이 논리는 역방향으로도 적용된다. 즉 통상관계의 확대는 양안 정치관계의 개선을 검증하기 위한 수단으로, 또 적어도 정치나 군사적 긴장관계를 완화시키는 촉매로서의 기능을 지니는 것이라는 인식을 뒷받침하기 위해 동원될 수 있는 것이다. 그러나 현실은 양안 정치관계와 통상관계 속에 그리 명확한 연결고리가 존재하지 않는다. 2000년대 급성장했던 양안의 통상관계는 대만에 대한 중국의 수용적 태도와 홍콩의 중개기능을 포함한 대만 기업의 경제활동 공간 확보 및 중국대륙을 활용하는 국제적 공급 사슬을 구축하려는 동기가 결합된 결과라고 할 수 있다.

1992년의 '92공식' 합의 이후, 베이징 지도부는 당시 중국대륙의 변화에 적용했던 소위 '정치와 경제의 분리' 방식을 양안관계에도 적용하기 시작한다. 1992년 1월부터 2월까지 덩 샤오핑은 중국 남부지방을 순회하면서 1989년 6월 톈안먼사건 이후 확산됐던 '반개혁 논리'와 개혁의 정체 양상을 경고하면서 다시 강력한 개혁 추진의 당위성을 강조한다. 덩 샤오핑의 '남순강화南巡講話'가 있었던 1992년을 기점으로 하여 다시 중국은 적극적으로 시장지향적 개혁을 추진하게 된다. 당시의 국가주석 장 쩌민江澤民의 주도 아래 중국은 헌법을 포함한 각종 법규를 '사회주의 시장경제'의 건설을 위해 개편한다. 그러나 정치적 측면에서 중국 지도부는 경제노선과는 분리된 '중국특색의 사회주의'를 지향한다. 톈안먼사건 이후 중국의 변화는 1980년대의 '검은 고양이든 흰 고양이든 쥐만 잘 잡으면 되는' 실용적이며 현실적인 접근 방법을 떠나, '정경분리'의 시대로 접어드는 모습을 보여준다.

중국지도부는 '결과만 좋다면 정책이나 이를 뒷받침하는 이념의 옳고 그름에 대한 논란은 잠시 덮어두고' 그 실용적 방안을 허용했던 개혁 초기의 노선과 결별을 고한다. 즉 개혁 초기에 정치와 경제가 뒤얽혔던 다소 모호했던 노선을 뒤로 하고, 정치적 '부르주아 자유화'는 엄격히 금지하되, 시장경제를 기반으로 한 경제개혁 노선의 필요성을 강조하는 노선을 채택한 것이다. 중국 내부의 이런 정황은 대만 정책에도 영향을 미쳤다. 즉 대만이 독립하려 할 경우에는 무력침략을 통해서라도 대만은 중국의 일부라는 원칙을 지킬 것이지만, '삼통'을 기반으로 하는 통상관계와 주민 교류에 대해서는 유연하게 대처한다는 것이다. 1990년대 초반 중국 지도부의 노선 변화가 1996년의 대만 총통 선거를 앞둔 대만 인근 해역에 대한 미사일 발사와 독립 지향성을 지니는 대만 민진당 정치세력에 대한 견제, 그리고 '하나의 중국'에 충실한 노선을 견지했던 국민당에 대한 적극적 지지 행태로 나타났다. 즉 정치적으로는 대만 주민의 희망이나 정체성 변화, 그리고 국제무대에서 대만의 지위 향상을 철저히 압박하는 강경책을 구사하면서, 대만 자본과 상품의 중국대륙 진입이나 대만인의 중국대륙 거주 문제에 대해서는 혜택과 유연한 자세를 보여주는 이중적인 접근 방식을 택했던 것이다.

4. 양안 통상과 대만 주민의 박탈감

2000년대 이후 급증했던 양안 간의 교류와 통상은 일반적인 기대와 달리, '통일'을 지향하는 중간 단계로서 중국대륙과 대만 주민들의 정체성을 수렴하고 민족적 동질감을 회복하거나 경제적 상호보완성과 시너지 효과를 거두는 데는 실패했다. 오히려 중국의 압도적 규모와 힘, 그리고 '통일 전략'으로서 대만에 대한 정치 및 군사와 경제를 분리한 노선은 대만인으로 하여금 '중국의 위협'을 체감하게 했다. 중국에 대한 과도한 경제의존도와 국제무대에서 대만의 무력감은 결국 대만인의 정체성이 파괴되어 중국 남부의 '섬 지역' 주민으로 전락하고 말 것이라는 자괴감에 빠지게 했다. 중국에 대한 경제의존도가 증가하기 이전인 1990년대까지 비록 대만의 국제적 지위는 중국정부의 '할슈타인 원칙Hallstein Doctrine' 적용에 따라 쇠락했지만, 대만경제가 가지는 견실함과 나름대로의 정체성을 갖춘 '대만 모델'의 성공 신화로 인해 대만인의 자부심과 정체성이 유지되는 양상을 보였다. 이와 같은 '대만인'의 자긍심은 2000년대 양안통상의 확대와 고속 성장하는 중국에 대한 경제의존도가 높아짐에 따라 오히려 약화됐다.

양안관계에 대한 중국의 '정경분리 정책'과 중국 자본의 대만에 대한 투자나 중국으로부터의 수입에 대한 대만정부의 소극적 접근으로 인한 양안 통상관계의 비대칭성은 중국에 투자된 대만 자본과 대만경제의 연계성 확보에도 부정적인 영향을 미쳤다. 중국대륙과 대만의 경제관계는 '92공식' 이전부터 홍콩을 통한 간접교역과 투자 형태로 이뤄지고 있었다. 홍콩이라는 중개지의 존재는 정치적 갈등관계를 피해감으로써 중국과 대만 간의 경제관계 확대를 촉진시킨 측면도 있지만, 다른 한편 양안 통상관계가 대만에서 중국 방향으로 일방성을 띠고 발전하게 되는 원인이 되기도 한다. 중국이 개혁개방에 접어들면서 필요로 했던 자본과 중간재를 공급할 수 있었던 대만의 기업들은 홍콩이라는 중개기지를 통해 대만정부의 규제를 우회할 수 있었으며, 홍콩의 금융과 재수출 시스템의 효율성을 활용할 수 있었다. 중국대륙에 투자하거나 수출하는 대만 기업에 대한 대만정부의 규제는 그 반대 경우, 즉 중국대륙으로부터의 대만지역에 대한 투자나 수출에 대한 규제에 비해 상대적으로 강도가 약했으며, 특히 홍콩을 통한 간접 투자나 무역에 대해서는 거의 방임하는 양상을 보였다. 또 중국 지도부는 스스로의 개혁개방을 위해 대만 자본이나 기술, 그리고 중간재가 필요했을 뿐 아니라 '통일 전략'의 일환으로 대만 자본과 기업의 경제활동과 인적 교류에 대해 관대한 정책을 채택했다. 이와 같이 양안 통상관계에 대한 대만정부의 비대칭적 규제와 홍콩의 역할, 그리고 중국의 대만정책이 작용함으로써 양안 통상관계는 '불균형'하게 발전하게 된다.

홍콩의 중개 역할은 발달된 홍콩 금융 산업과 무역 중개 기능을 활용함으로써 대만 기업의 대중국 투자와 무역의 거래비용 transaction cost을 낮추는 효과가 있으나, 홍콩이라는 자유무역항으로서의 성격으로 인해 대만 자본과 상품의 성격을 '중화'시키는 기능을 한다. 홍콩을 경유한 대만의 무역 동향을 살펴보면, 홍콩으로부터의 수입은 1999년 22억 달러 규모로부터 2014년의 17억 달러 규모로 줄어들었으나, 중국대륙으로부터의 수입은 45억 달러 수준으로부터 480억 달러 수준으로 10배 이상 증가했다. 이에 비해 홍콩을 경유하는 대만의 대 중국 수출과 홍콩 현지 소비 및 제3국으로의 재수출 상품을 모두 포함하는 홍콩에 대한 대만의 수출은 1999년의 270억 달러 수준으로부터 2014년의 430억 달러 수준으로 늘어났고, 대만의 통계에 중국대륙으로의 수출로 기록된 액수는 같은 기간 동안 26억 달러로부터 2014년의 820억 달러 수준으로 급증했다. 2000년대에 양안 통상 규모가 급증하게 된 것은 중국과 대만이 각각 2001년 말과 2002년 초 거의 동시에 WTO에 가입하게 됨으로써 WTO회원국으로서 상대방에 대해 무차별 및 최혜국대우를 적용하게 됐다는 점과, 특히 대만정부의 외형적 규제에도 불구하고, 홍콩의 중개기지 역할을 통해 중국의 대만에 대한 수출 상품이 대만정부의 규제를 우회할 수 있는 공간이 확보됐다는 점으로 설명할 수 있다.

'삼통'이 허용되기 이전인 2007년 대만의 대중국 수출 규모는 이미 1999년에 비해 24배 이상 증가한 620억 달러 수준을 기록했다. 이는 대만의 대 중국 수출 중 대부분이 홍콩을 경유하여 중국으로 들어감을 의미하며, 홍콩을 경유하는 수출에 대해서 대만정부가 '삼통' 이전인 민진천 수이뼨 집권 시기에도 그리 엄격하게 통제하지 않았음을 알 수 있다. 대만이 원산지인 상품을 홍콩을 경유해서 수입을 하게 되는 이유는 상품 납기나 품질에 관한 클레임 처리, 수입 관련 금융업무 등의 리스크 대비와 효율성 보장의 측면에서 홍콩이 가지는 현실적 기능 때문이다. 마찬가지로 대만에 대한 중국의 수출(대만의 수입)도 주로 홍콩을 통한 서류 작업과 직항선을 이용한 상품 수송의 복합적 형태로 이뤄지고 있다. 비록 '삼통'에 의해 대만과 대륙의 직접 교역이 가능한 상황이지만, 홍콩의 효율적인 투자 및 무역 중개기능 등 제도적 인프라의 강점으로 인해 홍콩은 양안 통상관계의 중추로 기능하고 있다.

양안 통상관계의 극적인 확대는 2001년 중국의 WTO가입 이후 빠르게 증가했던 다국적기업의 중국 투자와 이로 인한 중국의 제조업 기지화와 새로운 공급사슬의 형성, 그리고 홍콩의 효율적인 투자 및 무역 중개기능을 통해 이뤄졌다. 이 시기는 중국에 대한 외국인 직접투자의 유입이 폭발적으로 성장한 시기일 뿐 아니라, 중국 거시경제가 정부의 적극적인 경기부양 정책에 의해 1997년부터의 침체기와 2002년 봄의 '중증급성호흡기증후군SARS' 확산으로 인한 충격을 벗어나 다시 고도성장기로 접어드는 전환기였다. 또 중국은 WTO가입에 따라 회원국으로서 갖춰야할 개방적 제도에 적극적이었던 시기였다. 대만 역시 2002년 1월부터 WTO에 가입하였으며, 2000년에는 오랜 기간의 국민당 통치 기간을 끝내고 민진당의 집권과 함께 정치민주화의 분위기에 휩싸였던 시기다. 물론 당시 천수이볜을 총통으로 하는 민진당 정권은 궁극적으로 대만의 독립을 지향한다는 점에서 중국정부와는 융합할 수 없는 성격을 띠었으나, 적어도 국민당 시기의 정치적 억압 분위기가 사라지고 기업과 사회문화 영역의 유연한 활동 공간이 확보됐다는 점에서 중국과 대만의 상황이 다 같이 경제적 동기에 의한 통상관계를 확대하기에 알맞은 상황이었다. 이와 같은 환경과 홍콩의 통상 중개기능이 결합돼 2000년대의 양안 통상관계가 극적인 성장세를 보이게 된다. 여기에서 주목할 점은 2000년부터 2007년 기간 동안은 대만의 독립 가능성을 둘러싸고 중국정부와 대만 민주당 정권 간의 입장 차기가 가장 극명하게 드러났던 시기임에도 불구하고, 양안 통상 규모가 매우 빠르게 증가했다는 점이다. 더욱이 1996년 대만해협에 대한 중국의 미사일 발사나 2000년 민진당 정권 출범 이후 양안관계의 긴장이라는 정치 군사적 불안요인이 양안의 통상관계에 부정적 영향을 미친 것이 아니라, 오히려 홍콩의 존재와 WTO 가입과 중국 대륙의 개혁개방 심화라는 경제적 요소들에 의해 양안 경제관계가 확대된 것이다.

비록 경제적 요인에 의해 2000년대 양안 통상관계가 발전했다고는 하지만 중국과 대만의 경제규모 및 발전단계의 격차와 양안 경제관계에 대한 대만정부의 '소극적 규제' 정책, 중국정부의 적극적인 대만 '끌어안기' 정책 등에 의해 '양안관계'는 불균형적이고 비대칭적인 모습을 보여준다. 1999년부터 2014년의 15년 동안 중국으로부터 대만이 수입하는 상품 규모가 10배 이상 증가했지만 대만의 중국에 대한 무역흑자는 2014년 기준으로 약 800억 달러 수준이다. 자본의 흐름 역시 일방적으로 대만 자본이 중국으로 투자되는 양상을 보였다. 바로 이와 같은 불균형 현상이 대만 주민으로 하여금 '중국위협'에 노출되고 있다는 느낌을 가지게 한 것이다. 얼핏 생각하면 대만의 무역 흑자는 대만 경제에 득이 된다. 문제는 대만 경제의 중국 의존도가 지나치게 높아져, 중국 지도부가 그들의 정책 의도에 따라 대만과의 경제관계를 지렛대로 이용하여 양안관계를 '관리'할 수 있다는 점에서 대만 주민들은 불안한 것이다. 이들의 불안은 대체로 과도한 중국의존도에 따른 대만의 정치적 취약성과 대만의 산업공동화로 인한 일자리 감소 및 경제성장률 둔화 등에 기인한다. 대만 자본의 중국 투자에 따른 대륙으로의 생산설비 이동과 일자리 감소 등의 부정적 파급효과가 클 것인지, 중국대륙으로의 수출 증가에 따른 긍정적 효과가 클 것인지는 사실은 경제학적 정량 분석의 주제이다. 그럼에도 불구하고 2014년의 해바라기학생운동의 사례에서 보이는 것과 같은 양안 경제관계에 대한 대만 주민들의 피해의식과 불안감은 대만 경제의 구조적 취약성과 그 동안 대만정부가 취해온 안이한 경제정책에 기인한 것으로 보는 것이 옳다. 인구 2,300만 명 수준의 대만 경제는 2000년대 중국대륙으로부터의 폭발적 수요 증가에 대응하여 중국의 수요를 충족시킬 '표준화'된 상품 생산과 가격 경쟁력 및 현지생산에 초점을 맞춘 나머지 세계시장에서 한국이나 심지어 중국에도 밀리는 양상을 보였다. 이는 본래 중소기업과 다국적 기업의 위탁생산 중심으로 제조업을 발전시켜온 대만 경제의 체질이 중국대륙의 저임금 구조와 결합하게 되면서 나타난 구조적 문제라고 볼 수 있다. 인구 2,300만 명 수준의 대만으로서는 거대한 중국 시장의 수요에 대한 적응과 세계시장에서의 경쟁력 향상을 동시에 추진하기 어려웠던 규모의 한계성도 작용했다.

한편 국제무대에서 중국의 '할슈타인 원칙' 적용은 대만의 '국제적 법인성'을 훼손함으로써 대만 경제에 대한 일종의 심리적 위축감을 초래했다. 또 국제 경제기구나 다자 경제협력 틀이나 국가 대 국가 차원에서의 자유무역협정FTA 체결을 활용한 대만 경제의 체질 변화를 어렵게 했다. 이와 같은 상황은 대만의 기업으로 하여금 중국정부의 우대정책으로 인해 좀더 편안한 중국과의 통상에 역량을 집중시키는 결과를 낳았다. 홍콩의 중개기능과 중국정부의 대만에 대한 적극적인 통상정책, 그리고 중국시장의 폭발적 수요 증가가 대만 기업의 중국 경도 현상을 초래했으며, 양안 통상 문제에 대한 대만정부의 모호했던 입장도 불균형한 양안 통상 관계를 형성하는 데 일조했다. 예를 들면, 2000년 3월 출범했던 민진당의 천 수이볜 정부는 대만의 독립을 지향하면서도 중국과의 '소삼통'을 추진하는 모순된 모습을 보였다. 이는 푸젠성을 뿌리로 하는 대만 주민들의 감성적 측면과 중국경제의 거대한 규모로 인해 폭발적으로 성장하는 시장 수요를 마냥 외면할 수 없었던 경제적 동기에 기인한다. 양안 통상 문제에 대한 대만정부의 혼란한 '신호' 속에서 대만의 기업들은 홍콩 등을 통한 우회적 활동 공간의 존재로 인해 중국대륙에 대한 수출과 투자를 빠른 속도로 증가시킬 수 있었다. 그러나 중국으로부터 대만으로 유입되는 자본과 수입 영역에 대한 대만정부의 소극적 대응 및 규제로 인해 양안 통상관계는 불균형한 양상을 띠게 된 것이다. 결과적으로 이와 같은 양안통상의 불균형과 과도한 중국의존도가 대만 주민의 '박탈감'을 초래하게 된다.

5. 통상과 통일의 상관관계

중국과 대만의 통상관계는 '통일지상주의자'들의 생각처럼 통일로 가는 지름길로서의 '축복'으로만 보기 어렵다. 또 대만 독립을 주장하는 쪽에서 보듯이 중국 주도의 '통일 전략'의 지렛대로 이용되는 경제적 '독배'로만 작용하는 것도 아니다. 우리 입장에서 본다면, 양안 통상관계가 중국과 대만의 경제통합으로 발전하고 결과적으로 통일로 연결되는 '기능적' 통일 모델의 틀이라고 보고 부러워할 수만도 없는 이유가 여기에 있다. 양안관계의 특수성과 구조적 특징이 지니는 의미가 한반도의 상황과 다르다. 중국과 대만이 직면하고 있는 가장 뚜렷한 현실적 딜레마는 무려 대만 전체 인구의 10퍼센트에 달하는 대만인이 대륙에 상주하고 있음에도 불구하고, 통상 및 교류 관계가 확대될수록 대만의 '독립 지향성'과 '중국 위협론'이 힘을 얻는 역설적 현실이다. 이에 대해 베이징의 중국 지도부는 그 어떤 대가를 치르더라도 대만의 독립에 대해서는 단호하게 대처할 것이며 무력 사용도 불사한다는 강경한 의지를 피력해 왔다. 겉보기에 화려한 양안관계의 어두운 그림자다.

양안교류 및 통상관계 확대와 되풀이되는 중국의 '위협' 속에서도 '중국인'이 아닌 '대만인'으로서의 정체성을 찾고 독립을 지향하는 양안관계의 이중성은 어디에 기인하는 것일까. 앞에서 설명한 것처럼, 1992년 덩 샤오핑의 '남순강화' 이후 정치와 경제를 분리해서 접근했던 중국 지도부의 이념적 제약요인이 홍콩이나 대만에 대한 정책에도 영향을 미쳤다고 할 수 있다. 대만 문제나 홍콩과 마카오의 특별행정 정책의 핵심 개념이라고 할 수 '일국양제'에서 '일국'은 중국이 지향하는 강경한 통일지향성—즉 대만 독립이나 특별행정구의 분리 불허—를 의미하며, '양제'는 경제적 영역의 유연한 정책과 통상 관계 확대를 통해 이들 지역과 중국의 결합도를 높이고 영향력 확대를 위한 정책 지렛대를 구축한다는 것이다. 2001년 중국의 WTO 가입 이후 대만 기업을 포함한 다국적기업이 중국 투자를 확대하고 공급사슬을 구축하면서, 가격 경쟁력 제고를 위한 정보통신산업 제품 및 표준화된 일반 공산품 생산기지로서 중국이 각광을 받게 되었고 양안 통상 규모도 빠르게 증가했다. 금융 및 무역 중개기지로서 효율성을 지니며 양안 통상에서 대만정부의 직접적 규제를 우회할 수 있는 홍콩이라는 독특한 지역의 존재는 대만 기업이 양안 통상에 적극 참여할 수 있는 환경을 조성했다. 또 중국의 고성장에 따른 대만 제품 수요 증가에 더해, 다국적 기업에 의한 세계 공급 사슬에 참여하는 대만 기업의 가격 경쟁력 향상 및 이윤 추구 동기가 작용했다. 즉 수요와 공급 측면의 경제적 동기에 의해, 대만 자본의 중국 투자가 빠르게 증가했다. 이 과정에서 상대적으로 작은 대만의 경제 및 인구의 규모와 중국의 압도적 규모라는 비대칭적 상황의 역학 작용으로 인해 대만 경제구조는 중국 경제 '배후기지'로서의 성격을 띠게 되었으며, 중국경제의 수요와 다국적기업의 공급사슬 구조 변화에 따라 대만경제의 경제구조도 바뀌는 종속적 양상을 보였다. 제한된 대만 경제와 인구 규모, 그리고 국제사회로부터의 정치적 '소외'로 인해, 대만 경제는 세계경제의 틀 속에서 진화하지 못하고 중국경제의 구조적 수요 변화에 초점을 맞춰 경제구조가 조정되거나 성장률이 둔화되는 취약성을 가지게 된 것이다.

바로 이 같은 상황에서 대만은 중국과의 무역 관계에서 과도한 중국 의존 상황에 놓이게 됐으며, 세계시장에서의 입지는 위축됐다. 한편 양안 통상관계의 중개 역할을 담당하는 홍콩의 존재로 인해 중국과 대만 경제를 직접 연결시켜 주는 고리로서 양안 간 투자와 무역의 연계성은 다소 희석됐다. 또 대만정부가 중국에서 생산활동을 하는 기업(대만기업 포함)의 대만에 대한 투자와 수출을 규제함으로 인해 양안 경제관계의 균형 발전을 저해했다. 대륙에 투자한 대만 기업은 대만정부의 규제와 복잡한 절차를 피해, 꼭 필요한 경우를 제외하고는 저렴한 중국산 부품을 사용하고, 또 중국에서 상품을 생산하여 제3국으로 수출하거나 중국 내륙시장에 판매하는 형식을 선호함으로써 양안 경제의 연계성 및 수출입의 균형 발전을 약화시켰다. 특히 중국정부의 부품 및 원료 자체 조달 비율 확대 방침에 따라, 대만에서 생산하여 대륙의 다국적 기업에 공급되는 중간재의 비중 역시 감소하는 추세에 있다. 중국의 시장에 종속되어 있는 양안 통상관계의 특성으로 인해, 대만 주민들 사이에는 일자리를 대륙 경제에 '빼앗기는' 느낌이 확산되어 왔다. 그 반발 심리로 인해 대만인의 정체성에 대한 새로운 인식과 독립 지향성이 더욱 강해지는 상황이 나타나게 되었다. 세계시장에서 대만 위상의 위축과 양안 통상관계의 과도한 중국의존 현상, 그리고 대만의 '국제적 법인성'이나 독립지향성에 대한 중국 지도부의 강경한 거부 등이 대만 주민들로 하여금 '중국인'이라는 일종의 '상상의 공동체'로서

의 민족의식이 지니는 '허구성'에 눈뜨게 한 것이다. 스스로의 정체
성과 통일에 대한 대만 주민 의식의 변화는 바로 이와 같은 양안 통
상관계의 특수성에 기인한다.

통일을 지향하는 남북한 관계에 있어서 경제와 정치의 상호 작
용은 어떤 것일까. 물론 양안관계와 남북한 관계는 구조적으로 상
이하다. 우선 양안관계 발전의 초석은 마오 쩌둥 시대의 정책 과오
에 대한 현실적 평가와 함께 시장지향적 개혁을 출범시킬 수 있었
던 '중국의 변화'였다. 중국이 사회주의 계획경제로부터의 체제 전
환을 시도하는 과정에서 시장논리에 의해 대만과 통상이 확대될 수
있는 공간이 나타났으며, 효율적인 중개기능을 갖춘 홍콩의 존재는
중국-대만의 직접 교류의 복잡함을 우회할 수 있는 통로를 제공했
다. 또 개혁개방으로 인한 고도성장의 분위기 속에서 압도적인 규모
와 국력을 지닌 중국이 외교적으로 왜소해진 대만에 경제적 출로를
터줌으로써 대만 경제의 중국의존도를 높이는 결과가 나타났다. 대
만정부는 홍콩을 통한 대만 기업의 대륙 투자나 수출에 대해서는
일종의 '방임'적 태도를 견지한 반면, 대만 경제에 대한 중국의 영향
력 확산에는 보다 엄격한 규제와 통제를 시도함으로써 결과적으로
는 양안 통상관계의 비대칭성과 '일방성'을 초래했다.

아마도 이와 같은 관리 방식은 이후에 남북한 경제관계가 활성화
될 경우 북한이 취할 정책과 유사성이 있을 수 있다. 즉 북한은 한
국에 대한 상품 수출에 대해서는 관대하겠지만, 한국 상품의 수입
에 대해서는 상대적으로 엄격한 통제를 가할 수 있기 때문이다. 중
국과 대만 간의 정치 군사적 갈등구조를 우회해서 경제관계를 중개
할 수 있는 '홍콩'과 같은 지역이 남북한 간에는 존재하지 않는다.

또 남북한의 경제력 격차는 매우 크게 확대됐으나, 인구와 국토 면적에 있어서 한국이 압도적이라고 할 수 없다. 특히 체제의 극단적인 상이성과 이념적 갈등으로 인해 통상관계가 시장논리에 의해 자유롭게 발전할 공간을 확보하는 것도 거의 불가능하다. 대만은 중국의 '할슈타인 원칙'에 의해 국제무대에서의 지위가 위축됐으나 WTO에는 중국과 거의 동시에 가입함으로써 양안 통상관계 확대를 위한 제도적 환경을 조성했다. 비록 유엔에 한국과 북한이 동시에 가입했고 한국이 북한을 상대로 '할슈타인 원칙'을 적용하고 있는 것도 아니지만, 현재 북한은 핵실험과 탄도미사일 개발로 인해 국제사회의 다양한 경제제재를 받고 있다. 남북한 경제관계 역시 유엔과 국제사회의 대북 경제제재를 준수해야 하는 상황이다. 이와 같은 남북한 상황과 양안관계의 구조적 차이로 인해 곧바로 양안 모델의 통상관계나 교류 확대 방식을 통해 남북한 관계의 돌파구를 마련할 수 있는 것은 아니다.

그 동안 양안 통상관계에 대해 중국은 '하나의 중국'이라는 궁극적 목적 달성을 위해, 또 중국경제의 고성장과 대외 경쟁력 확보 필요성에 따라, 대만 기업이 중국대륙에서 활동할 수 있는 공간을 제공했으며 세제稅制 등의 혜택도 베풀었다. 민진당 정권이든 국민당 정권이든 대만정부는 경제의 성장 동력을 유지하기 위해 '중국 특수'가 필요했으므로, 중국 기업의 대만 진출이나 대만에 대한 수출에 비해 대만 기업의 중국 진출과 수출에 대해서는 '관대한' 태도를 보였다. 이와 같은 중국의 접근 방식과 대만의 경제적 동기로 인해 양안 통상 관계는 2000년대 빠른 신장세를 보였고, 양안 주민들의 상호 방문 등의 교류 확대가 이뤄졌다. 그러나 양안관계는 여전히 정치적 불협화음과 언제라도 악화될 수 있는 군사적 긴장 속에 놓여있다. 근자에 대만 주민들의 '정체성 찾기'와 '독립 지향성'은 더욱 심화되고 있다. 2016년 차이 잉원 정부 출범 이후 세계경기 침체 속에 중국과 대만을 이어줬던 다국적 기업의 공급 사슬이 약화될 경우, 2000년대 이후 급성장했던 양안 통상관계의 추이도 소강상태에 접어들 가능성이 크다.

중국과 대만이 서로의 정체성을 인정하는 가운데, 국제무대에서 대만의 위상 제고에 타협점을 찾을 수 있다면 양안 통상관계는 '축복'이 될 수 있을 것이다. 그러나 중국이 대만에 대해 '하나의 중국' 원칙에 따라 '중국의 일부'로 남을 것을 강조한다면, 양안 통상관계는 기업의 이윤 추구 공간으로서의 자본주의적 기능에만 국한될 것이다. 양안관계는 이제 대만의 '독립'과 '하나의 중국' 사이에서 서로 타협할 수 있는 제3의 대안을 찾아야할 때가 됐다. 중국 지도부가 대만 독립에 대해서는 무력 사용도 불사하겠다는 '하나의 중국' 지상주의를 조정하지 않는다면, 자신들의 운명이 베이징의 중국 지도부 손에 달렸다는 대만인의 자조와 국제무대에서의 위축감이야말로 '중국의 꿈中國夢'을 추구하는 과정에서 '독배'로 작용할 수밖에 없을 것이다.

중국 속 대만, 대만 속 중국

: 양안 '국립' 박물관들의 합종연횡

김민환

1. 대만으로, 혹은 중국으로 열린 창

중국 푸젠성 취안저우시에는 그 도시의 역사성을 뽐내는 많은 박물관이 있다. 가령, 명나라 중기 이후 해금정책 때문에 바닷길이 막히기 전까지 여기가 동서의 사람과 물자와 문화가 교류하던 중심지였음을 자랑하는 해상교통박물관海上交通博物館이 있으며 그 안에는 취안저우에서 살다 갔던 이슬람 사람들의 발자취를 전시한 이슬람문화진열관이 있다. 이들을 둘러보면 이 도시의 정체성은 '정주와 고착'이 아니라 '이동과 흐름'일 수밖에 없다는 것, 푸젠성은 광둥성과 더불어 중국 해외 화교의 고향이라는 것을 새삼 실감하게 된다.

　이런 도시에 푸젠성에서 대만으로 옮겨간 사람들에 관한 박물관이 있는 것은 그리 이상한 일은 아닐 것이다. 현재 대만 주민 중 80% 이상은 푸젠성에서 건너간 이주민의 후예이며, 따라서 푸젠성과 대만은 아주 밀접한 관계에 있기 때문이다. 2006년에 개관한 중국민대연박물관中國閩臺緣博物館은 바로 이 점을 보여주는 박물관

사진 1. 민대연박물관 외관

이다.

　이 박물관을 처음 방문한 사람들은 우선 그 규모에 놀라게 된다. 엄청난 크기의 건물뿐만 아니라 광장에 서 있는 길이 19미터, 직경 2미터의 중국에서 가장 높은 구룡九龍기둥이나 박물관 입구에 취안저우 출신의 현대 미술가 차이 궈창蔡國強이 공식 개관 1주일 전에 화약을 폭발시켜 그린 벽화의 스케일 등은 말 그대로 관람자들을 '압도'한다. 중국민대연박물관의 거대한 규모는 기본적으로 이 박물관이 중국의 '국가급' 박물관이라는 점에서 기인한다. 즉 이 박물관은 푸젠성이나 취안저우시라는 지방 차원뿐 아니라 중국 '전체'에서 중요한 의미가 있다고 할 수 있다. 과연 그 의미는 무엇이며 언제부터 그런 의미를 갖게 된 것일까?

원래 취안저우에는 취안저우민대관계박물관泉州閩臺關系博物館이라는 시 차원에서 운영하던 박물관이 있었다. 이것이 2006년 국가급 박물관으로 확대되어 개관한 것이 중국민대연박물관이다. 이 과정을 조금 들여다보자. 2004년 11월 24일 중국공산당 중앙정치국 상무위원인 리 창춘李長春이 취안저우민대관계박물관을 방문했는데, 이때 그가 이 박물관을 중국민대연박물관으로 확대하거나 새로 지었으면 좋겠다고 언급하였다. 리 창춘의 발언 이후 곧바로 중국민대연박물관으로 확대하는 과정에 돌입했다. 이렇게 보면, 리 창춘이라는 중국 최고위급 인사의 방문에 따른 우연적인 일의 전개처럼 보일 수 있지만, 리 창춘의 발언이 있은 지 불과 한 달도 안 된 2004년 12월 23일 부지가 선정되었을 뿐 아니라 설계안 여섯 개가 제출될 정도로 순식간에 진척되었다는 점을 고려하면, 2004년 11월 24일 이전 이 박물관의 건립 계획이 이미 수립되어 있었다고 보는 것이 타당할 것이다. 국가급박물관이자 중국내 유일한 '대만 관련' 박물관인 이 건물의 이름이 '중국민대연박물관'으로 결정된 것은 2004년 12월 30일이었다. 2005년 2월 2일 모두 열 네 차례의 수정을 거쳐 중국민대연박물관 설계방안이 결정되었고 2월 25일 정초식이 열렸다. 2005년 11월 2일 박물관의 전시방식 및 내용이 확정되었으며, 2006년 5월 14일에는 차이 궈창의 초대형 벽화 '동문, 동종, 동근생同文·同種·同根生'이 완성되었고, 2006년 5월 27일 마침내 개관하였다.

이처럼 건립 결정에서 개관까지 1년 6개월밖에 안 걸릴 정도로 중국민대연박물관 건립에는 중국중앙정부 및 푸젠성 정부의 강한 관

사진 2. 蔡國强의 벽화〈同文·同種·同根生〉

심이 반영되어 있었다. 대만과 중국이 분리될 수 없다는 것을 강력하게 표명할 필요성이 시급하게 대두되던 2004년 당시 대만 내부의 사정과 그것이 양안관계에 미친 파장을 빼놓고는 이 관심의 정체를 파악할 수 없다. 2004년은 2002년 '일변일국一邊一國'[1] 선언을 한 대만 민진당의 천 수이벤 정부가 두번째 집권을 시작한 해였다. 따라서 '대만독립' 주장에 기울었던 민진당 정부에 대해 중국정부는 '대만은 중국의 일부'임을 문화적으로 강하게 표명할 필요가 있었던 것이다. 또한 푸젠성 이외의 중국 다른 지역에 사는 사람들에게 '중국의 일부인 대만'을 알릴 필요도 있었을 것이다. 중국인들에게 대만이 포함된 중국이라는 일종의 '심상지리imagined geographies'를 구성해 제시하고자 했던 것이다. 이렇게 보면 중국민대연박물관은 한편으로는 대만으로 열린 창窓이자 다른 한편으로는 중국으로 열린 창

---

1 중국과 대만에 각각 한 나라가 존재한다는 뜻으로 민진당이 대만독립을 지향하고 있음을 분명히 한 선언이었다. 이에 대해 중국이 평화통일 원칙 하에서도 무력을 포기하지 않는다는 '반(反)국가분열법' 제정으로 대응함으로써 양안관계가 매우 위태롭게 되었다.

이라는 이중적인 목적 아래 건립되었음을 알 수 있다. 실제로 리 창춘이 이런 취지의 발언을 했다고 한다.

박물관의 전시 내용도 대만은 중국의 한 부분인 민난과 같은 뿌리임을 철저하게 드러내는 방식으로 구성되어 있다. 민난과 대만이 모두 다섯 종류의 밀접한 관계가 있다는 의미에서 '오연五缘', 즉, 지연地緣, 혈연血緣, 법연法緣, 상연商緣, 문연文緣을 7부분 21개 테마로 나눠 전시하고 있는 것이다.

전시는 지연地緣부터 시작한다. 대만섬이 원래는 중국 푸젠성과 붙어 있었는데, 장시간에 걸쳐 분리되어 현재에 이르렀다는 점을 강조한다. 인간의 역사뿐 아니라 지구 형성의 시간대에서도 민난과 대만이 뿌리가 같음을 보여주는 것이다. 나중에 살펴보겠지만, 지연을 강조한 이 부분은 대만과 중국은 관계가 없음을 보여주기 위해 대만의 지형이나 지질을 전시하는 국립대만박물관國立臺灣博物館의 상설전시에 대한 중국측의 대응으로 해석할 수 있다. 오연 중 두번째가 혈연인데, 이 또한 자연과학적인 '객관적' 사실 혹은 역사적 사실 영역에 대한 부분을 다루고 있다. 그리고 법연, 상연, 문연으로 갈수록 '해석'의 영역이 커지는 문화적인 영역으로 옮겨간다. 그러니까 중국민대연박물관은 가장 '객관적'인 영역에서 가장 주관적일 수 있는 영역까지 철저하게 대만의 민난적 뿌리를 가시화하고 있는 셈이다.

이러한 중국민대연박물관의 전시는 사실 대만 내 '국립' 박물관들의 전시에 직접 대응하는 측면도 강하다. 대만의 민진당 정부는 집권 이후 대만의 국립고궁박물원國立故宮博物院의 '중국색'을 지워내기 위해서 고심했으며, 또 국립대만박물관의 특별전을 통해 중국과 대만의 뿌리가 같지 않음을 드러내는 데 주력했기 때문이다. 요컨대 중국민대연박물관 전시의 의미를 더 잘 이해하려면 대만의 국립박물관들의 전시를 같이 살펴보아야 한다. 중국과 대만은 박물관이라는 매체를 통해 일종의 '문화 전쟁'을 수행하고 있는 것이다.

2. 대만 '국립' 박물관들의 분열

1) 국립고궁박물원과 국립역사박물관

국립대만박물관이 탄생하기 전까지 대만의 '국립' 박물관은 국립고궁박물원과 국립역사박물관國立歷史博物館 두 곳뿐이었다.

국립고궁박물원은 원래 청나라 붕괴 이후 왕조의 모든 재산이 중화민국 정부의 소유로 이전되면서 왕실 소유의 각종 문화재를 보관하고 전시할 목적으로 베이징에 세워졌던 박물관이었다. 1948년 중국 내전에서 전세가 국민당에 불리하게 전개되자 1948년 12월 22일 이후 여러 차례에 걸쳐 총 24만 건의 중요문화재가 국민당에 의해 대만으로 이동하게 된다. 처음에는 항구의 창고 등 임시 저장고에 보관되었다가 '대륙수복大陸收復'이라는 꿈의 실현이 사실상 불가능해진 1965년 11월 지금의 국립고궁박물원 건물을 지어 여기에 항구적으로 보관, 전시되고 있다. 베이징의 고궁박물원의 유물뿐 아니라 중국 중앙박물원의 유물 및 중앙도서관과 베이핑北平도서관이 보유했던 도서도 대만으로 옮겨져 타이베이의 고궁박물원에 보관, 전시되어 있다. 따라서 대만의 국립고궁박물원은 명실상부한 중국

전체의 역사적 문물을 보관, 전시하고 있는 박물관인 것이다.[2]

이렇게 만들어진 고궁박물원은 건립 초기에는 중국의 문화유산을 '임시로' 대만에서 보관하는 장소라는 의미가 강했다. 그러나 중국대륙에서 '문화대혁명'이 진행되면서 매우 강력한 정치적 의미를 생산하는 중심으로 기능하기 시작했다.[3] 문화대혁명 기간 동안 중국의 '전통적인' 문화 및 유물들이 공격을 받자, 여기에 대해 국민당은 '중화문화부흥운동'을 전개하는 것으로 대응했다. '중화문화부흥운동'은 삼민주의三民主義 사상을 기초로 구舊도덕과 구문화를 부흥하자는 취지였는데, 이는 대만의 국민당정부가 '중화민족의식'으로서의 정체성을 대만 사람들에게 각인시키고자 한 시도였다. 중국의 전통은 '대륙'이 아닌 '대만'에 있다는 것이었는데, 이를 물질적으로 증명하는 것이 바로 국립고궁박물원에 소장되어 있던 각종 유물들이었다. 이처럼 국립고궁박물원은 대만에서 구현된 '중화문화'의 진수를 소장하는 장소이며, 그 점에서 이때의 '국립'은 '중국'을 의미하는 것이었다.

국립역사박물관은 1956년 12월에 개관했다. 설립 준비를 할 무렵에는 '문화재미술관'이라 불렸으나 1957년 장 제스蔣介石 당시 총통이 박물관을 순시할 때 '국립역사박물관'으로 개명할 것을 지시했다. '민족정신의 교육을 강화하고, 국민심리의 건설을 촉진'한다는 것을 근본 취지로 삼고, 아울러 '본국의 역사, 문화재, 미술품의 수

2 國立古宮博物院, 1996, 『古宮七十星霜』, 臺北: 國立古宮博物院, pp.255~298.

3 國立古宮博物院編輯委員會 編, 2000, 『古宮跨世紀大事錄要』, 臺北: 國立古宮博物院, p.273; 하세봉, 2010, 「臺灣 박물관과 전시의 정치학: 3대 박물관을 중심으로」, 『중국근현대사연구』 제45집, pp.137~138.

집과 전람 및 관련된 업무의 연구와 고찰 등의 일을 관장'하는 것을 임무로 삼았다.[4] 원래 '문화재미술관'이라고 불린 것에서 알 수 있듯이, 이 박물관은 그 명칭과는 달리 기본적으로는 예술 창작의 진흥을 위한 국가갤러리의 성격이 짙었다. 1961년에 '국가화랑'이라는 이름의 새로운 건물을 지어 국립역사박물관을 확장하였다. 국립역사박물관의 '국가화랑'은 중국전통의 궁전 양식으로 지어졌는데, 지붕은 푸른 녹색 유리기와를 이었고 옅은 자주색의 담장을 둘렀다. 국립역사박물관에서 수집한 예술품들이 전시될 '국가화랑'에서 '국가'란 대만이라기보다는 '중국'이었다. 국립역사박물관에 들어서 있는 전시실의 이름도 '중국문자진열실', '중국고대공예진열실', '중국전폐錢幣진열실' 등으로 '중국'의 문화재 중 예술로서의 가치가 있는 소장품 중심으로 전시를 하고 있다. '미술관'적인 성격이 강한 국립역사박물관의 예술품은 국립고궁박물원과 마찬가지로 중국대륙의 예술품이 절대 다수를 차지하고 있었다.

결국 국립고궁박물원과 국립역사박물관은 소장품 자체에서 중국문화의 본령은 대만에 있음을 알리는 기능을 담당하고 있다고 할 수 있다. 대만 문화의 본령은 중국 푸젠성에 있음을 알리는 중국민대연박물관과는 기능적으로 대칭을 이루고 있는 것이다.

2) 국립대만박물관

1999년 당시 대만 총통 리 덩후이는 '대만성臺灣省' 제도를 폐지한다. 대만성이라는 행정구역은 대만이 중국에 포함되는 하나의 성

---

4 國立歷史博物館 編, 2002, 『國立歷史博物館沿革與發展』, 臺北: 國立歷史博物館, pp.5~7.

省이라는 것을 의미했다. 따라서 대만성 제도가 폐지되었다는 것은 대만이 중국에 속한 성이 아님을 분명히 하는 것이었다. 독일 언론과의 인터뷰에서 리 총통은 중국과 대만의 관계를 '특별한 국가 대 국가'의 관계라 표현함으로써 '양국론兩國論'을 공식화했다. '양국론'은 서로 다른 '두 개의 국가'를 의미하는 개념으로서 실질적으로 대만이 중국과는 독립된 별개의 국가라는 것을 의미하는 것이다. 이는 '중화민국헌법'에 위배되는 것이며 이제까지의 국민당 통일노선과도 다른 것이었다. 대만성 제도의 폐지는 리 덩후이 총통의 '양국론' 발표와 동일 선상에서 추진된 정책이자, '양국론'을 구체화한 가장 상징적인 사건으로 받아들여졌다.[5] 당연히 대만성 제도의 폐지에 대해 민진당 등 대만독립을 주장하는 세력들은 적극 찬성했으며, 신당[6] 등 대만독립에 반대하는 세력들은 적극 반대하였다.

대만성 제도의 폐지에 의해 영향을 받은 것 중 하나가 대만성립박물관臺灣省立博物館이었다. 대만성 제도가 폐지되자 소속과 명칭이 변경될 수밖에 없어, 결국 '국립대만박물관'으로 명칭을 변경했다. 그런데 이 '국립'이라는 명칭과 '대만'이라는 명칭의 조합은 대만 전체 '국립' 박물관 지형에서 매우 중요한 의미를 갖게 된다.

앞의 두 국립박물관과 달리 국립대만박물관의 경우에는 처음부터 대만성립박물관이었기 때문에 소장품 자체가 대만에 관한 것 중심이었다. 이 박물관은 원래 1915년 그리스 양식의 2층 건물을 새

---

5 지은주, 2009, 『대만의 독립문제와 정당정치: 민주화 이후 정당체제의 재편성』, 나남, p.278.

6 당시 국민당 소속이던 리 덩후이가 '대만독립'으로 강하게 기울자 여기에 반발한 국민당 소속 인사들이 국민당을 탈당해 새로운 정당을 만들었다. 이 새로운 정당의 이름이 '신당'이었다.

롭게 건축하여 '고다마 총독 및 고토 민정장관 기념관兒玉總督及後藤民政長官紀念館'으로 개관하였다. 대만의 초대 총독 고다마 겐타로兒玉源太郎와 초대 민정장관 고토 신페이後藤新平의 통치로 발전된 대만을 전시하는 것을 목적으로 만들어진 것이었다. 이 박물관은 1940년대 말 대만에서 운영되던 유일한 박물관이었다. 1946년 2월에 공포된 대만성박물관조직규정에 따르면, 대만성박물관은 "대만성 행정장관의 사무처가 인문과학, 자연과학의 각종 직접적인 재료를 수집, 연구, 보전, 진열하며, 열람과 참고에 이바지하기 위하여, 특별히 대만성박물관을 설치한다"고 규정했다. 1997년의 규정에서도 "대만성 정부는 자연사류와 각종 표본 및 자료를 수집, 보전, 연구, 전시하고, 아울러 박물관 교육을 널리 펴기 위하여 특별히 대만성박물관을 설립한다"고 규정하고 있다.[7] 즉, 대만에 관한 각종 자료의 수집 및 보존, 연구라는 목적을 위해 운영되던 박물관이었다. 이는 처음부터 중국에 관한 소장품을 수집, 보존, 연구하기 위해 설립된 국립고궁박물원, 국립역사박물관과는 차이가 있었다. 소장품도 일제시기의 수집품이 기본이었으며, 60년대 이후 인류학팀, 동물학팀, 식물학팀 등이 구성되어 자료를 추가로 수집했는데, 그 성격상 인문학적 영역의 소장품보다는 자연과학 영역의 소장품의 비중이 높았다.[8] 일종의 '자연사박물관'이었던 것이다.

일본 식민지 시기에 만들어졌을 뿐만 아니라 자연과학 중심의 박물관이었기 때문에 처음부터 대만성박물관은 그 위상에서 국립고궁박물원이나 국립역사박물관과는 비교가 되지 않을 적도로 미약

---

7 臺灣省立博物館, 1999, 『臺灣省立博物館創立九十年專刊 1908~1998』, 臺北: 臺灣省立博物館, pp.100~108.

8 臺灣省立博物館, 위의 책, p.114.

했다. 소장품도 대만의 자연지형이나 지질에 관한 것들, 대만에서 서식하는 동식물의 표본 등이 중심이어서 그다지 가치 있는 것이라고 볼 수는 없었다. 그러나 대만성 제도가 폐지되고 대만성립박물관에서 '국립'대만박물관으로 승격되면서 그 위상이 매우 높아지게 된 것이다. 일단 조직 차원에서 '국립'박물관은 '성립'박물관보다는 격이 높다. 그러나 이 점 이외에도 매우 중대한 의미가 있다. 기존의 '국립'박물관과는 성격이 다른 '국립'박물관이 탄생했다는 점에서 그렇다. 앞에서 언급한 것처럼, 국립고궁박물원이나 국립역사박물관은 비록 '대만'에 존재하지만 '중국'을 대표하는 박물관이었다. 대만에 존재하는, 대만을 '대표'하는 '국립'박물관은 존재하지 않았다. 대만성박물관이 국립대만박물관으로 승격하면서 비로소 대만에 '대만'을 대표하는 '국립'박물관이 생겼던 것이다.

3. 대만 국립박물관들의 전시 재편의 정치학

1) 국립고궁박물원과 국립대만박물관: 탈중국화의 모색

국립박물관으로 위상이 높아졌지만, 국립대만박물관은 소장품의 가치나 전시 내용의 측면에서는 도저히 앞의 두 박물관과 비교할 수 없을 정도로 빈약하였다. 특히 국립고궁박물원과의 격차는 너무나 컸다. 사실, 대만민족주의 세력에게는 국립고궁박물원이 가장 껄끄러운 박물관이었다. 2000년 총통 선거에서 승리한 천 수이볜은 이곳의 원장으로 두 정성杜正勝을 임명했는데, 그는 대만의 중고등학교에서 중국 역사뿐만 아니라 대만 역사를 가르치게 하는 데 크게 기여했던 인물이었고, 이후 교육부장까지 지낸 사람이었다.[9] 두 정성 원장에게 부여된 임부는 국립고궁박물원의 '중국색'을 지우는 것이었다. 그는 아시아문명사와 관련된 특별전을 기획하여 이 과제에 도전했지만,[10] 근본적으로 방대한 중국유물 중심의 상설전시에 대해서는 사실상 손을 놓을 수밖에 없었다. 다만, 두 정성이 원장이었던 2004년, 고궁박물원 본관 1층에 있던 '국부[孫文]'동상이 철거되었을 뿐이다. 물론 2008년 국민당 집권 이후 다시 이 동상은 원래 자리에 안치되었다.

국립대만박물관은 전시의 관점에서 중국적인 관점에서 확실하게 벗어나 있다. 대만의 자연에 관한 소장품 중심이었기 때문에 중국과 관련된 전시내용은 전혀 없다. 또한, 인문학적으로도 대만 원주민에 대한 내용이 중심이다. 따라서 국립대만박물관의 상설전시는 대만의 지형, 지질, 동식물, 원주민 등에 관한 내용으로 구성되어 있다. 이렇게 보면, 적어도 대만의 지리 및 지질 등 자연과학적인 측면에서는 중국과 대만은 관계가 없음을 암시하고 있다고 할 수 있다.

바로 이 지점에서 왜 중국민대연박물관이 전시를 '지연'부터 시작하고 있는지 이해할 수 있게 된다. 곧, 국립대만박물관에서 자연과학적인 측면에서 중국과 대만은 서로 별개임을 주장하고 있는 것에 대한 반론을 중국민대연박물관의 '지연'과 관련된 전시를 통해 전개하고 있는 것이다. 대만이라는 땅도 원래 중국에서 떨어져 나간 것이라는 '객관적' 주장의 정치성이 여기서 분명해진다.

---

9 김유리, 2009, 「대만사, 중국사, 세계사: 2004~2008년 대만의 고등학교 역사과정 개혁 분석」, 『역사교육』 109호, pp.116~126.

10 하세봉, 2010, pp.148~151.

국립대만박물관은 상설전시 이외에 특별전시를 통해서도 대만에 관한 여러 내용을 전시한다. 2005년부터 현재까지의 특별전 중 주목할 만한 것만 간략하게 살펴보자.[11] 2005년 5월부터 9월까지는 '대만지도특전地圖臺灣特展'이라는 특별전이 개최되어 대만에 관한 옛날 지도가 소개되었다. 2006년에는 '천의 얼굴 포모사Formosa'라는 주제로 대만 문화의 풍모와 의미를 전시했고, 2007년에는 '덕, 전·설德, 傳·說─대만 원주민과 동물의 고사古事 특별전'이라는 주제로 원주민의 전설, 풍속 등을 전시했으며, '대만지방자치사료전臺灣地方自治史料展'이란 주제로 대만의 독자성을 견지하기 위한 정치적 움직임을 담은 내용을 전시했다. 2008년에는 '19세기 대만 기행 특전19世紀臺灣紀行特展'이라는 주제로 19세기 대만을 여행한 영국작가의 기행문에 소개된 대만의 모습을 전시했으며, '대만 국토의 아름다움─국가공원특전臺灣國土之美─國家公園特展'이라는 주제로 특별전을 열었다. 2009년에는 '채전복지─대박관장평포전기采田福地─臺博館藏平埔傳奇'란 주제로, 대만 원주민 중 현재는 사라져 버린 '평푸족平埔族'에 관한 19세기 기록을 전시하였다. 평푸족이란 대만 원주민 중 평야 지역에 살던 원주민을 말한다. 이들은 중국대륙에서 건너온 중국인 이주자들에게 동화되어 현재는 존재하지 않는다. 반면, 산지에서 살던 '가오산족高山族'들은 지금도 대만에서 독자적인 생활단위를 구성하여 살아가고 있다. 중국인 이주자들에게 동화된 평푸족의 존재는 현재 대만에서 매우 미묘한 문제를 제기한다. 대만독립을 주장하는 사람들은, '외성인外省人'을 제외한 나머지 족군族群들은 '순수'

---

11 이 내용은 국립대만박물관 홈페이지, http://www.ntm.gov.tw에서 확인할 수 있다.

중국인이 아니라 사라져버린 핑푸족과의 '혼혈'이라고 주장함으로써, 대만인이 중국인과 다르다는 점을 암시해 왔다.[12] 따라서 국립대만박물관의 '핑푸족'에 대한 이 특별전은 매우 정치적인 것으로 해석될 여지가 농후하다.

결국 국립대만박물관은 중국과 대만은 하나의 뿌리를 갖는다는 중국 중심적인 사고에 구체적 '증거'를 들어 도전하는 것으로 구성되어 있었다. 중국과의 다름을 혹은 중국과는 관계없음을 드러내고자 했지만 상설전시의 유물은 빈약했고, 특별전시의 내용은 그 맥락을 해석해야만 의미가 드러날 정도로 소극적인 것이었지만 말이다.

2) 타이베이2·28기념관: 대만화와 중국화 사이

비록 '국립'박물관은 아니지만, 국립대만박물관처럼 소극적이지 않고 적극적으로 '대만민족주의'의 내용을 전시하는 곳이 국립대만박물관 근처에 존재했다. 그곳은 타이베이2·28기념관臺北二二八紀念館의 상설전시관이었다. 1997년 개관에서부터 2011년 2월 20일 이전까지 타이베이2·28기념관의 상설전시는, 2·28사건과 아울러 중국의 역사와 무관한 대만역사에 관해 전시했다. 특히, 대만의 역사를 네덜란드, 스페인, 정씨왕조鄭氏王朝, 청나라, 일본, 국민당에 의해 차례로 수탈당한 것으로 파악한 '피침략'의 역사인식은 '대만독립론'의 가장 핵심적인 내용이다. 이 내용이 제1부 전시 앞부분에 그

---

12 대만은 원주민, 두 가지 범주[민난인과 커자客家인]의 본성인(本省人), 외성인 등 4개의 족군으로 구성된 사회이다. 원주민과 본성인(민난인과 커자인)은 1949년 국민당의 대만 후퇴 이전부터 대만에서 살아온 사람들을 의미하며, 외성인은 1949년 이후 국민당과 함께 대만으로 넘어온 사람들을 지칭한다.

대로 투영되어 개관 당시 큰 반향을 불러 일으켰다. 네덜란드와 스페인이 대만을 통치한 것은 서양에 의한 대만의 식민지화로 간주할 수 있지만, 정성공鄭成功 이후 중국인이 대만에 이주하여 살아온 상황을 네덜란드와 스페인 식민 통치와 동일하게 간주할 수 없다는 반론이 제기되었다. 이런 인식에 따르면, 대만 원주민들만이 '대만인'이고 그 이후 중국에서 건너간 모든 사람들이 식민주의자가 되는 것인데, 대만을 중국의 일부로 여기는 사람들은 여기에 도저히 동의할 수 없었다. 그리고 1945년 일본의 패망 이후 대만에 새로 세워진 정치체제, 즉, 국민당정부의 '행정장관공서公署'제도는 "총독제도의 부활"[13]이라 명시되어 있었다. 이는 국민당의 대만 통치는 '이민족'에 의한 새로운 '식민 통치'임을 명확하게 밝히는 것이었다. 대만이 중국이 아님을 선언한 것이나 마찬가지였다. 또한 일제통치 시기 대만이 획기적으로 현대화되었다는 내용도 포함되어 있었다.

대만민족주의의 내용이 적극적으로 전시되어 있던 타이베이2·28기념관은 국민당의 마 잉주가 타이베이 시장으로 당선된 후 전시내용에 있어 도전을 받기 시작한다.[14] 특히 마 잉주는 자신의 임기 (1999~2007)[15] 중 상설전시는 그대로 둔 채 특별전의 성격을 바꿈으로써 대만민족주의의 내용을 완화시켰다. 이러한 변화는 1997년 개관 이후 1999년 10월까지 타이베이2·28기념관에서 개최된 특별전

---

13 財團法人吳三連臺灣史料基金會, 1997, 『'台北市二二八紀念館主題展示內容規劃 及史料文物徵集規劃' 期末硏究報告書』, 臺北: 財團法人吳三連臺灣史料基金會, pp.4~49.

14 타이베이2·28기념관은 타이베이시에서 운영하는 시설이다.

15 마 잉주는 8년간의 타이베이 시장 임기를 마치고 2008년부터 8년간 대만의 총통을 역임하게 된다.

내용과 2000년 이후 개최된 특별전의 내용을 비교해보면 그 차이가 확연히 드러난다.

2000년 이전 시기까지의 특별전은 타이베이2·28기념관 상설전시의 내용과 호응하는 내용이 주를 이룬다. 개관 이후 가장 먼저 개최된 특별전은 대만미국문화교류기금회台美文化交流基金會가 주최한 '섬나라의 모습—대만의 풍토와 인물 영상전島國顯影—臺灣的風土與人物影像展'으로 대만의 자연경관과 그 속에 사는 대만 사람의 얼굴 사진이 전시되었다. 그 다음 특별전은 '대만인의 전쟁전臺灣人的戰爭展'이라는 제목으로 2차세계대전의 문물, 문헌 및 대만적籍 퇴역군인의 사진과 일화가 소개되었다. 다음은 '대만인권전—역사적 심판臺灣人權展—歷史的審判'이라는 주제로 대만에서 국민당에 의해 자행된 인권침해 사례와 여기에 저항했던 대만인들의 인권의식을 강조하는 특별전이었다. 2·28복권운동[16]을 출범시킨 주역 가운데 한 명인 정 난롱鄭南榕을 주제로 한 '행동하는 사상가—정 난롱의 죽음과 삶行動思想家—鄭南榕的死與生'도 특별전 중 하나였다. 비록 마 잉주 시장의 취임 이후이기는 하지만(1999년 2월 28일), 미국인으로 2·28사건에 관한 최초의 학술저서를 남긴 조지 커George H. Kerr[17]에 관한 특별전[조지 커 문물전(葛超智文物展)]도 있었다. 1999년 5월 21일 개최된 '앞을 향하여—대만민권운동전向前行—臺灣民權運動展'은 타이베이2·28기념관 상설전시의 내용과 공명하는 마지막 특별전이었다.

---

16 2·28사건의 역사적 의미를 복원하고자 하는 운동. 1947년 2월 28일 발발한 이 사건은 국민당의 억압적 통치에 항거하는 대만인들의 항의가 국민당군에 의해 무자비하게 진압된 일련의 사건을 일컫는다. 이 사건 이후 원래 대만에 살고 있던 대만인들은 국민당을 따라 대만으로 건너온 사람들과는 다른 정체성을 갖게 된다.

17 조지 커는 1965년에 2·28사건에 관한 최초의 연구서를 출판하였다.

1997년 2월~1999년 10월의 특별전	1999년 11월 이후의 특별전
1. 섬나라의 모습－대만의 풍토와 인물영상 전(島國顯影－臺灣的風土與人物影像展)	1. 타향에서 고향으로－외성인 영상문물전 (從異鄕到家鄕－外省人影像文物展)
2. 대만인의 전쟁전(臺灣人的戰爭展)	2. 6·4사건 특별전(六四事件 特別展)
3. 대만인권전－역사적 심판 (臺灣人權展－歷史的審判)	3. 7·7사변 특별전(七七事變 特別展)
4. 행동하는 사상가－정 난룽의 죽음과 삶 (行動思想家－鄭南榕的死與生)	4. 리 여우방 항일전(李友邦 抗日展)
5. 조지 커 문물전(葛超智文物展)	5. 류 밍촨의 탁월한 정치업적전 (劉銘傳卓越政績展)
6. 앞을 향하여－대만민권운동전 (向前行－臺灣民權運動展)	6. '광복'절 특별전('光復'節 特別展)

　반면 1999년 11월 이후의 특별전은 그 내용이 매우 달라진다. 중국이라는 역사적·지리적 맥락들이 제거된 기념관의 상설전시에 대조되는, 철저하게 중국적인 맥락에서만 이해가 가능한 특별전이 개최된 것이다. 1999년 11월 19일에 개최된 특별전은 '타향에서 고향으로－외성인영상문물전'이었다. 이제까지 타이베이2·28기념관의 상설전시에서 외성인은 어디까지나 2·28사건의 '가해자'였으며 '점령자'였지 대만의 주인은 아니었다. 또한 이전의 특별전에서 주목받은 사람들은 '원주민'과 '본성인'이었지 외성인이 아니었다. 그러나 이 특별전에서 외성인은 대만이라는 '타향'을 '고향'으로 삼는 주인공으로 등장한다. 대만을 고향처럼 생각하는 '대만인' 중 하나로서 외성인이 부각된 것이다.

　2001년 6월에는 중국 베이징에서 발발한 '6·4사건'을 다룬 '6·4사건 특별전'이 개최되었다. '6·4사건'이란, 흔히 '톈안먼사건'으로 지칭되는, 1989년 6월 4일 중국의 민주화시위대에 대한 정부의 강경진압 사건을 말한다. 이 특별전은 전시공간에 있어서도 특히 주목을 받았다. 타이베이2·28기념관에 상설전시되어 있는 '메이리다오 美麗島사건'과 공간적으로 병립하고 있기 때문이다. 대만의 대표적인 민주화 운동과 중국본토의 대표적인 민주화 운동을 공간적으로 병립해서 전시함으로써 이 두 운동 모두 '중국'의 민주화운동이라는 점을 강조하고자 했던 것이다.[18]

'6·4사건'에 대한 특별전은 그나마 보편적 '인권운동'과 관련된 전시라는 점에서 2·28사건 기념관과의 연관성을 찾을 수 있다. 그러나 이후 개최된 '7·7사변 특별전'은 '2·28사건'과는 전혀 관계가 없는 사건에 대한 전시였다. '7·7사변'이란 흔히 1937년 7월 7일 발생한 '노구교蘆溝橋사건'으로 지칭된다. 이 사건을 계기로 중국과 일본은 전면전에 돌입하게 된다. 이 사건에 대한 특별전이 개최된 것은 타이베이2·28기념관의 '친일적'인 전시내용에 대한 비판의 의미를 갖고 있다고 생각된다. 일본이 중국민족에게 가져다 준 것은 '번영'이 아닌 전쟁이었음을 상기시킬 필요가 있었던 것이다. 타이베이 2·28기념관은 '친일'이 아닌 '항일'이 강조되어야 한다는 의미가 여기에 내포되어 있었다.

이러한 맥락이 더욱 두드러진 특별전이 바로 '리 여우방 항일전'이었다. 리 여우방은 대만인들의 '항일'을 상징하는 존재였다. 그는 대만 출신으로 일본제국주의와 싸우기 위해 중국 본토로 건너가서 '조국을 보위하고 대만을 수복하자'는 구호 하에 '대만의용대'를 조직한 사람이었다. '대만의용대'의 대장이었던 리 여우방은 김원봉이 인도하는 '조선의용대'와 공동으로 무장 항일 활동을 전개한 적도

---

18 林秀姿, 2002, 「二二八紀念館泛藍誤導政治正確」, 『新臺灣新聞週刊』 第342期, p.1.

있었다. 대만 출신인 리 여우방의 항일활동을 전면에 부각함으로써 이 특별전은 기념관 상설전시의 '친일적'인 내용에 항의할 수 있었던 것이다. 다른 한편으로, 리 여우방은 또한 '2·28사건'과 관련되어 국민당에 의해 처형된 백색테러의 희생자였다. '2·28사건'이 발생한 1947년 3월 초, 당시 대만성 행정장관 천 이陳儀는 리 여우방에게 '2·28사건'을 진압하기 위해 영향력을 발휘해 달라고 요청하였으나 거절당했다. 당시 그가 속해있던 '삼민주의청년단'의 회원들 및 각 지역의 엘리트들이 모두 폭도라는 죄명을 뒤집어쓰고 있었고 공개적으로 혹은 은밀하게 살해되는 경우도 있었기 때문에, 리 여우방은 천 이의 요청을 받아들일 수 없었던 것이다. 이에 리 여우방은 그 즉시 삼민주의청년단의 폭동을 교사하고 공산당을 숨겨주었다는 모함을 받아 비합법적으로 체포되었고, 난징南京으로 이송되어 판결을 받게 된다. 이 모함으로 결국 그는 1952년 4월 22일 처형되고 말았다.[19] 이런 경력을 가진 리 여우방은 결코 '대만독립론자'가 될 수 없었던 사람이다.

'류 밍촨의 탁월한 정치업적전'은 대만의 발전에 기여한 중국의 역사를 드러내고자 하는 특별전이었다. 류 밍촨劉銘傳은 청나라의 관리로서 대만을 통치했던 인물이었다. 그의 '탁월한 정치적 업적' 중 대부분은 대만에서 수행한 것이었다. 따라서 이 특별전은, 타이베이 2·28기념관의 상설전시에서 청나라의 통치를 식민통치로 표현한 것에 대한 도전이었다. 중국의 대만 통치는 식민통치가 아니었다는 강

---

19 한국어로 된 리 여우방에 관한 소개글은 리엔 슈펑(嚴秀峰), 1999, 「대만 50년대 백색테러에 대한 역사 증언」, 제주4·3연구소 엮음, 『동아시아의 평화와 인권』, 역사비평사를 참고하라. 리엔 슈펑은 리 여우방의 부인이자 그 자신 또한 백색테러의 희생자이다.

력한 전언이었다.

 ''광복'절 특별전'도 의도가 분명한 특별전이었다. 강력한 대만독립
지지자이자, 타이베이2·28기념관의 운영권이 타이베이 시정부 문
화국으로 넘어가기 전까지 기념관의 관장을 지냈던 예 보원葉博文은
이 전시에 대해 다음과 같이 말했다.

> 2·28기념관에는 1947년 2·28사건에 대해 설명하는 많은 기록
> 들이 있는데, 이 기록에 따르면 1945년 '광복'은 광복이 아닌 것으
> 로 묘사되어 있다. 마 잉주 시정부가 '광복' 두 글자에 따옴표를 표
> 시한 것은 뜻 자체로서의 광복을 의미하기보다 좀더 묘한 뉘앙스를
> 품고 있는 것이다.[20]

 예 보원이 말한 "좀더 묘한 뉘앙스"란 상설전시에서는 광복이 아
닌 것으로 되어 있는 광복을, 특별전을 통해 명확하게 '광복'으로 바
꾸고자 하는 의도를 의미한다. 앞에서 본 것처럼, 상설전시에서는
1945년 국민당의 대만 진주는 '해방'이 아닌 새로운 '침략자'의 침입
으로 묘사하고 있지만, 이 특별전을 통해 일본의 패망 및 그 이후의
국민당의 진주는 대만인들에게 명백하게 '광복'이지 또 다른 점령이
아니라는 것을 분명히 표현했던 것이다.

 특별전시를 통해 상설전시의 '대만민족주의'적인 내용을 완화시키
는 전략을 취하던 타이베이2·28기념관은 3년 동안의 준비를 통해
2011년 2월 20일 마침내 상설전시의 내용까지 전면적으로 바꾸어
버렸다. 그 기조는 (직접 관계가 없다는 명목 아래) 2·28사건 이전 '대

---

20 林秀姿, 2002, p.1.

만의 역사'를 삭제하고 일제통치 시기 대만이 근대화되었다는 주장을 소거하는 것이었다.

4. 중국민대연박물관과 국립고궁박물원의 역설

지금까지 중국민대연박물관의 위상을 대만 국립박물관들과의 '박물관전쟁'이라는 맥락 속에서 확인해 보았다. 중국민대연박물관은 처음부터 대만 문화의 본령은 중국 푸젠성에 있음을 주장하는 박물관으로 출발했다. 따라서 기능적으로는 중국의 전통이 대륙이 아닌 대만에 있음을 유물을 통해 증명하는 대만의 국립고궁박물원과는 대립적이다. 그러나 대만 내에서 '대만은 중국의 일부분이 아니라 별개의 국가'라는 대만독립론이 대두되고 그에 따라 대만의 국립박물관의 전시가 변화를 겪으면서, 국립고궁박물원과 중국민대연박물관은 묘한 동맹관계를 형성하게 되었다. 어디가 정통이냐를 제외하면 중국과 대만의 문화적 뿌리가 같다는 점에서는 동일한 입장이기 때문이다. 대만 내에서 대만 문화의 '독자성'을 강조하는 전시가 대두함에 따라 이 둘의 동맹은 더욱 강고해질 것이다. 반면, 대만독립론자들은 안팎에서 '협공'을 당하고 있는 형국이다.

　건립된 시기를 고려하면 사실 중국민대연박물관은 대만독립론에 대한 공격의 성격이 강하다고 할 수 있다. 중국민대연박물관은 대만의 민진당 정부가 집권 이후 대만의 국립고궁박물원의 '중국색'을 지워내기 위해서 고심하고 또 국립대만박물관의 특별전을 통해 중국과 대만의 뿌리가 같지 않음을 드러내는 그 시기에 만들어졌기 때문이다.

앞에서 본 것처럼, 2008년 국민당의 마 잉주가 대만의 총통이 된 이후 8년 동안 대만의 국립박물관들에서는 이전 시기 '대만민족주의'적 내용의 전시가 상당 부분 사라지거나 축소되었다. 따라서 이 시기에는 중국민대연박물관과 대만국립고궁박물원의 기능적 대립성이 상대적으로 가시화되었다. 그러나 2016년 대만 총통선거에서 민진당의 차이 잉원이 당선됨에 따라 향후 대만의 국립박물관들에서 다시 대만 문화의 독자성을 강조하는 전시가 나타날 가능성이 매우 높아졌다. 그렇다면 이 두 박물관의 동맹은 다시 강화될 것이다. 반대로 이 두 박물관의 동맹에 맞서 어떤 식으로 대만의 독자성이 대만의 국립박물관들의 전시에 나타날지를 살피는 것도 향후 양안관계의 전개를 바라보는 흥미로운 관전 포인트 중 하나가 될 것이다.

제2장

샤먼-진먼의
냉전과 탈냉전

누구의 전쟁사인가?

: 진먼의 국족역사와 민간기억

장 보웨이(江柏煒)

1. 전쟁역사관 : 문화전시와 국족상상

'전시'는 인류사회가 축적한 '지식'을 재현하고 동태적으로 해석하고 맥락화한 특수한 텍스트이다. 정태적이고 일방적인 '진열display'과 달리 '전시'의 취지는 관람자에게 의미·관계 혹은 권력을 전달하는 데 있다.

그리스 여신 뮤즈Muse가 인류의 학술 및 예술 활동을 상징하듯, 뮤지엄museum, 즉 박물관은 현대사회의 중요한 전시 기제이다. 박물관은 문물이나 자연 유산의 보존·연구·전시·교육을 통하여 상황적 체험을 제공할 뿐 아니라 상상과 재창조의 가능성을 일깨운다. 근래 20년 간의 박물관은 서민문화를 주체로 삼는 방향으로 발전했다. "인류학적 상상력이 이에 극히 자극적인 관념과 경영 방식을 제공"함으로써 서민문화는 중시되기 시작했다. "지식인이나 통치계급의 정교하고 치밀함이 주도하는 지식전통이나 생활방식과 달리, 서민적 풍격을 지닌 생활 방식, 물질문화와 민간예술의 질박함이 점점 매력적인 힘을 발산함으로써 전통, 역사, 문물의 보유권이 서민의 수중으로 돌아갈 가능성이 열리게 되었다."[1]

20세기 이전의 문화 전시, 특히 이문화異文化의 전시는 늘 정복자나 통치자의 권력을 과시하는 것이었다. 예컨대, 중국 황제에게 바친 이방異邦의 조공, 프랑스의 나폴레옹이 가져간 오벨리스크, 대영제국의 대영박물관, 그리고 1891년 런던 수정궁Crystal Palace의 만국박람회 등이 그렇다. 서양 제국주의와 식민주의가 흥성했던 시대에는 동양의 식민지로부터 탈취한 진귀한 물품들의 문화 전시(및 그것이 구축한 '지식')는 국력과 부강함을 과시하는 쇼윈도였을 뿐 아니라 서양 우월론을 형성하는 문화장이었다. 『오리엔탈리즘Orientalism』의 저자 에드워드 사이드Edward W. Said가 지적한 바와 같이, 전시되는 '동양'은 사실 상상된 객체이자 타자the other로서, 존재하지도 않고 말할 수도 없다. "동양은 하나의 비추어진 이미지이자 이념, 인격 및 경험으로서 유럽(혹은 서양)이 자신을 정의하고 표명하는 데 도움을 주어왔다."[2]

민족주의 연구자 베네딕트 앤더슨Benedict Anderson은 "박물관과 박물관화하는 상상museumizing imagination은 모두 심각한 정치성을 지니고 있다"[3]고 말했다. 제국 권력의 전시이든, 식민 욕망의 투사이든, 혹은 서민 생활의 재현이든, 특정한 주제의 문화전시는 늘 문화

---

1 王嵩山, 1992, 『文化傳譯 : 博物館與人類學想像』, 板橋 : 稻鄉出版社, p.24.

2 Edward W. Said, 王志弘 등 역, 1999, 『東方主義』, 臺北 : 立緒出版社, p.2.

3 Benedict Anderson, 吳叡人 역, 1999, 『想像的共同體 : 民族主義的起源與散布』, 台北 : 時報出版, p.195.

의 본질과 특수성을 표명하거나 공고히 함으로써 자아와 타자 의
식을 형성한다. 그리하여 지역적·민족적 특색을 발전시킨 박물관이
흥성하게 되는데, "2차대전 후의 민족자결운동 및 근대 냉전 종식
및 독립국가 흥기 등의 현상과 맞물려 지방사의 뿌리와 전개, 민족
의 독특한 사고 방식과 생활 방식 들이 비교적 중요한 지위를 부여
받게 되었다."⁴ 이러한 문화전시는, 앤더슨의 말을 빌리자면, 상상의
공동체imagined communities를 형성하는 데 있어 동일성을 위한 이데
올로기적 실천이 된다.

 지극히 특수한 박물관으로서 전쟁역사관은 특정한 시공간의 맥
락에 있는 문화적 인공물cultural artifacts이다. 1949년 이후의 진먼金
門은 국공國共 대치와 세계 냉전의 충돌지점으로 전장의 형상이 선
명했다. 43년에 달하는 전지정무戰地政務와 군사 통제 아래 례위烈
嶼, 다얼단大二膽 등의 군도를 포함한 진먼의 전통사회는 철저하게
군사적으로 동원되었고 그 지역 공간 역시 고도로 군사화되었다. 방
어 공사나 군대 병영 외에도 도처에 많은 정신적 지표가 건립되었
다. 예컨대, 리광첸사당李光前廟(1951), 쥐광러우莒光樓(1952), '무망재
거毋忘在莒'⁵라 새겨진 바위(1952), 타이우산太武山 충렬사忠烈祠 및 공
동묘지(1953), 열녀사당烈女廟(1956), 구닝터우전쟁역사관古寧頭戰史館
(1984), 8·23전쟁역사관八二三戰史館(1988), 후징터우전쟁역사관湖井頭
戰史館(1989년 심리선전기지로 개조), 장징궈기념관蔣經國紀念館(1989), 그
외에도 수많은 중정당中正堂, 기념비, 기념정紀念亭 및 민가의 담장에

4 王嵩山, 1992, p.24.

5 제(齊) 나라가 거(莒) 땅을 거점으로 잃어버린 영토를 수복했듯 중국대륙의 수복을 잊
  지 않는다는 뜻. -역주

새겨진 셀 수 없이 많은 반공 표어들 등은 모두 국족의 동질성을 공고히 하고 자아와 타자를 구분함으로써 군사 통치를 정당화하는 공간적 수단이다.

민족주의의 문화적 기원을 논하면서 앤더슨은 다음과 같이 예리하게 지적한 바 있다.

> 어떤 것도 무명 용사의 기념비나 묘지만큼 근대 민족주의 문화를 선명하게 상징적으로 드러내는 것은 없다. 이러한 기념물이 공식적이고 의례적인 경의를 얻는 이유는 바로 이들이 애초에 만들어질 때부터 의도적으로 비어있거나, 혹은 그 밑에 어떤 사람들이 잠들어 있는지 아무도 모르기 때문이다. …… 무덤 속에 유명한 이들의 유골이나 불멸의 영혼이 없어도 이 무덤들은 유령 같은 민족적 상상으로 가득 차 있다.[6]

이는 전쟁 사적史蹟이 민족주의와 애국주의를 강화하는 역사적 역할을 담당한다는 사실을 한층 잘 이해하도록 돕는다.

그 외에도 근대 이후 '전시 복합체exhibitionary complex'를 연구했던 박물관학자 토니 베네트Tony Bennett는 전시/권력 관계란 모든 것을 '가시화'하는 과정이라고 말했다.[7] 그의 관점에서 보면, 전쟁역사관이나 기념비, 군인 공동 묘지 등 전투 사적이 중요한 의미를 지니는 이유는 당시의 전쟁을 현재 볼 수 없기 때문이다. 이들의 중요성은 바로 문화 전시 및 공간의 재구성을 통해 역사를 가시화함으로

---

6 Benedict Anderson, 1999, p.17.

7 Tony Bennett, 1995, *The Birth of the Museum: History, Theory, Politics*, London: Routledge, pp.59~88.

써 직접 전쟁을 보지 못한 사람들을 역사 현장historic site 및 사건 events으로 되돌아가게 하는 데 있다. 동시에 물질적 기초 위에 건립된 '이질공간heterotopias'으로서의 이 가시성visibility은 돌이켜보는 방식으로 '이질시간heterochronies'을 경험하게 함으로써 역사 상황의 재현을 가능케 하며, 관람자와 역사 간에 감정이입empathy의 관계를 형성한다. 그리하여 국족을 서사주체로 하는 전쟁사에 도전할 수 없는 영원한 신성성을 부여한다.

그러나 관방官方이 인가한 전쟁사 및 그 전시는 사실 '통제된 주체 subjugated subjects'를 간과한 결과이다. 진먼의 전지정무 기간 중 민간사회의 전장생활 경험에 대한 이해와 인식은 많은 부분에서 관의 것과 다르다. 군민軍民 간의 충돌과 긴장·반항의 관계는 통제되거나 소거 및 공석이 된 역사로서, 관 주도 전쟁역사관의 전시 내용이 될 리 없다. 그밖에도 신기한 것은, 일단 정치적 형세가 바뀌게 되면 특정한 목적을 지닌 전쟁역사관은 그 합법성과 정당성을 잃어버리고 어정쩡해지거나 한 물 간 존재embarrassed and anachronistic existence 가 되어버린다는 것이다.

본고에서는 진먼다오의 전쟁역사관을 중심으로 하여 관방의 문화 전시와 민간사회의 집단기억 간의 균열을 분석하고, (냉전에서 탈냉전 으로—편자) 시공간적 환경이 급격하게 변한 오늘날 과거의 전쟁역사 관을 관광자원으로 삼는 데서 야기되는 모순과 곤경을 살펴보고자 한다. 우선, 전쟁역사관, 전투 사적史蹟 등 교화 기구가 어떤 맥락에 서 형성되었고, 그 전시의 텍스트는 무엇이며, 또 어떠한 방식으로 재현되었는지를 논할 것이다. 그런 다음 이들의 서사구조와 민간사 회의 집단기억을 비교·대조하여 서로 다른 주체들의 역사 해석, 특히 국족역사와 개인역사 간의 충돌을 살펴볼 것이다. 마지막으로 탈냉전시대 많은 중국대륙 관광객이 진먼을 찾는 지금, 진먼 전쟁사의 기술과 문화전시의 의미와 새 방향을 제시할 것이다.

2. 군사교화와 전쟁역사관의 전시

1) 전지(戰地)사회의 형성

진먼은 예로부터 우저우浯洲, 우장浯江, 우다오浯島, 창우滄浯 등으로 불렸고, 진먼 본섬과 례위 제도로 이루어져 있다. 푸젠福建 동남 근해에 위치하여 안으로는 장저우漳洲 · 샤먼을 막아서고, 밖으로는 대만과 평후澎湖를 제지하니, '금성탕지金城湯池와 같이 견고한 해안의 문固若金湯, 雄鎭海門'이라는 의미에서 '진먼金門'이란 이름을 얻게 되었다.[8] 명明 홍무洪武 20년(1387)에는 이곳에 천호소千戶所 및 순검사巡檢司를 설치하여 성을 축조하여 적을 방어했다. 가정嘉靖년간 명장 유대유俞大猷도 이곳에서 군사를 훈련시켜 왜적을 방어하였으며, 정성공은 이곳을 거점으로 청조淸朝에 대항하고 네덜란드군을 몰아냈다. 이는 해양 방위 역사에서 진먼이 지니는 전략적 중요성을 말해준다.

1946~49년 사이 중국대륙에서 연속으로 패한 국민당은 1949년

---

8 "우저우(浯洲: 진먼)는 서쪽으로 례위 · 샤먼과 인접해 있고 남쪽으로 단위(擔嶼) · 전하이(鎭海)에 도달하며, 그 동쪽 끝에는 랴오뤄만(料羅灣)이, 북쪽 끝에는 관아오(官澳)가 있다. 땅의 크기로 보아 진먼과 샤먼 모두 해양의 군사 요충지로서 읍 전체가 요새이나 특히 진먼이 샤먼보다 중요하다." 何喬遠, 1628~1644, 『閩書』, 明崇禎間刊配補鈔本, 國家圖書館善本書庫藏.

진먼 구닝터우古寧頭의 결정적 전투에서 그나마 승리를 거둠으로써 공산당이 대만을 무력으로 해방할 가능성을 차단했다. 그해 샤먼과 다덩다오大嶝島를 손에 넣은 공산당은 내친 김에 진먼을 취하고 대만과 펑후 제도를 향해 진격하고자 했다. 10월 24일 밤, 결국 진먼 전투가 일어났다. 중국 공산당은 2만 8천 명의 군사를 동원하여 구닝터우 상륙을 강행했으나 56시간의 격렬한 전투 끝에 결국 섬멸당했다. 이로부터 양안의 대치와 분리 통치 국면이 초보적으로 형성되었다. 그러나 다른 한편, 이로 인해 진먼은 오랫동안 전쟁의 먹구름 속에 덮여 있어야 했다.

1950년 6월의 한국전쟁의 발발은 미국으로 하여금 대만을 방어하고 진먼·마쭈馬祖를 수성할 것을 결심케 했다.[9] 그 후 크고 작은 전투가 이어졌다. 1950년 7월 '다단大膽전투', 1954년 '9·3전투', 1958년 '8·23포격', 1960년 '6·17포격' 및 '6·19포격' 등, 진먼은 여러 차례 전쟁의 직접적 위협을 겪었다. 8·23포격 이후 중국 공산당은 '홀수 날짜에 포격하고 짝수 날짜에 쉬는單打雙不打' 격일 포격을 지속하였는데, 이는 20여 년 넘게 이어지다 1978년 12월 15일 미국과 중국 간 국교 수립의 전야가 되어서야 비로소 멈추었다. 그러나 진먼의 군사통치 체제는 전화戰火가 멈추었어도 끝나지 않았다. 1992년 11월 7일, 정식으로 전지정무를 해제하기까지 장장 43년의

---

9 한국전쟁은 사실 대만·펑후 제도·진먼·마쭈 지역의 운명을 다시 쓰게 했다. 구체적으로 한국전쟁의 영향은 두 가지 측면이다. 우선, 세계 양대 진영이 대립하는 형세를 형성했다. 미국은 전지구적 차원에서 공산집단을 봉쇄하기 위해, 1954년 대만과 중미공동방어조약(中美共同防禦條約)을 체결하고 제7함대와 대량의 군사 원조를 제공하여 대만 방어에 협조했다. 다음으로, 한국전쟁은 장 제스의 중국대륙 무력 수복의 꿈을 깨는 선언과 같은 것이었다. 그 후 이어진 냉전의 국제적 분위기 속에서 1960년대 대만은 경제발전을 국가책략으로 삼고 정치적 본토화를 개시했다.

시간이 걸렸다.

문풍文風이 융성한 화교들의 고향 진먼은 20세기 후반 국족역사 및 자유진영과 공산진영간의 충돌 속으로 휘말려들어 세계적으로 유명한 전쟁터가 되었다. 장 제스는 미국 언론에 다음과 같이 말한 바 있다. "진먼·마쭈가 없으면 대만·펑후도 없습니다. 대만·펑후가 있어야 대륙을 가질 수 있습니다"(1955년), "진먼·마쭈는 대만·펑후 방위의 전초기지일 뿐 아니라 자유진영이 서태평양을 공고히 할 수 있게 하는 생명선입니다"(1961년). 또 중화민국 행정원장 위 훙쥔俞鴻鈞은 다음과 같이 지적했다. "진먼 및 마쭈의 방위는 대만 방위와 밀접한 관련이 있을 뿐 아니라 서태평양 전체 전선과도 지극히 중요한 관계가 있습니다"(1951년). 미국 국무장관 존 포스터 덜레스John Foster Dulles 또한 다음과 같은 성명을 발표했다. "진먼·마쭈를 포함한 연해 군도는 중화민국에 매우 중요한 의미를 지니는데, 이는 서구에서 베를린이 지니는 중요성에 비견된다"(1958년).[10]

냉전은 국제적 충돌뿐 아니라 구체적으로 한 지역사회의 발전에도 영향을 미쳤다. 정치·경제 및 이데올로기적 교화와 개조는 군사통치를 위한 가장 중요한 선결과제였다. 진먼에서는 1915년 설립된 진먼현정부金門縣政府가 폐지되고 군관구軍管區가 설치되었다. 또 행정구역 상으로 진먼을 진둥金東, 진시金西, 례위 구역으로 나누어 군사·민정·총무 등의 사항을 관리했다. 이는 1950년 진먼행정공서金門行政公署로 바뀌었다가 1953년 다시 현정부가 회복되었으나, 여전히 군사관리체제를 벗어나지는 못했다. 1956년 '전지정무 실험구戰

---

10 金門縣政府, 1992, 『金門縣志』, 金門: 編者自印, p.116, 223~224.

地政務實驗區'로 지정되었다. 전지정무위원회가 구성되고 그 아래 진 면현정부 및 위원회 소속 기관들[물자공급처, 진면양조장, 진면전력공사, 시위안西園제염소, 정치중화신문사正氣中華報社, 진면고등학교, 진면농·공 업직업학교 등]이 설치되어 일원화된 통치와 통제 체제가 강화되었다. 1960년 이후에는 '진면을 삼민주의 모범현으로 건설하자'는 목표가 수립되었다. 이에 1963년에 〈진면삼민주의모범현건설강요金門三民主 義模範縣建設綱要〉가 완성되어 정치管, 문화敎, 경제養, 군사衛의 건설 이 적극적으로 추진되었다.[11] 말하자면, 진면은 특수한 '군사적 현대 성'의 형성과정, 즉 군사 통치 및 전투적 대비체제의 필요에 따른 특 수한 현대화 과정을 겪었다 할 수 있다.

진면의 전통적 종족사회는 '군사화'의 역사적 과정 속에서 적극적 으로 개조되어 민방자위대의 주요한 단위가 되었다. 민방자위대는 명칭도 여러 차례 바뀌고 편성도 일관되지 않았으나, 향촌 내 실제 편성을 보면 그 변동은 크지 않았다. 1953년 설립된 진면현 민방지 휘소民防指揮所로부터 시작하여 각 향촌에는 민중임무대民衆任務隊가 편성되어 지역 치안유지에 협력하고 군사작전에 지원될 수 있도록 했다. 1959년에는 '경정警政'과 민방자위대를 합하여 '경찰을 체體로 민방을 용用으로' 하여 사회동원 역량을 확대했다. 1968년에는 이 른바 '호경합일(戶警合一: 호구와 경정의 결합)'을 추진하여 사회적 통

---

11 〈진면삼민주의실험현실시대강집행계획(金門三民主義實驗縣實施大綱執行計畫)〉 (1981)에서는 다음과 같이 말하고 있다. "진면을 '삼민주의 모범현'으로 건설하는 것 을 전체 목표로 한다. 1. 민족주의를 봉행한다. 윤리문화를 널리 진작하고 반공애국의 지를 공고히 하여 '전투'적 진면을 건설한다. 2. 민권주의를 관철한다. 민주정치를 발양 하고 법을 숭상하고 실무에 힘쓰는 풍토를 규범화하여 '단결'하는 진면을 건설한다. 3. 민생주의를 실천한다. 과학과 경제를 발전시켜 번영과 균부(均富)를 실현하여 '부강'한 진면을 건설한다." 金門縣政府, 1992, pp.567~568.

사진 1. 민방자위대 훈련 상황

사진 2. 여성자위대 선전 훈련

제를 더욱 강화했다. 이는 1971년 민방총대民防總隊로, 1973년 다시 자위총대自衛總隊로 바뀌어 총대장 1인이 배치되었다.

향진鄕鎭의 사무소에도 자위대대自衛大隊가 설치되었고 행정촌에는 자위중대自衛中隊, 전투촌에는 자위구대自衛區隊가 설치되었다. 18세에서 55세 사이의 남자는 신체검사 후 연령에 따라 조에 편성되었다. 또한 기관이나 사회단체, 학교, 공장에서도 직장인자위전투대가

편성되었다. 자위총대 직속 부대는 경위警衛·위생·통신·양조장·도자陶瓷 중대와 학생·부녀·청소년·차량·배·말 대대로 편성되었다가, 후에 필요에 따라 통신·위생·양조장·도자·차량·어선 등 6개 중대로 축소되었다. 그 가운데 중요한 전략적 지위를 지닌 전투촌의 경우는 사회적 동원이 가장 철저했다(표1). 자위대의 구성원은 반드시 정해진 시간에 전투훈련을 받아야 했다. 훈련은 간부 훈련, 자위부대 훈련, 직장인 전투훈련, 학생 하계훈련 및 전업 훈련으로 구분되었다.[12] 다시 말해, 국가의 힘으로 민간사회를 하나로 꿰어 남녀

12 金門縣政府, 1992, pp.1265~1268.

노소와 직업의 구분 없이 사회 구성원을 편성하고 훈육시켜 각종의 군사 임무를 부여했던 것이다(사진 1, 2). 이와 같은 사회적 동원은 1992년 전지정무가 해제될 때까지 지속되었다.

표 1 : 전투촌 사회 동원 계획

구분	기동대	수비대	근무대	청소년대	대피대
대상	16~35세 청·장년 남성	16~35세 미혼 여성, 36~55세 남성	16~45세 기혼 부녀	12~15세 남녀	11세 이하, 56세 이상 노약자, 부녀자와 어린이
임무	촌락방어를 위주로 하고 기동 타격을 부차적으로 한다.	촌락 자위 전투, 항공 침투 저지, 군사업무 지원 및 포로 감시 등	촌락 자위 전투, 심리 선전, 부상 구호 등	조사, 순찰, 교통 관제 등	건장한 사람을 선발하여 동장(洞長)으로 삼아 전투 상황에서 대피·분산을 인도한다.

(자료 출처 : 〈胡璉將軍珍藏文物〉)

이데올로기는 특히 전지사회에서 군민 통제의 중요한 부분이다. 기념적인 건축물을 건설하는 것은 이데올로기 통치의 주된 방법 중 하나이다. '불후'의 건축물은 부패하는 육신에 비해 이데올로기를 더욱 오래 지속할 수 있다. 1952년 장 제스는 타이우산 바위에 '무망재거'라 새기고, 진청金城 서남쪽에 쥐광러우를 세워(사진 3) '반공복국反攻復國'의 상징으로 삼았다.[13] 같은 해 타이우산 공동묘지 및 현충사를 건설하고 역대 전투 전사자 2,569명을 안장했다(사진 4). 또한 1950~80년 사이 대량의 기념비와 기념정, 중정공원, 중정당이 건립되었는데, 대부분 군사 장교와 장 제스 총통을 기리는 것들이었

---

13 江柏煒, 2002, 『金門莒光樓 : 戰地精神與民族形式』, 金門 : 金門縣政府, p.47.

사진 3. 쥐광러우

사진 4. 타이우산 충렬사 및 전사자기념관

사진 5. 리광첸장군사당

사진 6. 레위칭치열녀사당

다. 그밖에 매년 특정 시기, 예컨대 3월 29일(혁명선열기념일), 9월 3일(군인절), 10월 25일(구닝터우 기념일)과 같은 날에는 지역의 각계·각층이 합동기념행사를 열었는데, 부대, 민방자위대, 학교의 교사와 학생들이 참여했다. 이와 같은 관행적 문화의례를 통해 군사정권은 군민의 사기를 결속하고 애국주의 신념을 주입했다.

전통 신앙 또한 교화와 통제의 역량으로 사용되었다. 리광첸사당(사진 5), 열녀사당(사진 6), 연평군왕사延平郡王祠(정성공사당. 사진 7)는 그 중 대표적인 사례이다. 리 광첸의 호는 범부帆夫이고 후난湖南 핑장현平江縣 사람이다. 육군관교陸軍官校 16기 보병과步科를 졸업하고 배排(소대)·연連(중대)·영營(대대)의 부단장副團長을 거쳐 제14사師 42단 단장으로 진급했다. 1949년 구닝터우 전투 때 시푸터우西浦頭 부근에서 장렬히 전사하였는데, 당시 나이 32세였다. 후에 이 지역에는 기이한 소문이 끊이지 않았다. 리 광첸의 혼령이 전답 사이 공터에서 군사 훈련을 한다는 것이었다. 그래서 "민국42년(1953) 지역의

사진 7. 연평군왕사

각계 인사 및 시푸터우 촌민들이 모금하여 사당을 세우고 제를 올리게 되었다. 사당이 협소하여 민국65년(1974)에 정부 보조 및 촌민의 기부를 받아 증축하였는데 군민 참배객이 끊이지 않았다."[14]

열녀사당은 정렬사貞烈祠라고도 한다. 례위 칭치촌靑岐村 교외 구이산龜山 자락에 위치한다. "민국43년(1954) 샤먼에서 한 여인의 시신이 떠내려 왔다. 주둔군들이 이를 안타깝게 여겨 안장했다. 그 후 여러 차례 그 여인의 혼령이 나타났는데, 촌민들이 기도를 올리면 그에 응했다. 이에 민국45년(1956) 자금을 모아 사당을 세웠고, 사당에는 분향이 끊이지 않았다."[15] 그 외에도 1971년에는 구닝터우 난산南山에는 선고묘仙姑廟가 세워졌다.

연평군왕사는 샤쒀촌(夏塑村, 지금의 下市) 언덕 높은 곳에 세워졌다. 그 내력은 이러하다. "민국56년(1967) 6월, 당시 행정원 원장 장

---

14 金門縣政府, 1992, p.478.

15 열녀사당(烈女廟) 비석에 새겨진 〈정렬사기(貞烈祠記)〉(1956).

징궈 선생이 전선을 순시했다. 연평군왕 정성공은 진먼에서 의거義
擧하여 반청복명反清復明 활동을 전개하고 네덜란드를 몰아내고 대
만을 개척하였으니 마땅히 그를 모셔 기리는 곳이 있어야 한다며
연평군왕의 의관총衣冠塚을 축조할 것을 논의했다. 그러나 그의 의
관 유물을 찾기 어려웠기 때문에 다시 사당을 짓는 문제를 논했다.
…… 산을 등지고 바다를 향하는 자리에 세워진 사당은 멀리 샤먼
의 쓰밍思明을 바라보고 있다." 연평군왕사는 1968년 12월에 착공
하여 다음 해 8월에 준공되었다. 또한 정성공의 탄신일인 8월 27일
에 사당의 준공 및 추모를 위한 성대한 의식이 거행되었다. 이후 매
년 이 날 진먼 군정軍政 수장들은 각계 인사와 정씨 종친을 인솔하
여 추모 제전을 거행한다.[16]

　이러한 사당의 형성과 건설은 모두 정치적 목적에 따른 공간 구조
물이다. 전자의 두 사례가 귀신을 경외하는 전통 사회의 종교신앙
을 빌려 '위대'한 국군과 '잔혹'한 공산군의 이미지를 대조적으로 부
각시켰다면, 후자의 경우는 정성공의 '반청복명'을 내세워 국민당의
통치 영도권을 공고히 하고자 한 것이다.

2) 전시(展示)의 정치학

　이데올로기 훈육ideological discipline 기구 중의 하나는 바로 기념
과 교화 성격을 지닌 건축물이다. 그 중 전쟁역사관은 관 주도의 역
사 논술이자 정치 정당성을 옹호하는 중요한 장이다. 진먼의 구닝터
우전쟁역사관, 8·23전쟁역사관, 후징터우전쟁역사관 등이 그 중요

---

16 金門縣政府, 1992, p.473.

한 역할을 담당했다. 이상한 점은 이들 전쟁역사관이 전투 대치 중인 1950~70년대에 등장한 것이 아니라, 1980년대 중후기 세계 냉전이 끝자락에 접어들어 대만과 미국이 단교하고 대만 내에서 반정부운동이 날로 거세지던 때 등장했다는 것이다. 전쟁역사관의 방문자들은 진먼 군민(예컨대 특정 날짜에 예정된 부대나 각급 학교 학생 및 공직자들)과 위문 단체, 외국인(언론매체나 외교관, 대만 방문객 등)이 주가 되는데, 이는 전쟁역사관의 전시정치학exhibitive politics적 기능을 더욱 잘 설명해준다.

구닝터우전쟁역사관은 1983년 봄, 진먼 방위사령부 사령관 쑹 신렌宋心濂 임기 중 반차오班超부대가 건립한 것으로 이듬해 6월 13일 준공되었다. 이 전쟁역사관은 베이산촌北山村 후방 해안에 위치한다. 1949년 구닝터우 전투를 기념하기 위해 세워졌다. 개관 후 구닝터우 대대에 직속되어, 진시金西 사단 제3분과 관할이 되었다. 1995년 10월, 진먼 국가공원관리처가 수립된 후에는 진먼방위사령부와 공동으로 관리되다, 2000년 6월 26일 정식으로 국가공원으로 이전 배치되었다.

구닝터우전쟁역사관은 입구부터 '역사현장'의 분위기에 충실하게 조성되었다. 양쪽에 관목을 심은 길이 1,850m, 폭 4~6m의 전투대비 도로(일부는 그 측면에 참호를 파고 총구가 있는 보루를 지어 놓기도 했다)를 따라 천천히 진입하면 보루 모양의 전쟁역사관이 중심축의 끝단에 자리잡고 있는데, 은밀하고 신성한 분위기를 자아낸다.

건물 외벽에는 전투하는 형상의 부조가 새겨져 있다. 건물 전방 광장 중앙에는 '정精, 충忠, 성誠, 실實' 네 글자가 새겨진 화강석 받침 위에 세 용사의 조각상이 있고, 양측에는 당시 전투에 참여했던

사진 8. 구닝터우전쟁역사관 외관

사진 9. 구닝터우전쟁역사관 로비

사진 10. 구닝터우 전투작전 경과도

전차('진먼의 곰'이라 불린다)가 각각 한 대씩 놓여 있다. 로비로 들어 가면 천정 높이 국가 휘장이 걸려 있고 양쪽에 구닝터우 전투의 작 전지도가 있다. 전방 끝에는 후 렌胡璉이 장 제스를 모시고 전투 상 황을 시찰하는 장면을 담은 유화가 있는데, 기념적 의미가 농후하 다. 내부에 걸린 대만의 유명 화가 12인이 그린 12폭의 대형 유화

사진 11. 구닝터우 전투 참전 장교 사진

는 다음과 같이 각 단계별로 전투경과를 재현하고 있다. 전투 준비
─적군의 야간 도해渡海 공습─아군의 분투─육공陸空 반격─가오
쿠이위안高魁元 군단장 최전방 직접 통솔─국군 맹공─육·공 협공
으로 적군 섬멸─난산 시가전─적군 함대 폭파─잔군 섬멸─포
로 처리─장 제스 군대사열. 아울러 진먼과 대륙 연해 형세도, 전
투 소개, 전투병력 서열 배치도, 작전 단계 모형 도표, 아군 참전 관
련 각 부대장 사진, 공군 포격 사진, 전리품, 적군 포로 실황에 관한
사진과, 장 제스의 부대 순시 및 각지 시찰 사진 수십 폭이 걸려 있
다. 아군 18사단, 118사단, 201사단 등이 획득한 영예의 깃발은 여
러 개이다. 또한 선반에는 전투 군수품, 문건, 기념품 및 적군으로부
터 획득한 총기 수백 건이 진열되어 있어 그 "빛나는 전투 사적을
보전"한다. 아울러 취락 내부의 전투 유적을 통해 관람객들이 "직접
전장에 있는 것과 같은 전투 체험과 예술적 교감을 나눌 수 있도
록" 의도한다(사진 8~14).[17]

---

17 金門縣政府, 1992, p.276, 1245.

사진 12. 구닝터우전쟁역사관 유화(上: 전투 준비, 左下 : 잔군 섬멸, 右下 : 장 제스 군대사열)

사진 13. 내부 무기 전시

사진 14. 구닝터우 베이산北山 전투 잔재(한때 중국 공산당군 전진 지휘소였다)

사진 15. 8·23전쟁역사관(八二三戰史館)외관

사진 16. 비행기, 장갑차 전시

사진 17. 8·23전쟁역사관 전시실(1990년대 이전)

8·23전쟁역사관은 타이우산 자락 타이후太湖 호반의 시훙룽위안西洪榕園 오른쪽에 위치한다. 인근에 유대유기념관俞大維紀念館이 있다. 면적은 372㎡이다. 이 전쟁역사관은 1988년 8·23전투 30주년을 기념하기 위해 세워졌다. 청 방즈程邦治 사령관 임기 중 난슝南雄부대가 세우고 관리했다. 건물 외벽에는 전투 중 희생된 국군 580인의 이름을 새겨 추모의 뜻을 담았다. 양 측면에는 전투에 쓰인 비행기와 전차, 155㎜ 유탄포 등 병기가 진열되어 있다. 내부의 전시는 대개 3단계로 나누어져 있는데, '영수 장공(장 제스)과 8·23전투', '장 징궈 선생과 8·23전투', '8·23전투 과정'이다. 앞 두 단계에서는 장 제스와 장 징궈, 그리고 하오 보춘郝柏村 등이 어떻게 전투를 지휘했는지를

사진 18. 포탄 전시(1990년대 이전)

강조하는 데 중점을 두었고, 마지막 단계에서는 수비군이 어떻게 중과부적의 상황에서 적을 격파했는지를 상세히 기술한다. 아울러 전사자를 애도하고 기리는 데도 중점을 두었다. 어느 보고서에서는 이에 대해 다음과 같이 언급하고 있다.

전투 기간 동안 장 징궈 선생께서는 모두 아홉 차례 직접 진먼에 오셔서 시찰하셨다. 그리고 일생 동안 진먼에 오신 것은 123회에 달하여 이 곳에 1년 가까운 시간을 머무르셨다. 이로써 우리는 이 진먼 땅에 대한 선생의 관심을 알 수 있다.……장 징궈 선생께서는 아울러 이곳 전장의 주민 생활에도 관심을 기울이셨다. 우리는 선생과 진먼 지역 주민이 함께 찍은 사진을 볼 수 있다.……

……중국공산당은 당시 웨이터우圍頭, 렌허蓮河, 샤먼 및 옌둔산煙墩山의 삼 면으로 진먼을 포위했다. 그리고 이 붉은 구역 안에 중국공산당은 18만 대군과, 각종 유형의 대포 685문을 배치했다.

사진 19. 8·23포격 후 구닝터우의 취락

당시 진먼의 수비군은 겨우 8만 5천여 명에 불과하였고 각종 유형
의 대포 또한 197문 밖에 없어 중과부적의 형세였다.

포격전 기간 동안 순직한 국군 병사는 모두 587명이다. 이 가운데
진먼 방위사령부의 부사령관 3명, 즉 자오 자지趙家驥, 지 싱원吉星
文, 장 제章傑가 포함되어 있다. …… 특별히 소개하고 싶은 분은 지
싱원 장군이다. 그는 항일민족영웅으로, 민국26년(1937) 항일 투쟁
시기 7·7루거우차오사변七七盧溝橋事變에서 첫번째로 총을 쏜 단
장이 바로 이 분이시다.[18]

8·23전쟁역사관 역시 마찬가지로 전투 상황 모형도와 역사 사
진 및 전투 서술로써 당시의 격렬했던 전투와 장병들의 희생 및 당
시 전선지역의 군민에 대한 영수의 관심 등을 재현하고 있다(사진
15~19).[19]

---

18 金門八二三戰史館, 1996, 「八二三戰史館中文解說稿」, 金門: 金防部, 미출간보고서,
   pp.1~5.
19 8·23전쟁사관은 2003년 초 진먼국가공원관리처가 내부 수리를 하면서 전시 내용에

레위다오 烈嶼島(小金門이라고도 한다)
서북단에 위치한 후징터우전쟁역사관
은 면적이 약 900㎡로 원래는 최전방
의 해안 거점이었다. 1988년 참모총장
하오 보춘이 레위를 시찰했을 때, 레위
가 여러 차례 전쟁을 겪었음에도 그 기
록을 보존하는 역사관이 없는 것을 보
고 육군 158사대에 역사관 건립을 지
시했다. 이에 원래 있던 엄폐호를 개축
하여 역사관으로 만들었는데(아래층에
전시, 위층에는 군대 주둔), 그해 9월 15일
에 착공하여 4개월만에 준공하고 개관

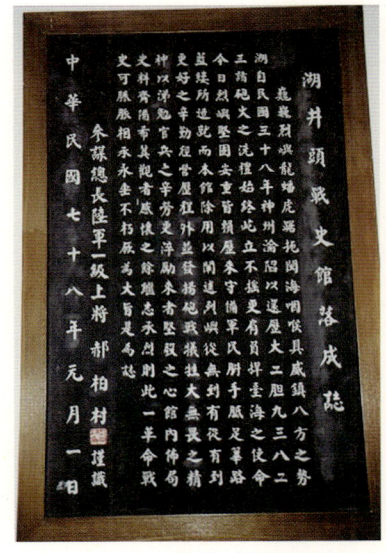

사진 20. 후징터우 전쟁역사관 준공지(1989年)

약간의 조정이 있었다. 즉, 이제는 더 이상 특정 영수를 칭송하지 않고 비교적 중립적
인 서사로 전쟁의 과정을 서술하고 있다. 또한 포탄이 떨어질 때의 소리와 섬광 등 효
과를 더하여 보다 생생한 체험을 할 수 있도록 했다.

사진 21. 후징터우전쟁역사관 표지

했다. 역사관 내부에는 다얼단 전투와 9·3전투, 그리고 8·23전투의 경과를 상세히 기술하고 례위 수비군의 '용맹분투'한 기록·사진 및 적군이 두고간 무기를 강조하여 보여주고 있다. 하오 보춘은 1958년 8월부터 1961년 2월까지 례위 제9사단 사단장을 맡아 직접 이 전투에 참여한 인물이다. 후에 계속 승급하여 참모총장에 오르고 이어 행정원장을 지냈으므로, 전시 내용에는 다소간 그의 개인적 공헌을 부각시킨 측면이 있다. 후징터우전쟁역사관의 위치는 중국 샤먼의 바이스白石 포대와 불과 1000여 미터밖에 떨어져 있지 않아, 관내 관측소에 설치된 고배율 망원경을 통해 맞은 편 해안을 볼 수 있다. 또한 냉전시기 대륙을 향해 바다와 공중으로 띄워보냈던 삐라와 민생용품, 소형 라디오 등이 진열되어 있어, 관람객들에게 양안 대치 시절의 긴장관계를 볼 수 있도록 했다 (사진 20~26).

특정 시간에 행해지는 기념 의례 및 방문 활동을 통해 전쟁역사관은 교화의 기구가 될 수 있다. 예를 들어 8·23포격기념일, 9·3군인절에 대만의 실업계 고등학교 학생과 공무 기관 직원들을 기념활동에 초청하거나, 아동절에 교외 교과활동의 명의로 초등학생들을 위한 프로그램을 준비하거나, 9월 9일 중양경로절重陽敬老節에는 지역 노인들이 역사관을 방문할 수 있도록 안배한다. 군인의 경우는

사진 22. 후징터우전쟁역사관 외관(1989年)

사진 23. 장 제스, 장 징궈 레위 시찰

사진 24. 샤먼이 보이는 관측소

사진 25. 하오 보춘(郝柏村) 사단장

사진 26. 후징터우전쟁역사관 전시실

각 사단에 신병이 전입신고를 하면, 휴일을 이용해서 대형 군용 트럭으로 신병들을 쥐광러우나 각 전쟁역사관으로 운송하여 그곳에서 수업을 받게 했다. 진먼방위사령부는 군 위문단이 공연을 마치고 난 여가 시간을 활용하여 위문단을 위한 탐방 프로그램을 준비했는데, 타이우산 칭텐팅擎天廳, 중앙갱도, 마산馬山방송국, 쥐광러우, 구닝터우전쟁역사관, 8·23전쟁역사관 등 군사명소를 위주로 배치했다. 전지정무 시기 외국의 정계 인사 및 외교관, 해외 교포들도 진먼을 참관할 수 있도록 했다. 특히 10월 10일 국경절 연휴기간에 전쟁역사관은 빼놓을 수 없는 명소의 하나였다.[20] 관람객을 위한 해설

20 우 녠차이(吳年財. 진먼 방위사령부 고문), 황 진친(黃金琴. 진먼 방위사령부 고문)인터뷰, 2006.7.31.

담당은 각 부대에서 전문대학 이상의 외국어 능력(영어 위주)을 갖춘 의무병을 선발하여 국방부에 보고하고 심의를 거친 후 각 전쟁역사관에 파견했다. 해설병을 위한 훈련과정이 따로 있는 것이 아니었으므로 해설 내용은 단지 관방의 해설자료를 숙독한 것이거나 전임 해설병의 경험을 답습한 정도에 그쳤다.

진먼 전쟁역사관은 구체적으로 다음과 같은 전시展示 정치학을 재현한다.

① 역사현장의 가시화를 통한 애국주의의 고취

공간·그림·사진·문물·무기 등의 실물을 군부를 주체로 하는 전투 과정에 맞게 배합하여 서술함으로써 관람객으로 하여금 이미 사라진 전쟁을 시공을 너머 목도할 수 있도록 한다. 예를 들어 구닝터우전쟁역사관은 예전의 전쟁터에 자리하고 있고, 역사관 바깥에 '진먼의 곰'이라 불렸던 전차를 그대로 남겨 두었다. 그리고 내부에서는 여러 폭의 대형 유화를 전시하여 전쟁의 경과를 재현하고 있다. 8·23전쟁역사관에도 적지 않은 포탄이 보관되어 있다. 이들은 당시 포격을 당한 촌락의 참상을 담은 사진과 함께 전쟁의 깊은 상처를 불러일으킨다. 전쟁역사관이 의도하는 '역사현장의 가시화'는 애국주의를 격발시켜 군사통치의 패권을 공고히 하는 기초가 된다.

② 자아와 타자 경계의 강화

'양극단의 배타적' 서사구조는 진먼 전쟁역사관 전시의 기조를 이룬다. 많은 전시는 모두 중국 공산당군의 '잔악한 행위' 및 '극심한 고통' 속에 빠져 있는 대륙동포의 참상, 그리고 '정의의 군대'인 아군이 어떻게 '중과부적'의 상황에서 국족의 생존을 연속시켰는지를 강조한다. 아울러 '반공 수복, 동포 해방'의 중요성을 강조하여 전쟁(혹은 더 정확하게 말하자면 전지정무체제)의 정당성을 설명한다. 후징터우전쟁역사관의 '해상 표류 물품'의 전시는 고도의 수법이다. 민생용품(예컨대 식량, 통조림, 의류, 라디오, 돋보기 등)과 선전인쇄물(자유진영의 번영을 강조하거나 '반공투사'의 개인 경험을 소재로 한 간체자 인쇄 전단) 위주의 전시는 공산진영과 자유진영의 차이를 드러내며 나아가 자아와 타자의 경계를 구분한다. 동시에 후징터우의 보루에서 제공하는 중국대륙(샤먼)을 주시하는 공간 체험, 즉 양안이 대치하던 시대에 마련된 시각적인 월경 의식ceremony은 '고국을 그리워하는 정서'를 자아내고 나아가 '수복의 대업'을 향한 각오로 응집되는 정치적 효과를 낳는다.

③ 상상된 공동체의 형성

전쟁역사관의 건립은 국제적 냉전 구조 및 자국내의 정치적 변화에 부응한 것이다. 1980년대 중후반, 중국의 개혁개방과 소련 및 동유럽의 해체는 냉전 정세에 급격한 변화를 가져왔다. 1990년 5월 1일 대만은 '전투비상동원'을 중지했다. 이에 '반란집단'으로 간주되던 중국 공산당이 '정치적 실체'로 직시되었다. 대외적으로 대만의 전략적 지위가 더 이상 유지되지 못함에 따라 그 국제적 지위는 지속적으로 미끄러져 내려갔다. 대내적으로는 반정부운동이 활발하게 일어나 국민당 통치의 합법성과 정당성에 도전했다. 최전방 지역인 진먼에서는 전쟁사 전시로 국족국가 공동체의 상상을 강화하는 것이 군사통치의 정당성을 유지하는 주요한 수단이었다. 그렇다면, 진먼이 왜 1980년대 중후반기에 이르러 전쟁역사관을 건립하기 시작했는지, 그 정치적 목적을 설명할 수 있을 것이다. 전쟁역사관은 1950년대 이후 세계 냉전 및 국공 대치의 군사적 상황과 전쟁 형상을 응결함으로써, 중화민국 정부의 국제적 지위 동요와 국내 반정부 운동의 흥기라는 정치적 위기를 모면하기 위한 시도라고 할 수 있다.

3. 억압된 민간 기억

관방 혹은 군부 위주의 전쟁사 서술에서 진먼의 민간사회는 공석이 된, 그리고 소리가 제거된 억압된 주체이다. 전쟁에 대한 민간의 집단기억과 관방의 역사 사이에는 매우 큰 차이가 존재한다. 또한, 당시 전선에 주둔했던 군인들의 전쟁 기억 또한 탐구해볼 가치가 있다. 이를 통해 20세기 후반에 일어난 냉전의 역사를 더욱 전면적으로 이해할 수 있을 것이다. 그러나 여기서 반드시 언급해야 할 것은, 기억은 극히 사적이고 주관적이고 단편적이며 선택적인, 심지어 신뢰성이 떨어지는 텍스트로서 반드시 비판적 공정을 거쳐야만 믿을만 한 '사료'가 될 수 있다는 점이다.

역사학자(특히 구술사가)는 인터뷰를 통해 문헌에서 얻을 수 없는 많은 단서들을 얻는다. 이는 정신분석의 기능처럼 기억을 끌어내는 치유과정과 유사하다. 개인의 기억을 사회 환경의 맥락으로부터 끌어내는 것이 바로 '집단기억'이다. 모리스 알박스Maurice Halbwachs는 기억은 집단사회의 행위로서, 현실 속에 존재하는 사회 조직 및 집단(예를 들어 가정, 가족, 국가, 민족, 혹은 회사나 기관)은 모두 그에 상응하는 집단기억을 가지고 있다고 말한다. 우리의 많은 사회적 활동은 늘 어떤 집단기억을 강조하는 데서 비롯되며, 이로써 집단의 응집력을 강화한다. 그러나 현실을 분석하는 데 집단기억은 선택적이고 해석적일 뿐 아니라 왜곡되기 일쑤이다. 집단기억의 중요한 특성은 바로 그것이 때로는 과거의 경험에 대한 집단적 창조물이라는 것이다.[21] 동시에, 집단기억은 결코 일관된 단일한 기술이 아니라 늘 사회적 기억의 복수 형식의 총체로서, 서로 다른 사회 집단의 생활경험을 반영한다.

집단기억의 성격에 대한 초보적인 이해를 마쳤다면, 이제 진먼의 민간사회를 주체로 하여 구술과 시사보도, 그리고 문학 작품에서 나타난 전지생활 등을 살펴보려 한다. 특히 관방의 기술과는 거리를 둘 것이다. 이를 통해 억압된 역사의 일부를 복원하고자 한다.

1) 상처 입은 생활 경험

장기간의 전쟁은 막대한 인명 희생과 재산 손실, 삶의 터전의 유실을 가져왔다. 1958년의 8·23포격을 비롯하여 그 후 20년 간 지속된 '격일제 포격'을 예로 들어보자. 관방의 통계에 의하면, 사망

---

21 Paul Thompson, 覃方明 등 역, 1999, 「記憶與自我」, 『過去的聲音 : 口述歷史』, 香港 : 牛津大學出版社, pp.139~153; 王明珂, 1993, 「集體歷史記憶與族群認同 」, 『當代』 第九十一期, pp.6~12.; Lewis A. Coser, 1992, "Introduction: Maurice Halbwachs 1877~1945," in *On Collective Memory*, ed.& trans by Lewis A. Coser, Chicago: The University Of Chicago Press; Maurice Halbwachs, 1952, *The Social Framworks of Memory*, trans. by Lewis A. Coser. In *On Collective Memory*. Le Memorial de Caen edits, p.65.

162명, 중상 228명, 경상 410명, 전파된 건물 4,594채, 반파된 건물 4,459채에 이르는 피해가 발생했다.[22] 그 후 '진먼대만이주민지도위원회'를 만들어 당시 푸젠성 주석이었던 다이 중위戴仲玉로 하여금 주임위원을 겸임케 하여 주거지와 학교 등의 문제를 처리하게 했다. 주로 핑둥屛東, 가오슝高雄, 타이난台南, 자이嘉義, 윈린雲林, 장화彰化, 타이중台中 등 중남부 지역에 집중되어 있었다. 통계에 따르면 모두 5,185명, 1,416 가구가 대만으로 이주하였고, 그 가운데 1,261명, 356 가구가 화교 가족이다.[23]

그러나 역사서술에서 통계수치는 전쟁에 대한 주민의 진실한 체감을 완전하게 전달하지는 못한다. 구닝터우 베이산의 리 정궈李政國 선생은 다음과 같이 말했다.

"저는 8살 때 구닝터우 전투 시가전의 한 자락을 목도하였습니다. 시가전이 일어난 날 저와 저의 형제자매는 부모님의 침대 아래 숨었는데, 바깥에서는 총성이 빗발쳤습니다. 저와 우리 가족은 하루 종일 방 밖으로 나가지 못했습니다. 밥 먹고 물 마시는 등의 생활에 필요한 일들이 모두 정지되었습니다. 말하는 것조차 소리가 날까 조심스러웠기 때문에 집 안은 매우 조용했습니다. 하지만 집 밖에서는 총소리, 우는 소리, 통곡 소리가 끊임없이 들려와서 너무 놀랍고 무서워 침대 밑에서 나올 수가 없었습니다. …… 나중에는 시가전으로 동네에서 죽은 병사가 쌍방에 너무 많았기 때문에 군부의 요구에 따라 아버지는 불려 나가 시신을 매장하는 일에 참여해야 했습니다."[24]

22 金門縣政府, 1992, p.1253.

23 劉毅夫, 1958, 『第一回合的勝利』, 台北 : 改造出版社, pp.160~161.

24 리 정궈(李政國. 1933년생)인터뷰, 베이산(北山), 2005.5.26.

사진 27. 구닝터우 베이산 취락의 만신장군사당

사진 28. 구닝터우 해안의 장군사당

사진 29. 시궈산(昔果山)의 관병 사열

사진 30. 장 제스 부대 사열

　　전쟁의 곡소리와 시신들로 넘쳐나는 참혹한 광경을 목도한 주민
들은 극도의 불안에 떨었고 망자의 혼령을 위로하는 영가 천도 법
회를 수 차례 거행했다. 특히 음력 7월에는 따로 취락 내외에 장군
사당將軍廟, 만신장군사당萬神將軍廟 들을 세우고 전둥궁鎭東宮을 중수
했다(사진 27~28). 이는 모두 전쟁으로 사망한 타향의 혼령들을 안
치하여 행여나 주민의 생활에 해를 입히는 일이 일어나지 않기를
바랬기 때문이다. 구닝터우전쟁역사관에 전시된 전투 유화 및 관방
촬영의 기록 사진에서 보이는바 승리를 강조하는 맥락화된 거시역
사macro history와 비교해 보면, 주민을 주체로 하는 미시역사micro

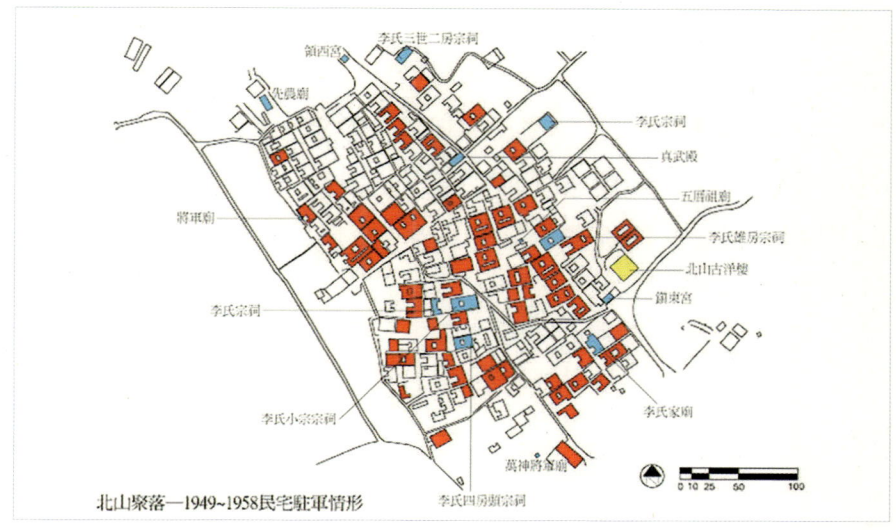

사진 31. 구닝터우 베이산 취락1949~1958년 가택 주둔군 상황

histories가 이처럼 다르다는 것을 알 수 있다.

2) 사회 통제와 관리

전쟁 기간 중 군영이 부족했기 때문에 많은 부대가 민가로 들어와 일반인들과 혼거했다. 주인 가족을 방 한 두 칸에 몰아 거주하게 하고, 집집마다 있던 (조상을 모시는) 묘당을 '중산실中山室'으로 사용하고 대문 앞 마당을 집합장으로 삼았다(사진 31). 일부 토지나 조상의 무덤 등은 군사금지구역으로 통제되어 마음대로 출입할 수 없었다. 중요한 전략적 가치를 지닌 해안은 지뢰나 방벽으로 인해 접근할 수 없었으므로 해안에서 굴이나 김, 조개류를 채취하고자 하는 어민은 반드시 증명서를 발급받도록 어로 활동의 범위와 시간을 엄

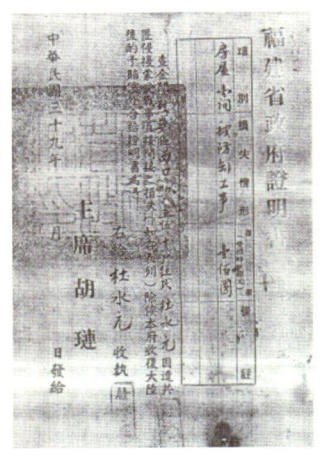

사진 32. 전사손실증명서(戰事損失證明書). 1950년

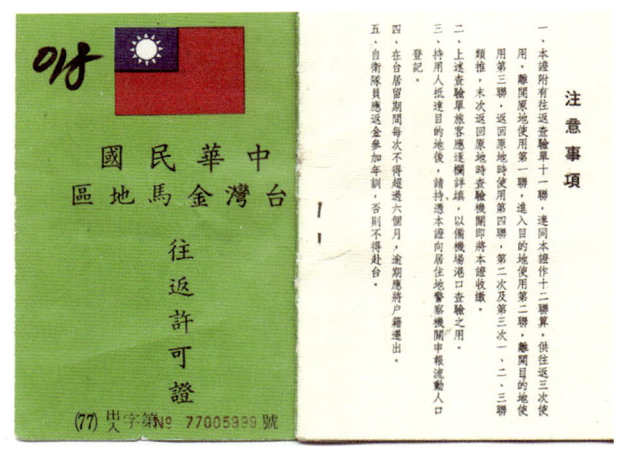

사진 33. 대만—진먼—마쭈 왕래 허가증

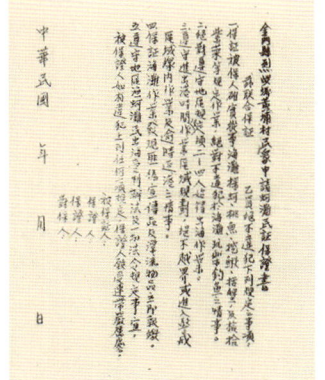

사진 34. 춘절(春節) 타이우산 분향을 위한 노선 관제도(1977)

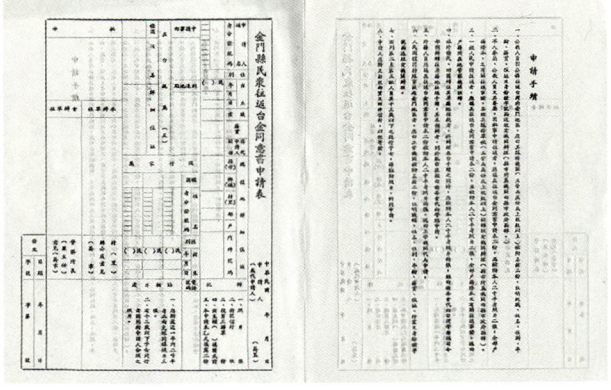

사진 35. 석가탄신일 활동에 대한 진먼현정부 비준 공문(1980)

격하게 규제했다.[25] 심지어 방어 공사에 필요하다는 이유로 민가를
마구 헐어 돌과 문짝을 가져가 민간의 원성을 샀다. 군부는 이를 달

25 예를 들어 〈지역어민편성·훈련·관리·운용실시 규정〉과 같은 것을 반포하여 실시했
   다 金門戰地政務委員會, 1976, 『自衛戰鬥手册』, 金門: 編者自印, pp.133~136.

래기 위해 '전쟁손실서'를 작성하여 "대륙 공략 후 푸젠 성정부에서 배상한다"고 언명했다(사진 32).[26]

인구의 이동은 엄밀한 호적관리를 받았다. 대만에서 진먼으로 가거나 진먼에서 대만으로 가는 것은 물론이고 해외 동포의 귀향과 심지어 진먼 섬 내의 촌락 간의 왕래 또한 관리를 받았다(사진 33~35). 민속 활동도 상당한 통체를 받았다. 예를 들어 전통극단이 사당에서 공연하기 위해 다른 촌락에서 묵어야 할 때도 반드시 임시 호적을 등록해야 했고, 이행하지 않으면 구류되었다.[27] 또한, 중국 민속에서 음력 7월은 귀문鬼門이 열려 귀신이 한 달간 지상에 머무르므로 7월 15일 중원절中元節 전후로 각종 보도(普渡, 위령·보시) 행사가 시행된다. 행사의 시기는 지역마다 다르다. 진먼의 각 촌락에서도 7월 1일부터 29일에 걸쳐 보도 행사가 촌락마다 조금씩 다르게 행해졌으나, 전지정무 관제 이후 이들 행사는 음력 7월15일 하루로 제한되었을 뿐 아니라 야간 제전 활동 또한 9시 혹은 10시 이전에 끝내야 했다. 그렇지 않을 경우 행사금지 처분을 받았다. 계엄령이 해제된 이후에야 진먼의 촌락들은 비로소 원래의 보도 시간과 행사 의례를 되찾을 수 있었다.

대만과 진먼 간의 비군용 전화 또한 국방안전을 이유로 1991년에야 개통되었다. 전지정무 해제 전야에 나온 『진먼빠오다오金門報導』[28]에서는 이를 가차없이 비판했다.

---

26 대륙공략은 기약할 수 없게 되었으므로 '전쟁손실서'는 1981년 국방부에서 배상하여 매 가구당 대만달러 150위안씩을 지불했다. 江柏煒, 2005, 『金門戰事紀錄及調查研究(二)』, 金門: 內政部營建署金門國家公園管理處委託研究計畫, pp.32~33 참고.

27 리 옌가이(李炎改) 인터뷰, 난산 마을, 2005.5.27.

28 『진먼빠오다오』는 1990년 9월 창간되었다. 사장은 양 수칭(楊樹淸)이고, 발행인은

군인의 가증스러움은 민간을 초개같이 여긴다는 데 있다. 통신의 경우만 보아도 알 수 있다. 진먼은 지금까지 대만과 통화할 수 없었다(민국80년, 즉 1991년에 직통 개방). 기밀 누설의 여지가 있다는 이유다. 하지만 군인 교환대 근무자가 털어 놓은 바에 의하면 매일 저녁 식사 후의 시간은 사실 진먼·마쭈 지역 중·고위 군관과 그들 가족 간의 일상 한담 시간이라는 것이다. 그러므로 진짜 기밀 누설 자는 바로 권력을 가진 군관들이다. 이들은 민간의 요구를 묵살하고 거들떠 보지도 않으니 …… 진정 국민을 바보로 보는 것이다.[29]

이처럼 진먼은 43년 동안 통제 아래 철저히 감금되어 봉쇄 상태에 놓여 있었다.

3) 억압과 의존의 군민(軍民) 관계

전지정무 시기, 관방에서 말하는 '군민 일가軍民一家'처럼 화해롭고 평화로운 공존은 이루어지지 않았다. 반대로 심각한 충돌들이 다수 발생했다. 다만 군부에서 발행한 『중화정치빠오中華正氣報』 및 『진먼르빠오金門日報』에 보도되지 않았을 뿐이다.[30] 1953년 '우춰사건吳厝事件'을 예로 들면, 피해자는 1938년 진먼 구닝터우 출신으로 국제

류 완전(劉婉珍), 사무고문은 뤼 전난(呂振南) 등이 맡았다. 주로 진먼 계엄체제를 비판하고 진먼의 앞날에 관심을 둔 간행물로, 1993년 11월 정간되기까지 모두 39기가 발간되었다.

29 楊樹清, 1992, 「託南洋華僑的福金門的天空才打開」, 『金門報導』 第19期.

30 『중화정치빠오』는 1948년 장시(江西) 난청(南城)에서 창간되었는데, 1949년 10월 군부를 따라 진먼으로 옮겨왔다. 1965년 10월31일 『진먼르빠오』가 정식으로 창간·발행된 이후 두 신문은 함께 유통되었다. 1992년 1월7일, 전지정무 시행이 종료된 후 『중화정치빠오』는 진먼 방위사령부 소속이 되어 군부를 대상으로 주간으로 발행되었고, 『진먼르빠오』는 진먼현정부 소속이 되어 군부와 민간을 대상으로 현재까지 지속되었다. http://www.kmdn.gov.tw/org_1.htm

사진 36. 1960년대 산와이 상가

적으로 이름 난 판화가 리 시치李錫奇의 가족이다. 그해 그의 가족
은 (구닝터우에서) 진청金城 우취촌吳厝村으로 잠시 옮겨 거주하였는
데, 뜻밖에도 엔첸庵前 병영으로부터 무기를 지니고 도주한 탈영병
이 몰래 그 집으로 숨어들었다. 군대가 포위해 들어오는 과정에서
탈주범이 총기를 난사했는데, 당시 14살이던 리 시치는 간신히 목
숨을 건졌으나 눈앞에서 할머니와 누나가 총탄에 쓰러지는 것을 지
켜봐야 했다. 그러나 군부 당국은 그 실책에 대해 어떠한 보상도 하
지 않았다. 리 시치 가족이 여러 차례 제소하자 군부는 그제야 대만
달러 천 위안을 내어주었다. 리 시치의 부친은 그 자리에서 그 돈을
되돌려주고 아들을 데리고 이러저리 전전하다 사령관 후 롄 장군에
게 진정을 넣었다. 결국 진먼중등학교 운동장에서 마침내 후 롄을

만나게 되자 이들 부자는 그 자리에서 무릎을 꿇고 원통함을 호소
했다. 후 롄 장군은 마침내 한 폐기 차고를 개조하여 초라하나마 주
거할 수 있는 공간을 마련하도록 보상 조치를 취했다. 그러나 이들
가족이 입은 상처는 영원히 보상될 수 없는 것이었다.[31]

부대 연습이나 사격 훈련 중 무고한 민간인에게 피해를 입히는 일
도 시도때도 없이 발생했다. 주민들은 불의의 사고를 당하거나 재산
손실을 입거나 심리적 공포에 시달렸다. 구강촌古崗村에 거주하였던
둥 췬야오董群耀는 다음과 같이 회고했다.

"40여년 동안 구강촌 주민의 생명과 재산에 가장 큰 위협이 되었
던 것은 무엇보다도 군부가 구강촌 후방 300m 가까운 지점에 설치
한 주산(珠山) 사격장과 츠산(赤山) 사격장입니다. 주산 사격장의
유탄이 여러 주민에게 상해를 입혀 구청촌(古城村) 촌장인 둥 원타
오(董文滔) 선생이 머리에 타격을 입는 등 주민들에게 지울 수 없
는 상처와 신체장애의 고통을 주었습니다. 츠산 사격장 또한 포탄
이 농산물에 떨어지는 일이 잦았습니다. 또한, 표적 앞에 위치한 농
지 앞에 길고 넓은 두 갈래의 전차 통행로를 뚫고 방호벽을 세우
는 등 민간 토지를 강제 점거함으로써 농사의 불편과 수확의 손실
을 낳았습니다. 또한 표적을 빗나간 포탄이 하필 조상의 무덤에 떨
어져 풍수상의 피해를 입히기도 했는데, 청명절(淸明節)에 성묘하
러 갔다가 묘지를 찾지 못한 경우도 있습니다. 민가 근처에서 집중
적으로 포격이 일어나니 잠자던 아이들이 자다가 놀라서 깨는 일이
허다했습니다."[32]

31 顔婷, 1992, 「李錫奇從本土藝術中甦醒」, 『金門報導』第26期.
32 董群耀, 1991, 「王成之子董群耀發表血淚告白」, 『金門報導』第9期.

이러한 일들로 민간의 원망이 극에 달했으나 전지정무 체제 아래에서는 분해도 감히 말을 꺼내지 못했다. 1980년대 후반기에 이르러서야 대만을 다녀간 진먼 사람들이 모여 군사관리 해제를 요구하는 정치·사회 운동을 조금씩 전개하기 시작했다.

전지정무 기간 중 진먼은 주 산업이었던 농·어업 외에도 또다른 생업의 길을 개척했다. 바로 군인을 대상으로 한 소비업 및 서비스업이다. 진먼의 각 촌락에는 군인에게 소비품을 제공하는 많은 소

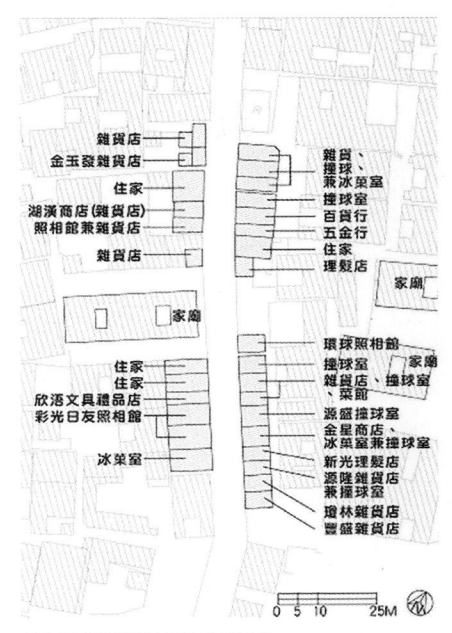

사진 37. 1970년대 충린 상가 업종

매상이 생겨나 술, 담배, 과일, 비누, 성냥, 쌀, 기름, 소금, 우표, 편지지와 봉투 등 생활잡화를 팔았다. 아울러 겸업 혹은 전업으로 당구장, 아이스크림 가게, 간이 식당, 세탁소, 공중목욕탕, 영화관, 사진관, 이발소 등을 운영하는 상점이 들어섰다. 이러한 군인 소비만으로도 최소한의 생계 문제는 어느 정도 해결이 되었다. 상점의 규모와 수량은 주둔 부대의 크기에 정비례하여, 군단·사단·여단·대대가 자리한 지역에는 비교적 큰 규모의 상가가 발전했다. 예를 들면, 허우푸後浦, 신스新市, 샤메이, 판산盤山, 샤오징小徑, 양자이陽宅, 청샤埕下, 둥린東林, 시팡西方 등 지역이 그러했다. 중대나 소대, 분대가 있는 곳에도 크고 작은 규모의 상가가 형성되었다. 병사들이 휴가로

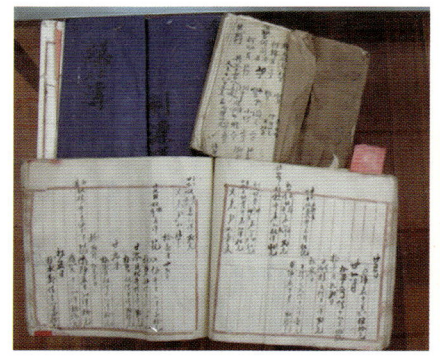
사진 38. 사병의 외상 장부

사진 39. 군인 소비 현장

외출을 나오면 택시들도 손님을 꽤나 끌 수 있었다(사진 36~39). 이렇게 진먼 전체 민간경제의 군인 소비 의존도는 매우 높았다고 말할 수 있다. 하지만 아울러 여러 가지 군민 간 갈등이 파생되었는데, 예를 들어, 1970년 례위에서 있었던 외상 문제가 그런 예이다. 당시 어느 공문에서는 다음과 같이 언급했다.

근래 일부 지역 장교와 사병이 상점에 외상을 지는 일이 꽤 많은 것을 발견했다. 이는 군의 명예를 손상시킬 뿐 아니라 군민 간 분쟁을 야기하기 쉽다. 그러므로 각 전투촌 경찰들은 상점마다 권고·사찰을 진행하고 보증서를 발급하여, 만약 이런 일이 재발될 시 전적으로 상인 스스로 책임을 지게 하고, 해당 촌락의 경찰 또한 그에 응당한 연좌 처벌을 받게 한다.[33]

또 1977년의 한 간단한 공문에는 헌병대가 민간을 활개치고 다니며 소비하는 병사들을 단속하는 일로 상점 주인과 마찰을 빚은 것

---

33 金門縣警察局烈嶼警察所 '烈警什字第258號公文', 1970.6.23.(烈嶼鄉公所 소장).

을 적고 있다.

> 진먼 사단 헌병대가 군기 규찰 중 진지 문을 닫은 후에도 여전히 돌아다니는 군인이 있어 단속하였는데, '만팅팡滿庭芳' 음식점 주인 천 용칭陳用慶은 장사를 계속하여 헌병대와 마찰을 빚었다. 일반 민간인들은 관련 법령을 잘 이해하지 못하므로 필시 각 집회를 통해 이들을 선도해야 할 것이다. 영리 때문에 군기와 치안 사건의 집행이 영향을 받아서는 안 된다.[34]

이로 보건대, 민간과 군 사이 문제가 빈번했음을 알 수 있다.

4) 민방자위대의 복무

진먼 주민 중 남자는 민방자위대에 들어갈 뿐 아니라 일부 방어물 건축에 참여해야 했다. 예를 들면 전투촌의 지하 갱도 같은 것이다. 전쟁역사관과 비슷한 이들 지하 갱도는 1977~1984년 사이에 집중적으로 건설되었다. 이 시기는 사실 이미 냉전 후기로 접어든 때였고, 게다가 1978년은 '홀수 날짜에 포격하고 짝수 날짜에 쉬는' 격일제 포격이 멈춘 때이다. 그러나 진먼에서는 여전히 인력·물자를 대거 투입하여 민방위 갱도를 건설했다(표 2).

표 2 : 진먼 각 전투촌(戰鬥村) 갱도의 길이 및 유형

전투촌	건설시기	완공시기	갱도길이	설명
충린(瓊林)	1977년 4월	1978년	1,350m	취락의 중요 건축물, 중요 교통·간선도로, 군사시설에 연결

---

34 金門縣政府, '坊民字第10339號公文', 1977.9.26.(烈嶼鄉公 소장).

진청(金城)	1978년 3월	1979년 11월	2,315m	주요 관방 건축물, 중요 교통간선도로에 연결
안치(安歧)	1979년	1979년 6월	407m	취락 관통 갱도
더우먼(斗門)	1979년	1979년 7월	830m	취락 관통 갱도
양디(陽翟)	1979년	1980년 12월	547m	취락 관통 갱도. 외곽 군사시설에 연결
샤메이(沙美)	1979년	1979년	1,010m	취락 관통 갱도. 중요 교통간선도로에 연결
시춰산(昔果山)	1980년	1980년 12월	490m	취락 관통 갱도
허우후(后湖)	1980년	1981년	518m	취락 관통 갱도. 외곽 군사시설에 연결
셴추오(賢厝)	1981년	1981년	420m	취락 관통 갱도
청공(成功)	1981년	1981년	560m	취락 관통 갱도. 외곽 군사시설에 연결
딩바오(頂堡)	1981년	1981년 12월	683m	취락 관통 갱도
네이양(內洋)	1983년	1984년 12월	460m	취락 관통 갱도

자료출처: 진먼현 경찰국 당안 자료.

갱도 건설이 가장 먼저 착수된 충린을 예로 들면, 군부에서 파견한 부촌장은 1인당 열흘마다 갱도 3m를 파도록 책임 지우는 규정을 정했다. 게다가 식사 제공도 없었고 심지어 작업에 필요한 촛불이나 등유도 각자 알아서 준비해야 했다. 농번기가 되면, 아침 8시 작업 개시 이전에 파종하거나 농작물을 수확해야 했다(사진 40~44).[35] 만약 시간이 없거나 체력적인 부담을 이기지 못할 경우, 경제적 능력이 비교적 괜찮은 사람은 일당 10~20위안으로 촌락의 젊은 사람이나 외지인을 고용하여 갱도 작업을 돕게 했다. 그 외, 규정에 따라 촌락 내 구역마다 방공호를 두었는데, 최소한 30인을 수용할 수 있는 규모로 만들어야 했다. 이 역시 현지 주민들의 몫

---

35 저우 칭위안(周淸原) 인터뷰, 충린촌 사무실, 2005.7.8.

사진 40. 충린촌 사무소(지휘센터)

사진 41.충린촌 사무소 내 전투 갱도 입구

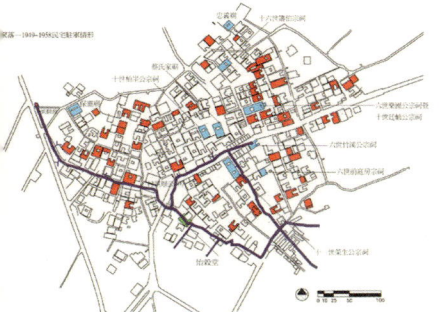

사진 42. 충린 취락 주둔군 현황 및 지하갱도 노선도(선 표시)

사진 43. 충린 지하갱도

사진 44. 충린 지하갱도 내부 지휘센터

으로 떨어졌다.[36] 충린 민방자위대는 지하 갱도를 설비하고 외빈 참관을 위한 연습훈련을 거행했는데, 이에 대해 차이 쿤룬蔡崑崙 선생은 다음과 같이 회고했다.

"민국67년(1978) 즈음 갱도가 막 완공되었을 때, 미국 국회 방문단이 진먼에 참관하러 온 적이 있었습니다. 외빈이 방문하기 한 달전 충린 민방자위대원들은 연습훈련의 횟수를 더하도록 요구 받았습니다. 당시 연습훈련 구성은 기본 사격, 부상자 구조, 통신, 소방및 모의 전투 등이었는데, 그 가운데 갱도를 운용하는 훈련이 특히중점적으로 행해졌습니다. 모든 대원들은 갱도의 통로와 출입구 위치를 숙지해야 했지요. 당시 참관한 외빈들은 입이 마르게 칭찬했습니다. 그러나 그것은 알게 모르게 우리에게 적지 않은 작업량을증가시켰습니다. 또한 그때는 봄이라 파종 시기여서 저는 훈련에 영향을 미칠까 걱정되어 매일 평소보다 2시간씩 일찍 일어나 논에 나갈 수밖에 없었습니다. 그리고 나서 8시 이전에 충린촌사무소(瓊林村公所)에 집합하여 연습훈련에 참가하였습니다."[37]

두말 할 것 없이 이러한 군사 임무는 농가의 초과 부담이 되었다.

5) '군중특약다실(軍中特約茶室)'의 창건과 영향

진먼 섬은 남녀의 성비 구조가 심각한 불균형을 이루었기 때문에 사병의 성적 수요를 해결하고 현지 여성의 피해를 방지하기 위해 〈대만성각현·시윤락여성관리방법臺灣省各縣市娼妓管理辦法〉의 규정

---

36 차이 셴원(蔡顯文) 인터뷰, 충린촌 사무실, 2005.7.8.

37 차이 쿤룬(蔡崑崙) 인터뷰, 충린6세죽계공사당(六世竹溪公宗祠), 2005.7.8.

사진 45. 1960년대 진먼 특약다실

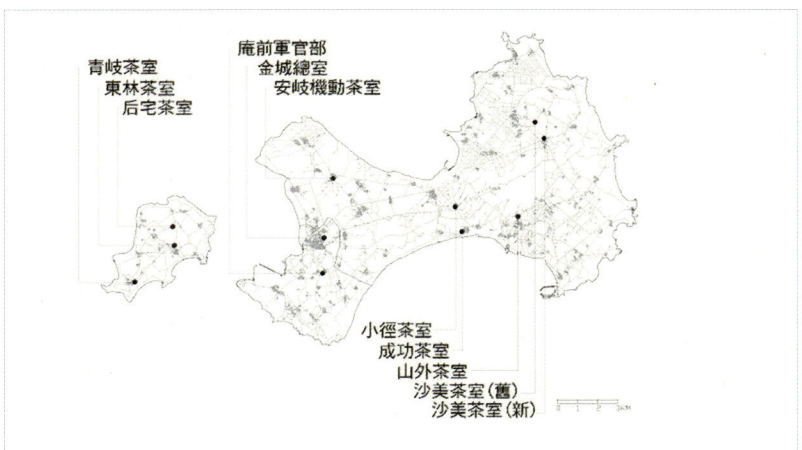

사진 46. 진먼 지역 특약다실 분포도

에 따라 '특약다실特約茶室'을 설치했다.[38] 1952년 마쭈 난간南竿 푸싱촌復興村에 처음 설립되었고, 진먼의 경우 1954년 옌첸에 '옌첸 특약다실'(사진 45)이 설립된 것을 시작으로, 그 후 샤오징·청공·양자

---

38 속칭 '군중낙원軍中樂園' 또는 산허리 높은 곳에 위치했기 때문에 산허리를 뜻하는 중국어 '반산야오(半山腰)'와 발음이 비슷한 '바산야오(831)'라 불렸다.

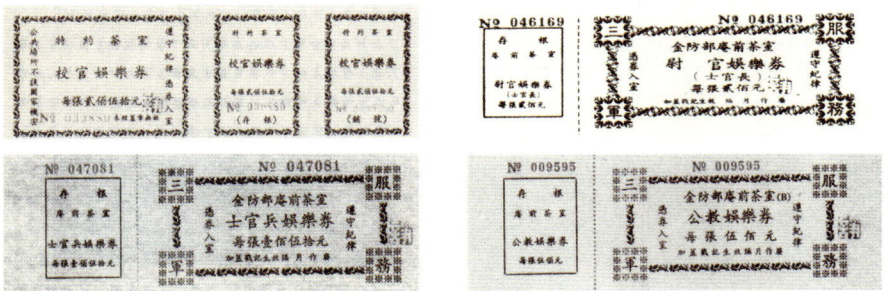

사진 47. 진먼방위사령부 옌첸 다실에서 발급한 유흥티켓 (左上:영관, 右上:위관, 左下:사관, 右下:공무원)

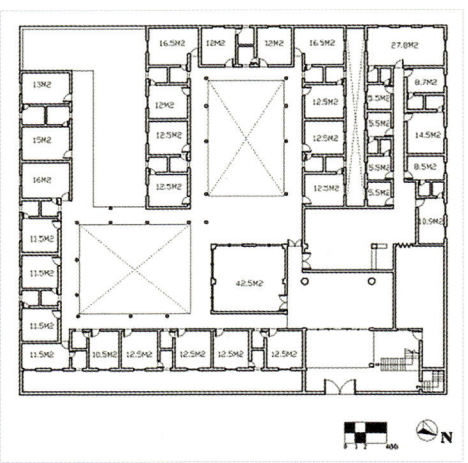

사진 48. 양자이 특약다실 배치도

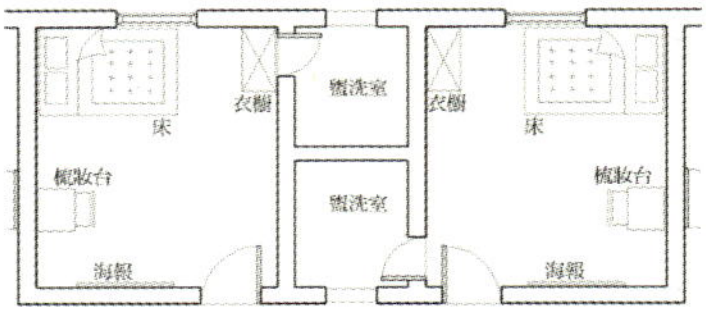

사진 49. 접대부 방 평면도

이·샤메이·진청베이먼金城北門, 그리고 례위의 둥린·허우자이后宅·칭치 등지에 지역별 특약다실이 설립되었다. 그리고 이들은 진먼 방위사령부 정政 5조에 의해 관리되었다(사진 46~49). 나아가 1968년에는 〈진먼방위사령부특약다실관리규칙金防部特約茶室管理規則〉을 반포하여 더욱 엄격한 관리 체제 하에 두었다.

보수적 성향이 강한 진먼의 전통사회는 '바산야오'에 대해 복잡한 감정을 가질 수밖에 없었다. 무엇보다 영업의 편의를 위해 이들은 종종 시가지나 촌락 입구 같은 공공공간에 설치되었다. 예를 들어 옌첸의 '바산야오'는 촌락의 입구인 진면에서도 유명한 사당 목마후사牧馬侯祠의 옆에 설치되었다. 그 안에는 천陳씨 집안의 선산이 위치해 있었다. 샤오징의 경우도 촌락 어귀에 있고 진청베이면의 경우는 교회(1924년 설립) 뒷편, 그리고 주자朱子사당과 중정中正초등학교 옆에 있었다. 이러한 신성한 장소가 성매매의 공간에 의해 더럽혀진 것이다.

또한, 비록 접대부의 모집과 관리에는 엄격한 규정이 있었으나, 그들이 생활용품이나 화장품, 의류 등을 사기 위에 거리에 나서게 되면, 윤리·도덕을 중시하는 인사들은 미풍양속이 손상을 입는 것을 비판하며 손가락질했다. 일부 접대부 중에는 진면의 병사에게 시집가서 정착하는 경우도 있었으나, 그 가정 역시 적지 않은 지역사회의 배척을 받아야 했다. 솔직히 말하자면, '바산야오'의 설치는 지역 부녀자의 안전에 긍정적인 공헌을 했다고도 할 수 있다. 1990년 11월 30일 '특약다실' 폐지 후, 1992년 9월 7일 처음으로 군인이 민간인 부녀자를 성폭행한 사건이 발생했다. 당시 현장縣長 천 수이짜이陳水在는 "수만 명의 진면 군인은 언제고 터질 수 있는 폭탄"이므로 "내정부(內政部: 공안부)의 설립 허가를 받은 공창公娼은 군인의 성문제를 해결할 수 있을 것"이라고 말했다.[39]

---

39 顏晨·董惠芳, 1992, 「"八三一"裁撤後9月7日金門發生首宗軍人強暴民婦案」, 『金門報導』第26期.

6) 사회 저변의 미미한 문화 저항

고압적인 군사통제 시기, 민간사회의 저항은 극히 미약했다. 그러나 소극적으로, 관방의 뜻을 다르게 받아들이는 '오독誤讀'의 방식이 존재했다. 주 시닝朱西甯(1927~1998)의 유명한 사실주의 소설 『8·23 노트八二三注』에는 한 초등학교 선생이 가정방문을 간 김에 학부모에게 '무망재거'의 역사적 배경을 선전하는 상황을 다음과 같이 묘사하고 있다.

"연(燕)나라가 제(齊)나라를 정벌할 때 연이어 70여 개의 성을 함락시키고 마지막에 즉묵(即墨)과 거(莒) 지역만 남아 있었습니다. 전단(田單: 제나라의 장수)이 어떻게 밭 가는 소들을 끌어 모았는지 (소 꼬리에 일제히 불을 붙여 몰아붙이는―역자) 화우진(火牛陣)으로 연나라 군대를 공격하여 제나라는 잃어버렸던 땅을 일거에 회복하였습니다."(……) 침을 뒤길 정도로 열강을 하고 나니 꽤나 힘이 들었다. 원래부터 선생님이 대단한 일을 하러 온 사람인 듯 응접했던 가족들은 이 이야기가 재미 있든 없든 모두 흥미진진한 자세로 경청하여 선생님의 기분을 아주 잘 맞춰줬다.

그런데 재미있는 것은 노부인의 물음이다.

(그녀는) 선생님께서 까닭 없이 여기 와서 이 얘기를 들려주는 것은 아닐 것인데 분명 무슨 다른 뜻이 있을 거라는 생각이 들었다. 물어볼 듯 말 듯 주저하다 말했다. "선생님 말씀해 주세요, 이 말씀을 하시는 것은 …… 혹시 …… 정부에서 우리 집 소를 원한다는 말씀인 것은 아닌지요?"[40]

---

40 朱西甯, 2003, 『八二三注』, 台北: INK印刻, p.681. 주 시닝의 대표적 장편 전쟁소설이

여기서 우리는 '무망재거'의 의미를 홍보하는 것이 관이 기대하는 것처럼 주민들의 사기를 진작시키기보다는 오히려 공황감만 야기하는 상황을 볼 수 있다. 이와 같이 관의 뜻을 다르게 읽어내는 '오독'의 반응은 사실 고압적인 통치 하에서 발견되는 일종의 문화 저항이라 할 수 있다.

전선을 수비하는 군인들의 전쟁기억에 대한 묘사 역시 『8·23노트』에서 적지 않게 수록되어 있다. 전선 군인들의 군사훈련 과정은 매우 혹독했다. 특히 잠수부대가 가장 유명하다.

고된 훈련으로 온통 검은 강철과 같은 피부색은 말할 것도 없고, 상박근, 복근, 흉근, 대퇴근 등은 굳이 힘을 주지 않아도 돌 비석처럼 단단하게 올라왔다. 이렇게 추위나 더위, 비바람을 가리지 않는 고된 훈련은 쉼 없이 계속되었다. 포화가 빗발칠 때조차도 비를 피하듯 잠시 갱도 안에 피해 있다가 포화가 드문드문해지면 이내 갱도를 나와 평소대로 훈련을 계속했다. 한 번은 낮에 맹렬한 포격이 일어나자 바로 훈련 방식을 바꾸어 낮에 피해 있다 밤에 훈련하는 식으로 훈련을 지속했다. 이렇게 하루도 중단한 적이 없었다."(717면)

낯선 전선의 섬은 신병에게는 죽음의 땅과 같았다.

깊은 밤 제1전선 초소를 지키는 병사들, 그들과 함께 하는 것은 쉼 없이 밀려왔다 가는 파도와 또 다른 저 먼 어둠의 세계로부터 울려나는 소리뿐이었다. 병사들이 맨 처음 전선으로 왔을 때, 청각

다. 2년 동안의 자료수집 기간을 거쳐 작성한 두 차례의 원고를 모두 폐기하고, 1971년 세번째로 펜을 들어 4년 반의 시간을 들여 완성했다.

이 아직 익숙해지지 않았을 때, 그것은 실로 사람을 얼어붙게 만드는 기이한 소리였다. 칠흑 같이 어둡고 죽은 듯 적막한 밤하늘에 원통하게, 음산하게 메아리 치며 떠나지 않았다. (114면)

이러한 상황에서는 집을 그리워하는 마음이 돌연 피어 오른다. 지리적 거리는 정치적 간격의 요원함에 비하면 아무 것도 아니다. 샤먼 출신의 어느 노 소대장은 가오슝高雄에서 왔다는 사병에게 이렇게 말한다.

"그러니까, 자네는 그래도 그렇게 비참한 것은 아닐세. 다른 부대가 이곳으로 배정되어 오면 자네들은 먼저 제대하여 고향으로 돌아가면 되지 않나. 나같은 사람이야말로 정말 참담하지. 이번만 해도 진먼에 온 게 세번째야. 온종일 바다 건너를 바라보고만 있고, 집을 눈앞에 두고도 갈 수 없으니, 사람 애만 태우는 거지."(67면)

고향에 갈 수 없을 뿐 아니라 거기다 대고 포탄을 겨눠야 하니 정말 어디까지 고통을 감당할 수 있겠는가. 한편, 후방에 있는 가족들은 전선의 소식이 분명치 않은 상황에서 언제나 마음 졸여야 했다. 한 어머니의 원망의 목소리를 빌려 작가는 흩어진 가족의 그리움을 여실히 드러냈다.

아내로서, 어미로서, 내 남편이 어찌 되었는지, 내 아들이 어찌 되었는지 알 권리조차 없는가? 국가에 대한 헌신이 이래도 충분치 않단 말인가? 일반 사람들처럼 귀를 바짝 세우고 라디오에서 되풀이 되는, 믿을 수도 없는 당신에 의존해야 하는가? (……) 만약 네가 안전한지 알 수 없다면 적어도 전선의 상황이 어떤지는 정확하게 알 수 있어야 할 것이다. 진먼이 포화에 어느 정도로 파괴되었는지, 버틸 수 있는지 없는지, 네가 있는 곳이 심각한 상황은 아닌지……두 아들을 국가에 헌납한 어미가 이 정도 요구하는 것을 누가 감히 지나치다고 말할 수 있겠는가? (383면)

4. 역사서술의 충돌과 문화관광의 곤경

1976년 마오 쩌둥이 사망하고 사인방이 붕괴되면서 문화대혁명이 끝났다. 1979년 미국과 중국이 수교하면서 '대만관계법'이 통과되었다. 1985년 고르바초프가 소련공산당 총서기를 맡아 페레스트로이카를 추진했고, 1989년 10월 정식으로 브레즈네프 독트린Brezhnev Doctrine을 폐기했다. 11월 9일 베를린장벽이 무너지고 이듬해 동서독이 통일되었다. 12월 22일 루마니아 독재자 니콜라에 차우셰스쿠 Nicholae Ceaucescu가 몰락했다. 12월 29일 바츨라프 하벨Vaclav Havel이 체코공화국 대통령에 당선되었다. 1990년 2월 25일 바르샤바조약기구가 해체를 선언하였고, 그해 고르바초프는 노벨평화상을 수상했다. 1991년 12월 8일 소련이 해체되고 각 연방공화국들이 독립했다. 2차세계대전 종전 후의 세계 냉전은 이렇게 정식으로 역사 속으로 사라졌다.

대만 민주화의 진행 또한 국제정세의 전환에 부응했다. 1986년 9월 28일 민주진보당(민진당)이 성립되었다. 1987년 7월 대만 지구의 계엄이 해제되었고, 이어서 신문 출간 등록과 정당 설립이 허가되었다. 같은 해 11월 대륙 친지 방문이 개방되었다. 1988년 1월 13일 장 징궈 총통이 사망했다. 1991년 정부는 '전투비상동원시기'의 종식을 선포했다. 1992년 11월 7일 진먼과 마쭈의 전지정무체제가 해제되었다. 1996년 리 덩후이와 렌 잔이 중화민국 초대 민선 총통·부총통에 당선되었다. 2001년 1월 1일, 진먼—샤먼, 마쭈—마웨이馬尾의 '소삼통'이 실시되면서 정기 항공편이 개통되었다.

탈전지脫戰地 시대의 진먼은 자기발전의 새로운 방향성을 모색했다. 1993년 2월 7일 관광개방을 시행했고, 같은 해 연말 천 수이짜이가 초대 민선 현장에 당선되었다. 1994년 민진당 주석 스 밍더施明德는 '진먼·마쭈馬祖 군철수론'을 제출하여 진먼·마쭈 지역의 비군사화를 주장했다. 하지만 이는 진먼·마쭈 지역을 포기하는 것으로 받아들여져 극심한 비판을 받았다. 1995년 10월 18일 진먼국가공원이 세워졌는데, 이 공원은 대만의 여섯번째이자, 대만 본섬 외부에 세워진 것으로는 유일하게 전투 사적을 주요 자원으로 하는 국가공원이다. 2001년 리 주펑李炷烽이 제3대 현장으로 당선되어 2005년에 연임했다. 그는 '관광입현, 문화진먼觀光立縣, 文化金門'을 시정 이념으로 제시했다. 2009년 리 워스李沃士 현장이 당선되었고, 적극적으로 군사 관광 여행을 추진했다.

비록 관광 여행이 진먼 발전의 중점 산업이 되었다고는 하나, 방향 설정의 불명확함, 판매 실적 부진 및 염가 경쟁 등의 요인으로 인하여 관광 수익은 과거의 군인 소비 경제에 미치지 못했다. 관광 인원은 1997년 연 53만여 명이라는 최고점에 이른 후 점점 쇠퇴하여 2000년에는 34만여 명에 그치는 저조한 실적을 보였다. 2004년과 2005년에 이르러 비로소 연간 46만여 명 수준으로 회복되었다.[41]

---

41 진먼현교통·관광국 통계자료, 1993~2005년.

리 주평 현장은 『위앤지앤遠見』잡지사의 방문 인터뷰에서 진먼 관광의 미래는 대륙에 있다고 했다.[42]

진먼현정부는 2002년 〈진먼현 여행업의 대륙 지역 민간단체 진먼 여행에 대한 관리 방법〉을 반포·시행하여 적극적으로 중국대륙 관광객을 유치하기 위해 노력했다. 2006년 2월까지 이미 18개의 여행사가 영업 허가를 받았다. 연간 대륙 관광객은 2004년 64명에서 2005년 3,129명에 달했고, 2006년 5월 3,961에 이르는 등 증가하는 추세를 보이고 있다.[43] 2006년, 중국 관광객 수를 매일 600명으로 제한하였고, 각 단체 관광의 인원은 15~24명 사이로 제한하여 단체 인원이 25명(가이드 포함)을 넘지 않도록 했다. 2011년 〈진먼·마쭈·펑후와 대륙 간 통항 실시 시험 운영 방안〉에 따라 푸젠성 거주민들이 무제한·무보증으로 진먼·마쭈·펑후 지역을 자유롭게 통행할 수 있도록 개방했고, 하루 방문 인원수에도 제한을 두지 않았다. 동시에 본적지가 베이징·상하이·샤먼인 사람은 '진먼 소삼통'을 통해 자유 통행으로 대만 본섬에 갈 수 있도록 했다.[44] 그래서 근래 소삼통을 통한 입경 인원이 최고조에 이르렀다.[45] 그러나 자유통행으로 들어온 일부 중국 여행객이 여행지에 피해를 입히는 일이 발생

---

42 『金門日報社』(2006.5.16.).

43 진먼현교통·관광국 통계자료, 2004.12.7~2006.5.8.

44 공안부 출입국 및 이민서(移民署) 홈페이지(http://www.immigration.gov.tw/ct.asp?xItem=1103074&ctNode=30603&mp=S024).

45 2011년 입경 인원 연간 734,621명, 2012년 723,021명, 2013년 669,831명(자료출처: 金門縣政府港務處, http://www.kinmen.gov.tw/Layout/sub_A/NodeTree.aspx?path=10143.

하기도 했다.[46]

전쟁사적은 중국대륙 관광객이 가장 흥미로워 하는 부분이다. 현재 관광상품 시장에서 보편적으로 보이는 2일 여행이나 3일 일정의 여행상품에는 진먼의 촌락 건축물과 생태자연 관광 외에 전쟁사적 관람이 포함된다. 쥐광러우, 디산翟山갱도, 타이우산의 '무망재거' 바위, 마산관측소, 주궁九宮갱도 등지이다. 그러나 전쟁역사관에 대해서는 참관을 허가하지 않는다. 이는 중국이 비준한 진먼여행단의 불문율이다.[47] 중국 여행업자 량 즈이(梁智毅, 광둥난후여행사 및 서부휴가국내여행센터 CEO)는 이렇게 말했다.

　　"중국 여행객이 진먼에 갔을 때는 언어표현을 조심해야 합니다. 예를 들어 '대만'을 '대만 지역'이나 '대만성省'이라 하거나, '진먼'을 '진먼 지역'이라 부르는 것 같은 것이죠. 아울러 '하나의 중국'이라는 입장과 대만이 중국의 일부분이라는 원칙을 견지하되, 낯선 사람의 인터뷰를 받아들이지 말고 반동적인 언사를 하지 않으며 관람은 많이 하되 말은 아껴야 합니다."[48]

다시 말해, 진먼 여행객은 정치적 민감성을 인지하면서 "많이 보고 적게 말"해야 한다. 전쟁역사관을 일정에 포함하지 않는 것은 정치·역사 기술에 대한 양안의 충돌을 의미하지만, 다른 한편으로는 현재 전쟁역사관이 직면한 곤경을 잘 드러내고 있다. 무력충돌이 발

---

46 2012년 5월 4일 쥐광러우의 후 렌 장군의 훈장 도난사건, 2014년 11월 16일 리광첸 장군사당의 위패 도난사건 등은 모두 중국의 자유통행 관광객의 소행이다.

47 진먼 관광가이드 협회 구성원 인터뷰, 2006.4.20.

48 「金門遊九月對全中國開放, 要求遊客少說多看」, 『中央社』(2006.8.14.).

발하는 전쟁 시기에 국족상상을 강화하는 것은 족군의 구별의식을 형성하여 애국주의를 고취하고 타자에 대한 적대의식을 자극하기 위함이다. 이 같은 인지적 재현이conceptual representation이 바로 이데올로기적 교화기구로서 전쟁역사관의 출현이다. 진먼의 전쟁역사관이 보여주는 전시정치학 내지 수사학(예컨대, '匪軍' 같은 용어나 중국 공산당군의 폭행을 성토하는 문구)은 타자를 용납하지 않는 것이다. 중국 당국이 관광객의 참관을 제한하는 것도 이해가 된다. 또한 관 혹은 군부를 서사주체로 하는 전쟁역사관은 민간사회의 집단기억과 달라 문화적 동질성을 불러낼 수 없다. 당시 전방 수비에 섰던 수많은 대만의 청년들에게 전쟁역사관은 공감할 만한 미시적 역사, 즉 그들의 청춘의 이야기가 결핍되어 있다. 탈냉전시대, 양안관계의 재건과 문화관광의 시대, 특정한 목적을 지닌 전쟁역사관은 본래의 정당성과 고유성을 상실한 채 한물 간 어정쩡한 존재가 되었다고 할 수 있다.

5. 집단기억의 재사유 및 전쟁서사의 가능성

이론적으로, 집단기억과 전쟁역사 서사는 어떤 관계인가? 전쟁역사는 결국 누구를 위한 서사인가? 그리고 어떻게 재현되는가?

알박스는 집단기억은 타고난 것이 아니라 사회적으로 형성된 것으로서 역사성과 개체적 삶의 역정을 포함한 기억 유형이라고 했다. 그는 나아가 이런 질문을 던진다. "과거의 집단적 사상에 수원을 둔

동력은 도대체 어떻게 새롭게 창조되어 나오는가?"[49] 그는 '과거의 현실 중심화 이론present-centered theory of the past'을 제시하여 현재가 과거의 집단기억을 대면하고 서사하고 해석하는 문화정치를 설명하고자 했다.

이러한 토론은 집단기억과 역사서사 간의 관계를 정리하는 데 도움이 된다. 동시에 그는 집단기억의 전승과 역사생성의 논제와도 맞닿아 있다. 나아가 개체적 삶의 역정으로서의 집단기억은 특정한 시공간에서의 개인의 생활 경험이다. 그것은 나누어 가질 수 없고 취약하며 배타적이며, 심지어 정치적 목적을 지니고 있기도 하다. 역사기억은 다원적인 개체적 삶의 역정에 대한 기억을 수용한 다음, 해석, 전수, 심지어 창조를 거친 후 특정 족군族群의 집단기억으로 재통합된다. 그리하여 공유할 수 있고 보편성과 특수성을 지닌, 잊혀지지 않는 '복수의 역사plural histories'가 된다.

전쟁사의 재현과 전시의 핵심은 역사서술에 있다. 2차세계대전 중 프랑스 노르망디전투를 담은 가장 중요한 박물관 캉Caen의 평화기념관을 예로 들어보자. 전시의 중심축은 지도자의 영민한 영도력이나 독일 나찌에게 승리를 거둔 연합군을 예찬하는 판에 박힌 전쟁서사에서 벗어나, 20세기 인류에 일어났던 전쟁이 사실 '자유로 나아가는 도상'에서 치러야 했던 참혹한 대가임을 관람객에게 일깨운다. 캉의 평화기념관과 기타 현지의 부속 박물관, 공동묘지(영국군·미군·독일군)들은 문물사진·다큐멘터리·무기·지도·모형 등의 방식을 통해 거시적 역사서사로 전쟁에 대한 반성을 나타낸다(사

---

49 Maurice Halbwachs, 1950, *The Collective Memory, with an introduction* by Mary Douglas, New York: Harper—Colophon Books, pp.50~84, 80.

사진 50. 오마하(Omaha)미군 묘지(Colleville-sur-Mer)

사진 51. 독일군 공동묘지(Inedenspark)

사진 52. 독일군 보루(Long sur Mer)

사진 53. 파괴 지점 보존(Pointe du Hoc)

진 50~53). 다시 말해, 캉의 평화기념관 및 부속 박물관은 평화라는 인류의 보편가치를 전시의 기조로 삼아 사회사·문화사 및 생활사가 주축을 이루는 전시를 보여준다. 이러한 논술을 통해 노르망디 전투에 숭고한 역사적 가치를 부여할 뿐 아니라 '자유·평등·박애'를 건국 이념으로 하는 프랑스의 전쟁관 및 평화관을 잘 드러낼 수 있었다.

　20세기 후반기 진면 전쟁역사의 서사 및 문화 전시의 논술을 대할 때, 이 같은 관점은 큰 계발이 된다. 민간사회의 집단기억 및 그 기초에서 발전한 다원적·비판적인 전쟁서사야말로 문화정체성과 사회적 자신감을 재건하는 중요한 기초이다. 위에서 또렷하게 볼 수 있듯이, 정치적 억압으로 인해 진먼 사람들의 전쟁회고 서사가 나오기 시작한 것은 대만에서 계엄이 해제된 후인 1990년대 초부터였다. 1992년 말 진먼의 전지정무가 해제한 후 이는 더욱 활발해졌다. 이러한 현상에는 두 가지 주요한 원인이 있다. 첫째, 군사통제 반대 및 민주주의 쟁취를 위한 사회운동과 관계가 있다. 관의 역사와 민간의 전쟁기억 간의 차이를 부각시키는 것은, 민중에게 땅과 정치를 돌려주고 포박당했던 민중의 기운을 풀어주기 위함이다. 둘째, 대만 주체의식의 발동 과정에서 진먼의 역할이 점점 난처해진 것과 관계가 있다. 진먼 사람들은 전쟁경험(특히 민방자위대)을 이야기하며 대만의 번영과 안정에 기여한 자신들의 공로를 말하기를 좋아한다. 그리고 그로부터 특수한 족군적 의미를 끌어내어 자아동일성을 강화한다. 진먼의 전쟁역사에서 민간 집단기억의 가장 매력적인 부분은 국족을 주체로 하는 애국주의적 역사서사의 단일성을 깨뜨리고 나아가 억압된 주체들의 목소리, 특히 민방자위대원, 복역중인 사병, '바산야오'의 접대부 같은 사회 하층의 미약한 저항의 소리를 드러낸다는 데 있다. 그런 점에서, 비록 집단기억이 때로 일종의 창조라 하더라도 현 단계에서 진먼의 전쟁기억을 되살리도록 발의하는 것은 매우 필요한 일이라 생각된다. 이러한 역사 재해석의 과정을 통해 진먼의 민간사회는 비로소 자신의 역사를 새롭게 바라보고 전쟁의 참혹함을 반성하며 역사의 비애를 넘어설 기회를 가지게 될 것이다. 대만 또한 이를 통해 진먼을 재인식하고 양안 대치와 세계 냉전의 역사를 재인식할 수 있을 것이다.

그러나 우리가 반드시 인지해야 할 것은 집단기억은 기본적으로 현재에 대한 관심 속에서 과거를 재구성하는 것으로, 기억이란 집단성이라는 원천으로부터 부단히 양분을 공급 받을 뿐 아니라 사회적·도덕적 기초에 의해 지탱된다는 것이다.[50] 집단기억은 날조되어서는 안 된다. '무망재거'처럼 국족이데올로기의 소환 내지 동원의 도구가 되어서는 더더욱 안 된다. 어떠한 전시도 '전시정치학'의 한계를 완전히 회피할 수는 없겠지만, 진면의 전쟁역사관은 국족상상, 애국주의, 지도자 예찬 일색인 전시의 틀을 벗어던지고 민간 집단기억의 미시역사를 받아들임으로써 인류의 무지와 권력 및 전쟁의 허황됨을 되새겨야 한다.

이 외에도, 근래 서양의 관광학계가 제시한 '다크 투어리즘 Dark Tourism'은 참고할 가치가 있는 중요한 개념이다. 존 레넌John Lennon·맬컴 폴리Malcolm Foley의 『다크 투어리즘: 사망과 재난의 흡인력Dark Tourism: The Attraction of Death and Disaster』에서는 2차세계대전 중 홀로코스트Holocaust 집단수용소, 냉전의 상징인 베를린장벽, 대영제국의 전쟁박물관, 노르망디 상륙작전 기념관, 일본 히로시마 나가사키 원폭기념관, 미국 하와이 진주만 피습 함정 애리조나호 기념관, 워싱턴 베트남전 기념비, 댈러스 케네디 대통령 암살 장소에 설립된 케네디 기념 박물관 등, 20세기 인류의 비극적 경험 및 그 역사 현장에 대한 연구에 근거하여, 인류 역사의 비극적 장소나 지표, 예컨대 전쟁이나 학살, 인권 박해, 암살, 노예 착취 등이 자행된 공간을 관광이나 여행의 기지로 발전시키자는 견해를 제출했다.

---

50 Lewis A. Coser, 邱澎生 역, 1993, 「阿伯瓦克與集體記憶」, 『當代』 第91期, p.38.

관광객은 이들 지역을 방문함으로써 '인권박해', '집단학살' 등 역사의 어둡고 비참한 면을 보다 정확하게 인식하고 깊이 반성하게 될 것이다. 나아가, '다크 투어리즘'은 관광객이 실제로 경험하는 것과 같은 '공감'을 가능케 함으로써 역사로부터 배우는 교육효과를 기대할 수 있다.[51] 유락·휴식 일변도의 전통적인 관광의 개념을 뛰어넘는 이러한 사유는 '전지戰地' 진먼이 향후 모색해야 할 방향과도 부합한다.

민간사회를 주체로 전쟁을 반성하고 평화를 추구하는 역사관歷史觀은 국족 위주의 전쟁사 논술을 벗어나는 중요한 방법이다. 이는 향후 진먼 전쟁문화 전시의 주제가 되어야 한다. 이는 진먼이 진정으로 '탈전쟁post-war'의 역사로 진입하는 중요한 과정이다. 진먼의 전쟁역사관과 군사병영 구역(예를 들어 타이우산)을 전쟁박물관 및 평화공원으로 전환하여, 20세기 후반 냉전과 양안 대치 시기 진먼이 수행했던 중심적 역할과 진먼에 주둔했던 군인 및 민간사회의 장기간의 희생과 공헌을 소개하고, 아울러 전쟁이 일어났던 장소를 원래 모습으로 복원해야 한다. 거기에 체험공간을 마련하거나, 전장문학, 생태 등 새로운 주제를 부가한다면, 진먼의 전쟁역사관은 보다 풍부해질 것이다. 각 촌락들도 자기만의 미시역사를 최대한 발굴하고 기존의 전투사적을 재활용하며 전지 생활용품과 문물, 영상 등 다양한 자료를 수집하여 전시의 주제를 만든다면, 향토교육과 문화산업의 중요한 축이 될 것이다. 세계 냉전과 국공 대치라는 '큰 역사'와 진먼 주둔 군인과 현지 주민의 '작은 역사'를 연결하여, 중국

---

51 John Lennon and Malcolm Foley, *Dark Tourism*, London; New York: Continuum, 2000.

대륙을 포함한 여러 지역에서 찾아오는 관광객들에게 '다크 투어리즘'를 체험하게 할 수 있을 것이다.

오로지 이러한 구상을 반복적으로 토론하고 변증하는 과정을 거칠 때, 전쟁사는 말살되거나 잊혀져야 할 역사적 부채가 아닌, 진정한 의미에서 미래를 위한 문화적 자산이 될 수 있을 것이다. (번역: 안소현)

소삼통 이후
'진샤생활권'의 복원

우 쥔팡(吳俊芳)

2001년 중국과 대만이 소삼통을 시행하기 전 진먼과 샤먼의 교류는 이미 매우 빈번했다. 소삼통이 본격적으로 시행된 후 많은 진먼 주민이 샤먼에 가서 집이나 가게를 구입하기 시작했다. 2008년까지 진먼의 반 이상의 가구가 샤먼에서 부동산을 구입했다. 오늘날 진먼과 샤먼의 '진샤생활권金廈生活圈'은 마치 계엄시대의 '진타이생활권金臺生活圈'처럼 형성되고 있고 심지어 더 밀접하다. 이제 진먼은 냉전의 '전쟁터'에서 탈냉전의 '평화의 교량'으로 바뀌어 양안의 통일에 아주 중요한 역할을 하고 있다. 본 연구는 '진샤생활권'이 어떻게 형성되었으며, 진먼 주민의 생활 방식에 어떠한 변화를 가져다주었는지, 그리고 생활권의 형성이 '통일'에 미치는 영향과 그 의미를 살펴보고자 한다.

1. 1949년 이전의 진샤생활권

2차세계대전 종전 후 동서독과 남북한은 각각 미국을 비롯한 자본주의 국가와 소련을 비롯한 사회주의 국가의 진주로 분단국가가 되었다. 중국은 미·소 군대가 진주하지는 않았지만 결국에 냉전 이데올로기로 인해 분단국가가 되고 말았다. 시간적으로 보면 1949년 동서독과 양안이 본격적으로 분단을 맞이했고, 1990년 베를린장벽이 붕괴됨에 따라 동서독이 통일되고 얼마 후인 1992년 진먼의 계엄령이 해제되면서 대만과 중국 간의 냉전 장벽도 붕괴되었다.

동독 정부는 동독 주민들이 서독으로 도망치는 것을 막기 위해 베를린장벽 주변에 70만 개의 지뢰를 매설했다. 냉전 시기의 진먼은 마치 대만과 중국 사이의 베를린장벽 같았다. 궤조軌條 장애물과 지뢰밭, 그리고 토치카tochka 같은 진먼의 냉전 방어기제들은 진먼의 냉전 생태계를 형성하였다. 특히 부족한 군 인원을 보완하기 위해 매설된 지뢰로 인해 진먼은 '곳곳에 지뢰가 있고, 지뢰 옆에 지뢰가 있는處處有地雷, 地雷旁有地雷'[1] 상황이었다. 진먼의 지뢰는 단지 공산당군의 공격을 막기 위한 것만이 아니었다. 진먼 주민이나 중국 출신의 국민당군이 대륙으로 도망가는 것을 막기 위한 것이기도 했다. 동독 주민들은 민주와 자유를 위해 도망쳤지만 진먼 주민과 국민당군은 가족과 혈연 때문에 중국으로 도망쳤다.

진먼과 샤먼은 명나라 때부터 푸젠성 남부 민난 연해 지역의 중요한 방어 지점이었다. 정성공이 '반청복명反淸復明'을 할 때도 진먼과

---

1 우 췬팡·정근식, 2014, 「금문도 냉전생태의 형성과 해체—지뢰전시관 형성의 경로를 따라서」, 『사회와 역사』 제104집, p.12.

사진 1. 1949년 이전 통안 선착장의 이동노선

샤먼의 전략적 중요성이 충분히 발휘된 바 있다. 서로 거리가 불과 1.8km밖에 떨어지지 않은 이 두 섬은 전략적·생활적·문화적·혈연적으로 분리할 수 없는 '형제의 섬兄弟島'[2]이었다. 진먼 서남쪽에 위치한 통안同安 선착장을 예로 들면, 이 선착장은 진먼과 샤먼을 왕복하는 중요한 거점이었다. 1949년 이전의 진샤일일생활권은 이 선착장을 중계점으로 삼아 이루어졌고, 진먼 주민들은 배를 타고 친척을 방문하거나 무역을 위해 샤먼을 자주 오갔다. 샤먼은 또한 더

---

2 楊樹淸, 2001, 『金門島嶼邊緣』, 台北:稻田出版社, p.4.

넓은 세상으로 향하는 거점[3]이기도 했으므로 진먼과 샤먼의 관계는 아주 밀접했다.

그러나 이 두 섬은 역사적으로 두 번의 단절을 겪었다. 첫번째는 1937년 일본군이 진먼을 점령하였을 때였다. 진먼 주민들은 일본군의 참혹한 통제를 피하기 위해 푸젠성이나 남양(南洋, 지금의 동남아 국가들)으로 도망가기 시작하였다. 일본군이 진먼을 점령한 8년 동안 진먼과 중국대륙 간 왕래와 연락은 거의 끊어졌다. 그 동안 약 3만 명의 진먼 주민이 샤먼, 통안, 다덩다오 등지로 흩어졌고,[4] 젊은 남성들은 일본군에 징집되는 것을 피하고자 심지어 남양까지 도망가기도 하였다. 두번째 분리는 바로 1949년 10월 17일, 샤먼이 공산군에 의해 '해방'되면서 진먼의 통안선착장과 샤먼의 제5선착장, 그리고 진먼의 수이터우水頭 선착장과 통안同安[5]현의 류우덴劉五店 선착장의 왕래가 모두 끊어진 것이었다. 두번째 단절 이후 평생 고향으로 돌아오지 못한 사람도 매우 많았다.[6] 당시 약 7천4백 명의 진먼 주민이 마지막 배를 타지 못하고 가족들과 헤어져 중국대륙에 남게 되었다.[7] 그리고 1949년이 되자, 통안 선착장은 중국과 가깝다는 이유로 폐쇄되었다. 선착장이 있던 자리는 토치카로 변하였고 그

---

3 16세기부터 빈곤한 생활에서 벗어나기 위해 진먼 주민들은 동남아 지역으로 나가 돈을 벌기 시작하였다.

4 何書彬, 2012, 「1800米:這麼近, 那麼遠」, 『看歷史』 第28期, p.41.

5 1915년까지 진먼은 푸젠성 통안현에 속했기 때문에 선착장 이름이 통안선착장이다. ─편자주

6 필자의 할아버지의 손위 형제들도 당시 일본군의 징용을 피하려고 남양으로 도망쳤으나, 도중에 둘 사이 싸움이 일어나 한 명은 죽었고 다른 한 명은 평생 진먼으로 돌아오지 않았다.

7 楊樹清, 2001, pp.4~16.

주변은 지뢰로 가득 찼다. 그 후 진먼의 주요 항구는 남쪽에 위치한 랴오뤄만料羅灣으로 바뀌었고, 랴오뤄만은 대만 본섬과의 왕래 거점이 되었다. 이로부터 반세기 동안 진먼과 중국 푸젠성 간의 왕래는 금지되었다.

1949년부터 진먼은 200km 이상 떨어져 있는 대만과 정치적 공동체가 되었다. 진먼에서 중국으로 연결되던 통로가 전부 차단되고 대만 본섬과 왕래하게 된 것이다. 하지만 냉전 시기 진먼에는 고도의 군사관리가 실시되었기에 진먼 주민들은 대만 본섬에 가려면 통행증이 필요했을 뿐 아니라, 배를 타고 최소 24시간 이상 소요되는 긴 거리를 가야 했다. 군용 비행기를 타는 것은 사회적 지위가 있거나 '관시關係, 인맥'를 통해서만 가능했다. 즉, 진먼은 그 당시 대만생활권의 변경지대였을 뿐이다. 게다가 중국 공산당이 진먼을 통해 잠입할 우려가 있었기 때문에 진먼 주민들이 대만에 가기 위해서는 엄격한 신분 심사를 거쳐야만 했다.

1992년 진먼의 계엄령이 해제되자 베를린장벽이 무너진 것처럼 양안 간의 장벽이 붕괴되고 탈냉전이 도래했다. 본격적으로 진먼과 대만 본섬이 '일일생활권'이 된 것은 1996년 대만 본섬과 진먼을 왕래하는 민간용 비행기가 운행되기 시작하면서였다. 그럼에도 불구하고 여전히 옛날의 진샤생활권보다 불편했다. 이에 진먼 주민들은 다른 길을 모색하게 된다. 2001년 진먼과 샤먼 간 소삼통이 실시된 후, 대만생활권의 변경지대였던 진먼이 양안교류의 교두보가 되면서 다시 '진샤일일생활권'이 복원되었다.

본 연구는 기존 문헌 분석과 인터뷰를 통하여 진샤생활권의 형성과 의미를 탐구한다. 인터뷰 대상자는 주로 50~60세의 진먼 주민이다. 그들은 냉전시기 국민당 정부의 '반공대륙反共大陸' 사상교육을 철저히 받은 세대이면서 한편으로는 '조국'인 중국에 대한 호기심도 많다. 또한 '독립'을 원하는 젊은 세대에 비하여 이 세대는 '통일'을 더 원하는 경향을 보이고 있다. 인터뷰 대상자는 총 7명이다.

진샤생활권은 지난 반세기 동안 국제적 냉전과 탈냉전 흐름에 따라 해체되었다가 다시 복원되었다. 이 해체와 복원의 의미는 무엇인가? 이는 진먼 주민들에게 어떤 영향을 미치는가? 동서독의 경우와 달리 양안 간 장벽을 무너뜨리는 데 주도적이었던 측은 사회주의를 표방하는 중국이었다. 중국은 통일에 대한 확고한 신념을 가지고 경제적·문화적으로 대만에 강온책強穩策을 병행하고 있다. 이런 강온책의 효과는 진먼에서 가장 잘 나타난다. 이런 배경 속에서 이 연구는 진샤생활권의 복원 과정을 정리하고, 진먼 주민이 이를 어떻게 받아들이며, 또한 생활권이 형성됨에 따라 통일에 대해 어떤 생각을 갖게 되었는지를 살펴보고자 한다.

2. 1949~1987: 해체된 진샤생활권

1949년 이전 진먼 주민들은 자주 낮에는 샤먼으로 가서 일하거나 장을 보고, 저녁이 되면 배를 타고 진먼으로 돌아오곤 했다. 특히 푸젠성 샤오덩다오小嶝島와 진먼의 관아오官澳 사이의 거리는 썰물일 때 고작 2천여 미터에 불과하여 중국과 진먼 간 가장 가까운 거리다.

외할머니의 집은 관아오에 있고 아버지의 고향은 샤오덩다오에

사진 2. 진먼-샤먼 일대의 지도

    있다. 할머니 집에서 작은 배를 타고 노를 한 2천여 번 저으면 아버
지의 고향에 도착한다.[8]

    이 내용은 중국의 잡지 『칸리스看歷史』에 나오는 이야기다. 이를
보면 샤오덩다오와 관아오의 거리가 얼마나 가까운지를 알 수 있다.
뿐만 아니라 그때 진먼 주민들과 샤오덩다오 주민들 간 통혼도 잦
았다. 이 이야기의 주인공인 쉬 옌許燕은 1949년 8월 어머니와 같
이 외할머니 집에 잠깐 놀러왔다가 다시 샤오덩다오로 돌아가지 못

---

8 何書彬, 2012, p.31.

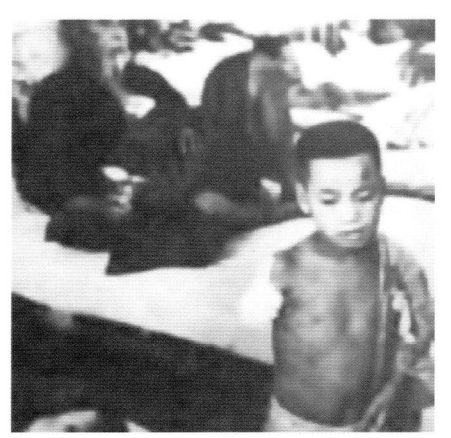

사진 3. 미국 잡지 『라이프(Life)』가 찍은 쉬 옌의 사진.
출처: 『看歷史』

하였고, 결국 39년 뒤에야 샤오덩다오에 돌아갈 수 있었다. 1958년 '8·23포격전' 때 9세였던 쉬 옌은 폭탄에 의해 왼쪽 팔이 잘렸다. 진먼은 워낙 샤오덩다오와 가까워서 마을마다 샤오덩다오에 친척과 친구가 있는 주민들이 많았다.[9] 그렇기 때문에 8·23포격전 때 양안의 최전선이었던 진먼과 샤오덩다오는 사실상 부자지간, 형제지간의 싸움이었다.

쉬 옌처럼 잠깐 샤먼이나 진먼에 갔다가 반세기 동안 가족들과 헤어진 사람은 적지 않다. 샤먼에 남아있는 진먼 적籍 사람들은 중국 공산당 정권 통치 아래 고향의 이름을 언급하는 것조차 금지되었고, 호적 때문에 공산당 정부에 의해 '흑오류黑五類'[10]로 비난받기도 하였다. 때문에 이들은 대부분 샤먼 적으로 변경하였고, 그들의 자녀 중에는 1980년대까지도 가족의 원래 출신지가 진먼인 것을 모르는 이도 많았다. 1985년 푸젠진먼동포연의회福建金門同胞聯誼會가 설립된 후에야 이들은 자신의 고향이 진먼이라고 큰 소리로 말할 수 있게 되었다. 이 연의회는 1985년 12월 애국주의를 홍보하는 것을 목표로 '대만 독립'에 관한 모든 행동에 반대하여 조국의 평화

---

9 何書彬, 2012, pp.31~33.

10 '흑오류(黑五類)'란 지주, 부농, 반혁명 분자, 악질 분자, 우파를 통칭하는 말로서, 문화대혁명 시기에 사용되었다. —편자 주

통일을 이루기 위해 설립된 단체이다. 그리고 1987년 『진먼샹이金門鄕誼』라는 잡지를 만들어 대만과 진먼뿐 아니라 동남아 여러 나라와 미국 등지에 거주하는 금교(金僑, 진먼 출신의 화교)들에게도 증정하고 있다.

대만 본섬과 멀리 떨어져 있는 진먼은 일제시대 일본에 의해 8년간 통치를 받았다. 그 기간 동안 진먼은 샤먼과 첫번째 분단을 겪었다. 그때 샤먼은 진먼 주민들의 피난소였다. 하지만 1949년의 두번째 단절 때 샤먼은 진먼과 대치하는 적이 된다. 진먼은 전쟁 때문에 어쩔 수 없이 샤먼과 분단되어 대만 본섬과 상상의 정치공동체가 된다. 이 시기 진먼과 대만 본섬 간의 관계는 일제시대 대만과 일본의 관계와 비슷했다. 즉, 진먼에 '상상의 공동체' 관념을 주입시키고자 했던 국민당 정부는 외래정권에 대한 반항의 여지를 없애기 위해, 진먼을 '삼민주의 모범현三民主義模範縣'으로 설정했다. 일본이 대만의 문화와 언어를 모두 일본화한 것과 달리 국민당 정부는 진먼의 문화와 언어를 억지로 변화시키지는 않았다. 그러나 반공주의 교육을 통해 진먼 주민들로 하여금 '가족과 분리된 고통'을 모두 공산당 탓으로 돌리게 만들었다. 그러나 이러한 고통을 달랠 시간도 없이 진먼 주민들은 새로운 '진타이생활권'에 적응해야만 했다.

대만 본섬과 진먼은 약 227km 떨어져 있다. 1949년 이전 진먼은 중국대륙 사람들이 대만으로 이동하는 중개 지점이었지만, 진먼 주민의 경우 멀리 떨어진 대만 본섬보다는 샤먼과의 왕래가 훨씬 잦았다. 1949년 이후 진먼이 대만과 정치적 상상의 공동체가 되었음에도 불구하고 주민들은 대만 본섬에 가려면 따로 통행증이 있어야만 했다. 이것은 공산당의 간첩이 진먼을 거쳐 대만 본섬으로 잠입

사진 4. 진먼-대만 왕복 통행증

할 것을 우려하여 시행된 조치였다. 또한 대만 본섬에 가려면 배나 비행기를 타야 했는데, 비행기는 오직 군용 비행기만 있고 군대 대령 이상의 장관이나 공무원만이 탈 수 있었다. 규정상 각 초·중등학교마다 5명씩 군용기 이용을 신청할 수 있었지만 이마저도 '관시'가 없다면 신청하는 것조차 힘들었다.

이렇게 대만 본섬과 왕래하는 것은 매우 힘든 일이었지만, 중국대륙으로 향하는 통로가 끊어졌기 때문에 진먼 주민들은 어쩔 수 없이 '동진東進'하기 시작하였다. 이어서 교육과 부동산 투자 면에서 진먼 주민이 어떻게 대만과 공동체를 이루게 되었는지를 살펴보고자 한다.

우선, 교육 측면에서 진먼 주민들의 동진 과정을 살펴보자. 1951년 국민당정부가 설립한 진먼중학金門中學은 진먼 최초의 고등교육기관이었다. 그 전에 진먼에는 유치원과 초등학교만 있었기 때문에 주민들이 더 공부를 하고자 한다면 푸젠성까지 가야 했다.

"진먼중학의 첫 교장이었던 루 시밍(盧錫銘)은 중학교 때 샤먼시 지메이구(集美區)에 위치하는 지메이중학(集美中學)을 다녔어. 그리고 우리 마을의 한 총각도 샤먼대학교 의대를 다녔지. 하지만 국공내전이 터지고서는 진먼으로 돌아오지 못했어. 나중에 샤먼에서

의사가 되었다고 하더군."(吳啟騰)

우 치텅 씨의 증언에 따르면, 1949년 중국대륙과의 교류가 갑자기 끊어지기 전까지 많은 진먼 사람들이 아침에 일어나 공부하거나 출근하러 샤먼으로 갔다고 한다. 하지만『진먼셴즈金門縣志』에 1930~1949년 동안의 교육에 관한 이야기는 거의 없기 때문에, 1949년 이전 샤먼에서 공부했던 학생이 정확히 몇 명인지는 알 수 없다. 단지 그때 푸젠성에 가서 공부할 수 있는 사람은 집안 형편이 부유한 편에 속했음을 알 수 있다.

1951년 이후 진먼 주민들은 자기 고향에서 고등학교까지 다닐 수 있었고, 대학교는 대만 본섬으로 가서 진학해야 했다. 대만으로 가는 길은 힘들고 위험했지만, 진먼 주민들은 그렇게나마 제대로 교육 받을 수 있게 된 것을 기쁘게 여겼다. 하지만 통행증을 신청하기 어려웠고 본섬에서 고향으로 돌아오는 길은 적어도 이틀이 걸렸기 때문에, 이전의 '진샤생활권'에 비해서는 매우 불편했다. 이로부터 진먼의 젊은이들 중 거의 절반 정도가 대만에 있는 대학교에 진학하여, 대만 본섬의 문화와 사고방식의 영향을 많이 받게 된다. 대만 본섬은 진먼보다 전쟁의 긴장감이 덜하였고, 고도의 군사 통치 아래 자란 진먼의 주민들은 오히려 본섬에서 자유를 느끼게 된다. 1987~1992년 간 대만 본섬에서 있었던 진먼계엄령해제운동은 이를 잘 보여주는데, 당시 운동 주도자 대부분이 대만 본섬에서 공부하는 진먼 출신의 대학생이었다.

1949년부터 국민당 정부는 진먼을 포함한 대만 전역에서 '중국화교육中國化教育'을 실시했다. 1958년 8·23포격전이 발발한 후에는 천여 명의 진먼 학생을 대만 본섬으로 불러 학교 교육을 받도록 하였다. 그때부터 진먼 주민들의 생활의 중심은 대만으로 옮겨졌다.[11] 1949년부터 시작된 '중국화 교육'은 탈일본화 교육이었으며 국민당의 반공 입장 및 중국통일 사업을 정당화하는 것이었다. 당시 대만의 역사 교과서는 '중국사'와 '세계사' 두 부분으로 나뉘고, 대만 역사에 관한 내용은 거의 없었다. 국민당 정부는 언젠가 중국을 수복하고 다시 돌아갈 것이라 생각했기 때문에 대만 본섬의 역사는 무시했다. 그래서 1949~1987년에 이르는 38년 동안 대만 사람들은 정작 자기 자신이 나고 자라 생활하는 땅의 역사에 대해서는 잘 몰랐지만 한 번도 가본 적 없는 중국대륙의 역사는 줄줄 외울 정도였다. 심지어 타이베이의 거리이름도 거의 중국 각 성省의 이름을 따서 지은 것이었다.[12] 이를 두고 리 리李理는 이러한 중국화 교육이 오히려 양안 통일을 위한 사상·문화적인 기초를 세웠다고 지적했다.[13] 현재 대만의 50대 이상 세대는 이러한 '중국화 교육'의 영향을 받아서 '중국'은 우리가 잃은 땅이고 '통일'은 당연히 이루어질 것이라 생각하지만, 50대 이하의 세대는 1987년의 민주화운동과 '본토화교육本土化教育'의 영향을 받아 '대만은 중국이 아닌 대만'이라는 의식을 갖고 있다. 이런 이데올로기의 차이는 이번 대만 총통 선거에서 각 정당의 홍보물에도 잘 반영되어 있다. 통일을 주장하는 국

---

11 李瓊芳, 2009, 『戰地政務時期的金門學校教育』, 國立金門技術學院 碩士學位論文, p.46.

12 1945년 국민당 정부는 일본으로부터 대만을 접수한 후 대만 각 도시의 거리 이름을 변경하기 시작했다. 타이베이의 거리 이름은 상하이에서 온 정 딩방(鄭定邦)이라는 건축가에 의해 붙여졌다. (龍應台, 2009, 『印刻文學生活誌』 第5卷 第12期, p.35.)

13 李理, 2008, 「去中國化的臺灣中學歷史教科書編纂」, 『臺灣研究集刊』 100期, p.26.

민당은 50대 이상의 국민들의 '충성심'을 일깨우고 민진당에 대해서는 자유와 민주의 이름으로 대만을 망하게 하는 악의 원천이라고 표현했다. 이번 연구를 위해 필자가 진행한 인터뷰 대상자들 역시 거의가 이러한 생각에 동조하였다.

교육 중심지의 이전에 따라 진먼 주민의 생활 중심도 대만으로 이전되었다. 점점 더 많은 진먼 사람들이 대만으로 가서 공부하고 일하기 시작한다. 1949년부터 국민당군이 대량으로 진먼에 주둔하기 시작하면서 진먼 주민들의 생활 형편은 매우 나아졌다. 특히 군인이 가장 많이 주둔한 타이우산 산기슭에는 새로운 마을까지 생겼다. 이 마을은 신스리新市里라 불렸으며 진먼의 동쪽에 위치하여 중국의 공격을 덜 받는 지역이었다. 구닝터우전투 때 이 마을로 피난하러 온 구닝터우 마을의 사람도 많았다. 지리적 위치로 인해 안전하고 군인 대상 경제 활동으로 부자가 된 사람들이 많아짐에 따라, 이 마을은 빠른 시간 안에 진먼에서 세번째로 큰 마을이 되었다.

워낙 주민의 수가 적은 진먼에는 장사 외에 부동산에 투자하는 사람들을 흔히 볼 수 있다. 특히 나중에 대만으로 공부하러 갈 자녀들을 위해 미리 대만의 부동산에 투자하는 사람이 많다. 그 중 타이베이의 중허구中和區와 용허구永和區는 진먼 주민들이 가장 많이 살고 있는 지역이다. 그 지역에는 진먼 특산품을 파는 거리도 있고 진먼 현청에서 진먼 주민들을 위해 지은 '진먼신촌金門新村'도 있다. 진먼 주민이 자녀를 위해 대만 본섬에 집을 사는 것은 대만 본섬 주민들에게 '진먼 주민은 돈이 많다'는 인상을 주게 되었다. 이번 인터뷰 대상자들도 모두 대만 본섬에 집이 있다. 이들이 대만 본섬에 집을 구매하는 이유는 두 가지이다. 하나는 대학교에 다니는 자녀를 곁에서 직접 돌보지는 못하더라도 최소한 자녀가 공부하며 지낼 집이 있어야 한다는 것, 또 하나는 대만과 진먼 사이의 거리가 너무 멀어서 옛날 샤먼처럼 아침에 공부하러 갔다가 오후에 진먼으로 돌아올 수 없기 때문이다.

하지만 1992년 진먼에서도 계엄령이 해제되고 1996년 민간용 비행기가 운영을 시작하면서 진먼 주민들은 마음대로 대만 본섬에 오가면서 '진타이일일생활권'의 편리함을 느끼게 되었다. 한편으로는 이제 공산당에 맞서는 '최전선'의 역할을 맡을 필요가 없어졌고, 군대 역시 대부분 철수되었으므로, 진먼 주민들은 새로운 살길을 모색해야만 했다.

1979년 중국정부는 '대만 동포에게 고하는 글告臺灣同胞書'를 발표했다. 이는 중국과 미국이 수교한 후 일종의 '정전 선언'이라 할 수 있다. 중국정부는 '해방' 대신 '조국 회귀'라는 말로 평화통일 문제를 말하기 시작한 것이다. 1981년 중국 전국인민대회 상무위원회 위원장인 예 젠잉葉劍英이 처음으로 '삼통'의 개념을 제출했고, 통일 이후 대만은 중국의 특별행정구로서 고도의 자치권을 누릴 수 있으며 군대도 유지할 수 있다고 발표했다.[14] 이것은 애국주의와 '향수鄉愁'를 내세워 통일을 추진하려는 수단이었다. 대만의 원주민들에게는 통하지 않았지만, 1949년 장제스를 따라 대만에 온 200만 명의 중국대륙 출신 사람들에게는 큰 영향을 주었다. 특히 군인들의 경우, 1957년의 '감란시기육해공군군인혼인조례戡亂時期陸海空軍軍人婚姻條例'에 의하면 만28세 이상의 장교나 기술 준사관이라야만 결혼할

---

14 「一九八一年九月三十日葉劍英「對臺灣同胞的講話」全文(第九條)」 http://blog.udn.com/shellywang/4378839.

수 있었고, 현직 일반 사병은 혼인이 금지되어 있었다. 때문에 일반 사병들은 제대한 후 돈도 없고 가족도 없는 외로운 노인이 될 수밖에 없었다. 그리하여 이러한 퇴역 군인들은 1987년 4월부터 '퇴역군인고향방문운동老兵返鄕探親運動'을 전개했다. 그들은 '고향 생각想家'이라는 글자가 쓰인 옷을 입고, 여기저기 전단지를 뿌리고 공개강연회도 열었다. 당외인사(黨外人士: 국민당에 속하지 않는 재야 정치 인물)의 도움과 당외잡지(黨外雜誌: 국민당 패권주의에 반대하는 잡지)를 통하여 진행된 이 운동은 1980년대 대만의 반계엄 운동의 일환이라고도 할 수 있다. 1986~1987년 연이어 진행된 반계엄 운동으로 인해 장 징궈 정부는 내외적 압력을 완화시키고자 1987년 7월 14일 계엄령을 해제하고, 같은 해 12월 중국친척 방문을 개방했다. 판 쉰뤼范巽綠과 왕 샤오보王曉波는 이 운동을 양안관계 화해의 첫걸음이라 의미 붙였다.[15] 사오 종하이邵宗海 역시 중국친척 방문의 개방으로부터 양안간 교류의 질서가 빠르게 확립되었다고 말하였다.[16]

결혼을 하지 못한 퇴역 군인들은 중국으로 돌아가서 중국 여성과 결혼하기 시작한다. 1988~2003년은 퇴역 군인과 중국 여성 간 결혼의 절정기로, 퇴역 군인의 배우자 중 중국 여성의 비율이 92.2%를 차지한다. 퇴역 군인의 평균 결혼 나이는 73.4세이고 배우자와의 나이차는 약 23.5세이다. 2003년 이후 중국 여성과 결혼하는 건수가 큰 폭으로 떨어졌는데, 그 이유는 퇴역 군인 대부분이 이미

---

15 王佩芬 외, 「一條漫長回家的路－老兵返鄕探親運動」, 『臺灣外省人生命記憶與敍事資料庫』 http://ndweb.iis.sinica.edu.tw/TWM/Public/pdf/old_soldier.pdf, pp.13~18.

16 邵宗海, 2002, 「兩岸關係: 變遷, 定位與策略」, 『兩岸關係: 變遷, 定位與策略學術研討會』, 臺北: 臺灣大學政治學系, p.5.

80세가 넘어 더 이상 결혼할 필요를 느끼지 못하게 되었기 때문이다.[17] 이처럼 퇴역 군인들의 '향수'는 양안교류의 문을 자연스럽게 열어 젖혔다.

3. 1987~2001: 진샤 비공식 교류

대만 본섬의 계엄령은 양안관계가 호전됨에 따라 해제되었고, 진먼의 계엄령도 같은 맥락에서 해제된다. 1987년 대만 본섬 계엄령이 해제된 후 자유의 분위기를 느낀 진먼 주민들은 '2차 계엄'[18]에 반대하기 위해 본섬으로 건너가 반계엄 운동을 전개했다. 진먼의 계엄령 해제에는 세 가지 의미가 있다. 첫째는 고도의 군사 통제에서 벗어나 지방자치를 통해 민주화를 완성한 것, 둘째는 냉전생태로부터의 회복, 마지막으로 가장 중요한 것은 바로 양안교류를 촉진한 것이다.[19] 냉전시대 치열했던 양안 간 전쟁은 진먼과 샤먼을 갈라놓았지만, 탈냉전시대를 맞이하여 양안도 점점 평화의 길을 향하게 된다. 원래 '동아시아 냉전의 베를린장벽'이었던 진먼은 이제 '평화의 교량'이 되었다. 특히 2001년 진먼과 샤먼에서 시행된 소삼통으로 인해 진먼 주민들은 새로운 살길을 찾을 수 있게 되었다.

---

17 閔宇經·陳偉杰, 2013,「禁錮的婚姻·羅漢腳的身影: 從『老莫』等電影再現臺灣移民婚姻輪廓」,『族裔·他者·漂流·變遷: 從影像文本再現移民社會』, 台北: 巨流出版社, pp.2~10.

18 1987년 대만 본섬이 계엄령이 해제되었지만, 국방부는 국가안전을 이유로 진먼과 마쭈(馬祖)에 '2차 계엄'을 실시했다.

19 정근식·우 쿤팡, 2015,「金門的(脫)冷戰及民主化: 著重於其雙重性轉換」,『歷史島嶼的未來－2015年金門歷史·文化與生態學術研討會論文集』, pp.385~386.

진먼과 샤먼 주민들이 얼마나 교류의 회복을 원했는지는 소삼통 시행 이전에 활발했던 '불법 삼통(밀수)'을 통해 알 수 있다. 불법 삼통에는 두 가지가 있다. 하나는 물품의 밀수이고 하나는 인간의 밀수 즉, 밀입국이다. 1997년부터 진먼뿐만 아니라 대만 본섬 역시 대규모 군축을 시행하여 2001년까지 진먼 주둔 병력은 2만 5천 명으로 줄어들었다. 양안 대치 시기 10만 명에서 4배 정도 줄어든 것으로, 군사 경제 비중이 컸던 진먼 주민들의 생활은 눈에 띄게 힘들어졌다. 하지만 한편으로는 바다를 엄격하게 통제하던 군 병력이 많이 줄어들었기 때문에, 양안 분단 이전의 진샤생활권이 불법적으로 다시 부활하기 시작했다. 아래는 샤오진먼小金門의 주민 홍 리화洪梨花 씨의 증언이다.

　　"소삼통 이전에도 진먼과 샤오진먼에선 샤먼과 밀수를 시작했어. 그땐 중국대륙의 물건이 더 싸니까. 경찰이 단속하니까 밤에 아주 캄캄한 곳에서 거래해. 양쪽 사람들이 미리 연락해서 거래 장소를 잡았지. 어느 날 우리가 솽커우(雙口) 바닷가에 가서 구경했는데 대륙 배가 거의 18척이 와 있고 몇 분도 안 걸려 짐을 다 내렸더라구. 시간을 절약하기 위해 당장 돈을 주지 않고 나중에 송금하는 방식도 있었어."

　당시 거래하는 물품의 품목에는 생활용품은 물론이고 과일과 대리석도 있었다. 홍 리화 씨는 가장 기억나는 과일은 두리안이었다고 했다. 전에는 본 적이 없었기 때문이다. 또한 샤오진먼의 많은 가옥의 바닥재는 대륙의 대리석이라고 한다. 진먼의 밀수는 대부분 구닝터우 일대에서 일어났다. 구닝터우에서 관아오까지는 푸젠성의 연안 도시와 가장 가까웠기 때문에 밀수활동도 많았다.

"지금의 안치(安歧)는 소삼통 이전에 밀수가 많이 있었어. 대부분은 핸드폰으로 연락하고 생활필수품과 먹을 것을 많이 팔았어. 그 사람들은 우리한테 한 근(斤)에 5원으로 쌀을 파는데 그걸 우리가 20원이나 30원으로 되팔면 많이 벌 수 있었지."(陳秋)

베를린장벽이 붕괴된 후 동독 사람들은 서독에 가서 대량으로 값싼 물품을 샀다. 이러한 모습으로 인해 서독 사람들은 동독 사람들을 자신들보다 못 사는 사람으로 여겼고 무시하기도 했다. 하지만 양안의 상황은 약간 다르다. 소삼통 이전 샤먼이나 다른 푸젠성 도시들은 아직 개발 중이었기 때문에 진먼보다 가난하고 물가도 더 쌌다. 진먼 주민들은 군사 관리가 해제되자마자 샤먼에서 더 싼 음식과 대리석 같은 건축 재료를 밀수했다. 천 츄 씨의 친구 중 다덩다오에 사는 이는 '우리가 번 돈은 다 진먼 사람한테 벌었다'고 말하기도 하였다. 동서독에 비교한다면, 진먼과 푸젠성 여러 도시 사이의 '거래'는 서로의 필요에 의한 것이었고 또 서로 돕는 의미도 있었다. 이러한 밀수는 소삼통이 시작된 후 거의 사라지게 된다.

앞에서 언급한 물품 외에, 또 다른 형식으로 '밀수'한 것이 바로 부동산이다. 장 위張宇 씨의 증언에 의하면 양안 간 소삼통이 시행되기 전에 어선을 타고 몰래 샤먼으로 가서 부동산에 투자하는 진먼 주민도 있었다. 2001년 소삼통이 본격적으로 시행되기 전 샤먼으로 가기 위해서는 지금의 수이터우가 아니라 랴오뤄만에 가서 타이우룬太武輪 호를 타야했고, 샤먼의 허핑和平 선착장까지는 적어도

1시간 반이 걸렸다. 하지만 중국의 어마어마한 시장에 진출하고 싶은 일부 진먼 주민들은 이미 모터보트로 몰래 샤먼을 오가기도 했다. 특히 당시 개발 중이었던 샤먼은 도시 곳곳에 건물이 지어지고 있었기에, 샤먼 부동산 시장의 발전 가능성을 보고 소삼통이 시행되기 전에 건물 한 번 본 적 없이 부동산을 구입하는 사람도 종종 있었다.

> "나는 2000년에 샤먼에 첫 집을 샀어. 그때 지인의 소개로 미리 단체로 예약해 두고, 소삼통이 시행된 후에 배를 타고 그 집을 보러 갔지. 그 당시 샤먼에는 아무것도 없었어. 자동차는 몇 대밖에 안 보이고 대부분 자전거를 탔어. 15년 전의 대만보다 더 많이 못 살았지."(張宇)

장 위 씨가 2000년에 구입한 집은 1제곱미터당 4,250 RMB이지만 지금 40,000 RMB로 값이 뛰었고, 2005년 산 상점의 가격도 세 배로 올랐다. 하지만 그는 애초에 돈을 벌기 위해 부동산을 구입한 것은 아니었고, 그냥 샤먼이 어떤 곳인지 궁금했다고 말했다.

또 하나의 불법삼통은 밀입국이다. 1987년 대만 본섬에 계엄령이 해제되고 중국친척 방문이 개방되자 양안 밀입국자의 수가 큰 폭으로 증가했다. 〈표 1〉을 보면, 1988년에 중국에 가는 대만 방문자의 수가 1987년보다 208,928명(748.55%)으로 증가하고 대만으로 오는 중국 방문자 수는 1991년부터 점점 늘어났다.

<표 1> 양안주민왕복(출입국)방문자 통계, 자료출처: 中華民國行政院大陸委員會

期間 Period	大陸人民來臺 Mainlanders visit Taiwan	較上年同期成長率(%) Year-on-year growth rate	臺灣人民前往大陸 Taiwanese visit Mainland China	較上年同期成長率(%) Year-on-year growth rate
1987	28		27,911	
1988	318	1,260.71	236,839	748.55
1989	4,838	1,169.82	195,235	-17.57
1990	7,520	55.44	60,001	-69.27
1991	11,074	47.26	14,346	-76.09
1992	13,134	18.60	6,965	-51.45
1993	18,343	39.66	420,948	5,943.76
1994	23,562	28.45	433,660	3.02
1995	42,634	80.94	273,388	-36.96
1996	58,010	36.07	97,294	-64.41
1997	72,346	24.71	83,420	-14.26
1998	90,626	25.27	134,805	61.60

밀입국자 중 다수가 여성이다. 이들은 위장결혼을 통해 직업을 구하거나 성매매를 목적으로 대만에 들어왔다. 이런 불법삼통을 단속하고 밀입국자의 안전한 송환을 위해 1990년 양안의 적십자회는 진먼에서 '진먼협의金門協議'에 서명하고, 양안이 본격적으로 협력하여 중국 밀입국자의 송환 문제를 해결하기 시작하였다. 대만 적십자회 비서장인 천 장원陳長文은 이 협의를 '정치의 울타리를 넘는 인도적 가치의 표현'이라 평가했다. 그 당시 진먼에서는 아직 계엄령이 해제되지 않았고 양안은 아직 전쟁상태였기 때문에 협상 장소를 선택하는 데 곤란을 겪었다. 결국 대만 행정원行政院원장인 하오 보춘郝柏村의 제안에 따라 진먼이 선택되었다. 진먼에서 '진먼협의'를 서명하게 된 데는 세 가지의 의미가 있다. 첫째, 전쟁터였던 진먼이 양안 대치 이래 첫 평화협의에 서명하는 장소가 된 것은 화해의 가능성을 보여준다. 둘째, 밀입국자의 송환 장소가 대만의 마쭈와 중국 푸젠성

의 마웨이였는데, 이로부터 훗날 소삼통의 경로가 이뤄지게 되었다. 진먼과 마쭈는 양안 '평화의 교량'이 되었다. 셋째, '진먼협의'가 체결되게 된 것은 중국의 밀입국자들을 송환할 때 여러 번 참사가 발생하여 양국이 서로 비난하기보다 평화적인 협의를 통해 문제를 해결하는 것이 더 낫다고 생각했기 때문이다. '진먼협의'는 양안의 원망과 적대감을 감소시켰다.[20]

〈표 2〉 2009년 중국대륙인민의 불법입국 포획 및 송환, 자료출처:『兩岸經濟統計月報』

期間	缉獲 收容	追返	追返次數
1987~1990	12,032	11,459	-
1991	3,998	4,409	-
1992	5,446	3,445	12
1987~1990	12,032	11,459	-
1991	3998	4,409	-
1992	5,446	3,445	12
1993	5,944	5,986	25
1994	3,216	4,710	23
1995	2,248	1,427	7
1996	1,649	2,250	10
1997	1,177	1,216	6
1998	1,294	1,121	5
1999	1,772	1,166	6
2000	1,527	1,230	7
2001	1,469	1,948	12

'진먼협의'는 대만정부의 '삼불정책'을 깨고 양안교류의 가능성을

---

20 曹爾忠,「金門協議的歷史定位及對金馬發展的影響」(2010.8.17.),〈http://www.hotel.matsu.idv.tw/print.php?f=2&t=89767&p=2〉;「臺海兩岸關係黃昭能羅德水博碩論文看金門協議」,『金門日報』(2010.09.13.),〈http://www.kinmen.gov.tw/Layout/sub_B/News_NewsContent.aspx?NewsID=74662&frame=39&LanguageType=1〉.

보여준 것이었다. 1992년 진먼과 마쭈에서도 드디어 계엄령이 해제되었다. 1999년, 진먼 현청장인 천 수이짜이陳水在은 "진먼 주민에게는 더 이상 전쟁 위험이 없다. 진먼이 양안의 평화적인 교류와 협상의 실험도實驗島가 되기를 바란다"고 말했다. 2000년 12월 대만 행정원에서는 '진먼·마쭈 및 대륙지역의 통항실시법金門馬祖與大陸地區通航實施辦法'를 공포하고 2001년 1월 1일 소삼통을 본격적으로 시작하였다. 소삼통 시행 후, 진먼의 선착장은 중국 샤먼과 더 가까운 지금의 수이터우 선착장으로 바뀌었다.

4. 2001~현재: 진샤 공식교류

2001년부터 시행된 소삼통은 진먼에 '평화의 교량'이라는 호칭을 부여했다. 진먼 주민도 이러한 평화적인 분위기 속에서 '합법적'으로 샤먼과 왕래하게 되면서 진샤생활권이 복원되었다. 소삼통 초기 진먼 주민들이 샤먼에 가는 이유는 관광보다 부동산에 투자하기 위해서였다. 2005년 샤먼정부의 비공식 통계에 따르면 진먼 주민이 샤먼에서 최소 4천 개의 부동산을 구입했다. 즉, 진먼 주민 네 집 중 한 집이 샤먼 부동산에 투자한 것이다. 그리고 그 당시 샤먼에서 유통되었던 진먼 주민의 자금 총 규모는 적어도 1백억 대만달러TWD에 달했다.[21] 2008년에는 진먼 주민 중 두 집 중 한 집이 샤먼 부동산에 투자하게 되었으며, 2014년 그 건수는 3만 건을 넘었

---

21 「臺刊:小三通爲金門帶來第二春廈門成其後花園」, 中國新聞網(2006.4.6.), 〈http://www.chinanews.com/news/2006/2006-04-06/8/713260.shtml〉.

다. 샤먼 사람들과 아무리 말이 통한다 하더라도, 양안 분단 후 많은 시간이 흘러 분명 샤먼과 진먼 사이에는 생활습관이 다른 부분이 존재한다. 양안의 주거 관련 정책 및 법규 또한 다르기 때문에 진먼 주민들은 한 건물의 몇 층을 함께 구매하는 경우도 많다. 이처럼 샤먼에 가면 진먼 주민들을 쉽게 만날 수 있어, 샤먼에 대한 낯선 느낌이 덜하다.

인터뷰 대상자들의 말을 종합하면, 샤먼 부동산에 투자하는 이유는 두 가지로 정리할 수 있다. 즉, '조국'에 대한 호기심과 단순투자다. 그 중 단순투자를 하는 사람이 비교적 많다. 양안 대치 기간에 진먼 주민이 자녀 교육을 위해 대만 본섬에 집을 샀다면, 소삼통 이후 많은 50~60대 진먼 주민들은 '노년 생활'을 위해 샤먼 부동산에 투자한다고 할 수 있다. 홍 리화 씨 같은 경우는 소삼통을 시행하기 전에 이미 마카오를 거쳐 샤먼에 가본 적이 있다. 그때도 샤먼에 있는 진먼 사람의 소개로 부동산 투자를 하려고 했지만, 당시 소유권에 대해 잘 알지 못하여 구매하지 않았다가 2005년에 처음으로 샀다. 중국에서 부동산을 구매하면 소유권을 구매하는 것이 아니라 사용권을 구매하기 때문에 70년이 지나면 국가에 토지를 반환해야 한다. 샤먼 주민들이 자녀가 다니는 학교에 따라 5~8년에 한 번씩 집을 옮기는 것과 달리, 진먼 주민들은 집을 한 번 구매하면 평생 소유하고자 하기 때문에 중국의 사용권 구매 개념을 불안하게 느낄 수밖에 없다.[22] 게다가 지금 중국정부에서 구매 후 70년이 지난 뒤 건물의 소유권을 실제로 어떻게 할지 아직 구체적 방안을 제시한

---

22 「小三通錢進廈門 房價10年漲10倍」, 『蘋果日報』(2014.7.13.).

바가 없기 때문에, 진먼 주민의 샤먼 부동산 투자는 자녀 세대까지 고려한 장기 투자라기보다는 월세를 받아 노년 생활을 준비하는 단기 투자라는 것이 더 정확할 것 같다.

소삼통이 시행된 후 샤먼 부동산을 구입해온 진먼 주민들은 샤먼 사람들과 함께 14년 동안 샤먼의 비약적인 발전을 지켜봤다. 10여 년 전의 샤먼에 대해 인터뷰 대상자들은 '파리가 많다', '자동차가 별로 없고 거의 다 자전거를 탄다', '오래된 집이 많고 거리가 폐허 같다'는 인상을 갖고 있었다. 그러나 지금의 샤먼은 훨씬 깨끗해지고 많은 발전이 이루어졌다. 진먼 주민들은 시간과 교통비를 따져보면 대만 본섬에 가는 것보다 샤먼에 가는 것이 훨씬 편리하고 저렴하기 때문에 본섬보다 샤먼에 가는 이들이 늘어나고 있다.

> "내 큰아들네가 대만 본섬에 있는데 난 이미 2~3년 동안 대만에 안 갔어. 오히려 샤먼에 더 자주 가지. 거기는 지금 타이베이보다 훨씬 발전했어. 대만보다 더 가깝고 뱃삯도 더 싸니까 주말에 1박 2일로 잠깐 가서 진먼과 다른 분위기를 잠깐 느끼고 오는 것도 괜찮아."(陳成)

천 청 씨처럼 1박 2일 혹은 당일로 샤먼에 왕래하는 사람이 점점 많아지고 있다. 리 송바이李松柏 씨 같은 경우는 샤먼에 집이 따로 없어서 목공도구나 농사기계가 필요할 때 샤먼에 가서 구매하고 당일에 진먼으로 돌아온다. 또한 상가에 투자한 사람들 중에는 월세를 받기 위해 당일 왕복하는 이들도 많다.

천 청 씨처럼 샤먼에 집이 있는 사람들은 현지인의 생활에 녹아들게 되는 경우가 많다. 샤먼의 물가가 점점 오르는 추세이기 때문에 이들은 외식 이외에도 가끔 현지 시장에 가서 장을 보고 직접 요리하기도 한다. 그리고 이렇게 조리한 음식과 재료를 진먼으로 가져온다. 요리 재료는 대부분 해산물인데, 진먼보다 생선이 싸고 종류가 많다고 한다. 천 청 씨는 가져온 생선 중 가장 특별한 것은 개복치라고 말했다. 홍 리화 씨의 경우, 지금 샤먼의 집에서 방 하나는 홍 리화 부부가 샤먼에 갈 때 사용하고 남은 방은 중국 대학생 두 명에게 세를 주고 있다. 홍 리화 부부는 하숙 중인 대학생들과 좋은 관계를 유지하고 있어, 갈 때마다 근처의 중산시장中山市場에 가서 장을 봐 요리를 해주기도 한다. 주 메이옌朱美顔 씨는 중국의 다른 도시에서 온 관광객에게 샤먼의 길을 알려준 적도 있다. 이들은 비록 장기간 샤먼에서 생활한 것은 아니지만 샤먼의 변천을 지켜봐왔기 때문에 샤먼에 대해 어느 정도 잘 알고 있다. 그러나 대부분 샤먼에서 오래 살 생각은 없다고 말한다. 그저 가끔 놀러가서 진먼과 다른 분위기를 느끼고 싶다는 대답이 많다. 그 이유는 아무리 샤먼이 급속히 도시화되고 있다 해도 지금까지 살아온 진먼이 더 편하고 물가도 싸기 때문이다.

소삼통이 시행된 후 교통이 많이 편리해져 진먼 주민은 이제 대만 본섬뿐만 아니라 샤먼에서도 공부할 수 있게 되었다. 하지만 대만정부가 중국 학력을 인정하지 않기 때문에 대부분 진먼 젊은이들은 아직도 대만에서 대학교를 다니는 것을 선호한다. 하지만 일부 진먼 주민들은 샤먼의 낮은 학비와 지리적 편리함을 고려해서 아이를 샤먼에서 공부시키기도 한다. 2001~2003년까지 15명의 진먼 출신 학생들이 샤먼대학에서 공부했고, 2014년 기준으로는 80여 명의 학생이 재학 중에 있다. 처음에는 중국 물가와 학비가 대만보다 싸고 집에 자주 올 수 있기 때문에 자녀를 샤먼에 보내 공부하게 했지만, 지금은 오히려 향후 아이의 경쟁력을 키우기 위해 전략적으로 중국 대학에 진학시키는 학부모도 많다.[23]

재미있는 것은 젊은 학생 외에 중·노년의 만학도 또한 꽤 많다는 것이다. 중·노년의 학생들은 대부분 공무원 출신인데, 이들이 중국에서 학위를 따려는 이유는 크게 세 가지이다. 첫째, 대만보다 가깝고 비용이 덜 든다. 둘째, 중국 학사 학위는 비교적 쉽게 딸 수 있다. 셋째, 어렸을 때부터 교과서에서만 배우던 중국이 어떠한지 궁금하다. 우 치팅 씨가 대표적인 예이다. 그는 2015년 9월 중국 장저우시漳州市에 위치한 민난사범대학閩南師範大學에 입학했다. 65세인 그는 민난사범대학에서 가장 나이 많은 만학도가 되었다. 또한 대만 사람이라는 이유로 입학식 때 특별히 초청을 받아 10분 간 강연을 했다. 학생은 물론이고 선생님들까지 이 할아버지가 '조국'으로 돌아와 공부하는 것에 대해 존경과 감탄의 눈빛을 보냈다. '조국'에서 공부하는 것은 바로 '조국'을 인정한다는 뜻이기 때문이다. 민난사범대학 교수와 학생들이 기꺼이 그를 받아들였기에 우 치팅 씨에게도 이는 '조국'을 다시 알 수 있는 기회였다.

> "나의 조상은 취안저우 사람이고 나의 집사람의 조상은 장저우에서 왔어. 그래서 나는 지금의 민난 문화의 발전 현황과 양안 문화의 공통점 및 차이점을 알고 싶어 공부하러 왔지. 공부를 해야 양

---

23 網易, 「臺媒調查 : 金門人日益將廈門納入自己的生活圈」(2005.8.12.), 〈http://news.163.com/05/0812/16/1QVG6EJ90001124U.html〉.

안이 융합할 수 있다고 생각해요."[24] (吳啟騰)

　젊은 학생들이 집과 가깝고 더 싼 가격에 더 많은 자원을 얻을 수 있어 샤먼에서 공부하기를 선택한다면, 중·노년 학생들은 옛날 어려울 때 이루지 못한 공부의 꿈을 이루거나 '조국'에 대한 호기심을 충족시키기 위해 샤먼에 있는 학교에 입학한다. 하지만 2014년 대만 정부는 국가안보를 고려해서 고위 공무원(11직급 이상)은 중국에서 공부할 수 없다고 발표했다. 현재 공부하고 있는 고위 공무원들은 휴학하거나 벌금을 내야 했다.[25] 이런 정책이 발표되자 중국에 가서 공부하고 싶은 공무원들은 포기할 수밖에 없었다.

　대만정부의 우려와 달리 본 연구의 인터뷰 대상자들은 푸젠성과 진먼의 밀접해지는 관계를 걱정하기보다는 오히려 진먼에 좋다고 생각하고 있었다. 예를 들어, 2015년 '진먼에 대륙의 물을 수급해오는 계획金門自大陸引水計畫'이 서명되고 2016년 말부터 푸젠성 진강晉江에서 진먼으로 물을 수송해 오기로 되어 있다. 반대하는 측에서는 '수권水權'은 국가안전 상의 중요한 문제이므로 절대 불가하다고 말한다.[26] 하지만 진먼의 물 문제는 주민의 생활뿐만 아니라 진먼의 주요 산업인 고량주 산업에도 큰 영향을 미치고 있다. 대만과 진먼이 너

---

24 閩南師大,「閩南師大迎"爺爺級"新生家住金門曾執教38年」(2015.9.17.), 〈http://fj.qq.com/a/20150917/050096.htm〉.

25 '양안인민관계조례' 제91조에 의하면 고위 공무원이 중국대륙에서 공부하면 대만달러 2만원~10만원의 벌금을 내야 한다.

26 「臺聯提刪金門自陸引水經費民進黨罕見反對」,『中國評論新聞網』(2015.01.23.), 〈http://hk.crntt.com/crn-webapp/touch/detail.jsp?coluid=7&kindid=0&docid=103588141〉.

무 떨어져 있기 때문에, 진먼은 결국 중국에서 물을 끌어올 수밖에 없다. 더구나 늘어나는 중국 관광객으로 인해 진먼에는 면세점과 고급호텔이 생겼고, 군대 철수 이후 없어졌던 영화관이 다시 생겼으며 심지어 대학도 설립되었다. 지금의 진먼 발전은 소삼통의 '호혜의 원칙'에 의해 얻은 결과라고 말할 수 있다.

5. 정치보다 마음의 통일

소삼통 이후 진먼과 샤먼의 교류가 번번해지면서 이제 양자는 다시 관계가 밀접한 공동생활권이 되었다. 소삼통 초기 진먼 주민과 대만 상인들이 샤먼에서 부동산 투자를 많이 했던 것은 샤먼의 경제 발전에도 큰 도움이 되었다. 본 연구의 인터뷰 대상자들은 주로 50~60대의 진먼 주민이었고, 그들도 대부분 퇴직금으로 샤먼 부동산에 투자했다. 자녀들의 미래를 위해서라기보다는 자신의 노년생활을 위한 투자였다. 소삼통을 통해 경제적으로 진먼과 샤먼은 '윈윈win-win'을 달성했다. 통일의 측면에서 보자면 문화와 언어 등이 거의 똑같은 이 두 섬은 이미 어느 정도 통일되었다고 할 수 있다. 진먼은 냉전 시기 대만의 '반공최전선'이자 국민당의 '삼민주의 모범현'이었지만 탈냉전을 맞이하는 오늘에는 마치 중국의 '평화통일 시범구역'인 것 같다.

그들이 중국에 대해 갖고 있던 이미지는 소삼통을 통하여 완전히 바뀌었다. 그들은 또한 샤먼의 도약적인 발전을 보면서, 오히려 장제스 부자父子 시대의 번영을 그리워하며 중국의 독재정권을 부러워하기도 한다. '민주화'가 지금 대만의 경제 발전을 저해하고 있다고 생각하기 때문이다. 중국화 교육을 받고 자란 그들이 현재 대만 젊은이들의 '대만 본토주의'를 이해하지 못하는 것처럼, 젊은이들 역시 그들의 '대중국大中國주의'를 이해하지 못한다.

현재 중국의 국력과 대만 지도층에 포진한 '대중국주의자'들을 보면 통일은 시간문제처럼 보인다. 그러나 대만 본섬과 진먼의 이 같은 세대 간 이데올로기적 차이는 통일에 있어 중국이 무시해서는 안 되는 것이다. 독일이 통일할 때 베를린장벽만 파괴하면 된다고 생각하고 통일 후 동서독 주민들이 알아서 교류하도록 했기 때문에, 통일 25주년을 맞이하도록 독일인들은 아직도 '마음 속의 장벽'을 해소하지 못하고 있다. 중국정부의 통일 패러다임을 보면 독일통일의 이런 단점을 수정하고 있는 것 같다. 나중에 양안이 정말 통일하게 된다면, 냉전기 분단국가 중 아마 가장 성공적인 사례가 될 수 있을 것이다. 이는 또한 분단국가인 남북한이 참고하기에도 적절한 사례가 될 것이라고 생각한다.

소삼통에서 신삼통으로
: 진면 사람이 경험한 '소삼통' 이야기

저우 양산(周陽山)

1. 소삼통 시행 14년

2000년 '소삼통' 정책이 시행된 이래 이미 만 14년이 되었다.[1] 이를 통해 진면과 마쭈가 대만해협 양안관계에서 특수한 위치에 있다는 것 또한 충분히 확인되었다. 과거 '삼통'은 '통항·통우·통상'을 가리키는데, 이 세 항목의 임무는 모두 완성되었다. 그러나 진면에는 아직 '신삼통'의 임무가 남아 있다. 그것은 바로 '도로通橋·수도通水·전기通電'의 개통이다. 지난 몇 년간 대만 중앙정부는 '신삼통'에 신중한 태도를 취하며 적극적으로 응답하지 않고 있다. 그러나 지금까지 양안관계는 상당히 양호한 추세를 지속하고 있으므로, 좀더 시간을 두고 본다면 이 세 가지 임무 역시 정책에 반영되어 점진적으로 실현될 것이다.

현재 대륙에서는 '하이시프로젝트'가 상당히 활발하게 전개되고

---

1 이 글을 저자에게서 받은 것은 2015년 초였다. ─편자주

사진 1. 구상 중인 진샤평화대교 노선

있다. 거기에 '푸젠자유무역지구福建自由貿易區'라는 새 프로젝트도 이미 추진 중에 있으므로, 진먼과 마쭈馬祖는 그 지리적 위치상 첫번째 수혜지역이 될 것이다. 도로와 수도의 개통은 협상을 통한 구매 행위에 속하는 것이므로, 공사 기술상의 문제만 없다면 양안 주민 모두에게 이득이 될 것이다. 도로 개통의 경우, 이미 중앙정부에서 진먼과 례위烈嶼[2] 사이를 잇는 '진례대교金烈大橋' 공사가 추진되고 있는데, 이것이 완성되고 나면 대륙 샤먼지역과 기타 대교들을 직접 연결하는 계획 역시 고려될 수 있을 것이다. 비록 현재 중앙정부는 국방의 측면에서 다소 우려하고 있으나, 양안관계가 악화되지 않는 한 진먼 지역의 민의와 양안 화해 정세에 힘입어 도로 개통 정책은 머지않아 반드시 실현될 것이다.

현 단계에서 진먼의 주민과 정부는 지난 14년의 '소삼통' 정책의 성과를 신중하게 검토하고 이로부터 새로운 계기를 탐색하고 있다. 이를 위해서는 지금 진먼이 처한 강점과 곤경을 분석하고, 다음 단계의 양안 평화발전 프로세스에서 진먼에 가장 유리한 조건이 무엇인지 검토한 뒤, 이를 토대로 진먼의 미래 발전 전략을 결정해야 한다.

---

2 진먼 주위 군도 가운데 가장 큰 섬. 진먼을 다진먼(大金門)이라 하고, 례위를 샤오진먼(小金門)이라 한다. 이하 모든 주는 역자주이다.

2014년 지방선거 후 양안관계의 발전 전망은 다시금 주목을 받게 되었다. 그러나 양안의 대체적 추세로 말하자면, 평화통일을 지지하는 남영藍營이든 대만독립을 주장하는 녹영綠營이든, 일단 집정자가 되면 중국대륙을 결코 적대시할 수 없으며 스스로 파멸의 길을 자초하는 전쟁을 선택할 리도 없다. 양안 평화라는 대세는 이미 정해진 것이나 다름없으며 이러한 흐름이 역전될 가능성은 극히 낮다. 남은 것은 오직 적극적인 협력과 교류를 향해 매진하는 것뿐이다. 그러나 지난 몇 년 양안 간 교류의 동태를 살펴보면, 지도자나 고위층, 자본가 사이의 교류에 지나치게 편중되어 있어 분명 이에 대한 조정이 필요해 보인다. 이에 학생 및 청년층의 교류를 강화하고 민간의 적극적 왕래를 장려하는, 이른바 '삼중일청三中一青 정책'[3]이 제안되었다. 이러한 정책을 통해 양안관계 발전에서 오는 이익과 실제 혜택이 사회 기층에까지 미쳐 대다수 국민들이 양안관계 발전을 피부로 느끼고 알 수 있도록 해야 한다. 그러나 이 점에서 국민당은 기대에 미치지 못하는 모습을 보였고, 민진당은 아직 이에 상응하는 조치를 전개하지 못하고 있다. 그러나 '삼중일청'의 과제는 양안관계의 안정적 협력과 발전의 초석인 만큼 더 이상 미룰 수 없다.

또 하나, 2014년 베이징 APEC 정상회의 후, 중국대륙은 미국과 G2로서 새로운 관계를 형성하였다. 그리고 유럽연합, 오스트레일리아, 뉴질랜드, 남아시아, 아세안, 중앙아시아, 남태평양, 아프리카 및 라틴아메리카에 이르기까지 대다수의 국가들이 중국을 가장 중요한 무역 협력의 파트너로 여기게 되었다. 전세계가 앞다투어 '중국

---

3 '삼중일청'이란 중소기업, 중·하층, 중남부 지역 주민 그리고 청년을 말한다.

평화발전의 급행열차'에 올라타고 있으며, 이들 중 일부는 중국을 주요한 전략적 협력관계를 지닌 우방으로 여기고 있다. 이러한 새로운 국제 정세 속에서 양안관계의 개선과 발전은 중화민국의 생존과 직결된 가장 중요한 전략이 되었다. 만약 대만이 미국·일본 등과 연합하여 무력으로 중국대륙에 대항하고자 한다면 이는 대만해협을 다시 전장으로 바꾸는 것이니, 파멸의 길을 자초하는 것이나 마찬가지이다. 이러한 점에서 대만정부가 유지해 온 '미국과 협력하고, 일본과 우의를 유지하며, 중국과 화해를 도모한다聯美, 友日, 和中'는 대외정책은 반드시 현 시점에 맞추어 조정되어야 한다. 즉, 대만은 중국대륙과의 관계를 더욱 강화해야 하는 것이다.

종합하면, 2014년 대만 지방선거는 현재 대만이 처한 곤경과 한계를 더욱 분명하게 드러냈고, 현재의 전략적 계획과 정책적 선택을 반성케 하는 계기가 되었다. 그 점에서 이미 14년간 지속되어 온 진먼·마쭈의 '소삼통'은 양안관계 발전 도상에서 하나의 중요한 지표가 되어있다.

주목할 사실은 '소삼통' 정책이 예전 민진당 집권 시기 차이 잉원이 기획하고 추진한 중요 정책이라는 것이다. 그 성과는 매우 풍성하여, 지금까지 이미 1200만 명이 넘는 사람들이 편리하면서도 싼 경로를 통해 진먼·마쭈와 대륙의 샤먼, 취안저우, 푸저우福州 사이를 왕래하고 있다. 남영이든 녹영이든 모든 대만인들은 진먼·마쭈의 과거 전쟁 경험과 현재 양안관계에서 이들이 지니는 특수한 위치를 충분히 인식하고 있다. 진먼·마쭈가 '양안정책의 시금석'임을 이들은 분명히 알고 있다. 다시 말해, 남영과 녹영이 각각 통일과 독립에 대해 입장을 달리한다 하더라도, 진먼·마쭈의 특수한 역할과 사명에 대해서는 기본적으로 공통된 인식을 갖고 있는 것이다.

'소삼통'은 대만 독립을 주장하는 천 수이볜의 민진당이 집권했을 때 이뤄낸 양안정책의 중요한 치적으로서, 대만해협을 사이에 두고 마주한 양안 정부가 냉전 종식 이후 실리적 원칙에 입각하여 이루어 낸 획기적인 정책 성과이다. 10여 년 동안 이는 줄곧 양안관계의 중요한 진전으로 여겨졌고, '소삼통'의 이용자 수와 규모는 그것을 보여주는 실질적 증거이다. 해당 항로의 이용자는 2001년 25,469명으로 시작하여, 2011년에 이르러서는 151만 명에 달할 정도로 크게 증가했다. 그 이후 점차 감소하여 2013년에 135만까지 하락했지만, 2014년 말 '소삼통'의 이용자 수는 다시 상승세를 보이며 현재 이미 150만 명을 넘어섰다. 이는 양안의 민간에서 지속적으로 활발한 교류가 이루어지고 있음을 나타낸다.

특히 중요한 것은 2015년 1월 1일부터 진먼·마쭈·펑후澎湖 세 지역에서 중국대륙 사람들을 대상으로 현지비자(랜딩비자) 발급 서비스를 시작한 사실이다. 이는 양안관계의 새로운 이정표이다. 진먼·마쭈·펑후의 지역경제 발전에 도움이 될 뿐 아니라 양안의 평화와 상호 신뢰에 있어서도 커다란 진전인 것이다. '소삼통'을 통해 진먼·마쭈로 출입하는 중국 사람의 대다수는 푸젠 사람들인데, 피는 물보다 진하다는 관점에서 보자면, 이는 일종의 준국민에게 제공하는 호혜적 대우라고 할 수도 있을 것이다.

그러나 또 다른 측면에서 우리는 소홀할 수 없는 몇 가지 새로운 문제에 당면해 있다. 첫째, 현재 대륙의 대만 출입국자 총수는 빠른 속도로 증가하여, 2014년 1월~12월 사이 대만 지역 출입국자 총수 3,967만 가운데 대만 현지인이 55.21%를 차지하고, 홍콩과 마카오를 포함한 대륙 사람이 23.87%, 대략 470만 정도이다. 그런데 '소삼통'의 경로를 통해 출입한 대륙 사람은 약 20만에 그쳐 그 비율이 5%가 되지 않는다. 과거 최고조였을 때 11%였던 것을 감안하면 (2011년) 감소 추세가 매우 심각하다는 것을 알 수 있다. 이는 최근 양안 간 직항 항공 노선의 대폭적인 증가로 인한 것이다. '소삼통'이 비록 가격 면에서 싸기는 하지만 먼저 배를 타고 다시 비행기로 환승해야 하기 때문에 시간이 많이 소요될 뿐 아니라 그에 따른 정신적·체력적 소모가 크다. 대륙의 많은 단체여행팀도 가격을 높이더라도 대륙에서 대만으로 오는 직항 항공 운행편을 선호하지, '소삼통'을 통하는 경로는 원치 않는다. 따라서 관광·여행상의 제반 조건을 적극적으로 개선하지 않는 한, 진먼·마쭈·펑후 세 지역이 대륙 여행객을 불러들일 흡인력은 갈수록 약해질 것이다.

둘째, 마쭈는 지리적으로 외진 곳에 위치하고 있어 푸젠과 민둥閩東 지역 관광객의 관심을 끌기에 부족하다. 게다가 승선 시간도 너무 길다. 때문에 '소삼통'의 이용자는 급격히 감소하여 2009년 최고조에 이르렀을 때 연간 9만 명에 달하던 것이 이제 4만 명도 채 되지 않는다. 거리상 마쭈와 비교적 가까운 항구인 황치黃崎[4]로 바꾸어 운항하는 등 승선 시간을 줄일 방도를 강구하지 않으면 이 항로는 계속 유지되기 어려울 것이다.

셋째, 현재 중국대륙은 '하이시프로젝트'를 적극적으로 추진 중이다. 푸젠의 자유무역지구에 더하여 펑탄다오平潭島에도 '대만기업투자단지臺商投資園區'들이 왕성하게 추진 중이다. 비록 아직 구체적 성

---

4 기존의 마웨이(馬尾)—마쭈 간 항로보다 황치—마쭈는 거리상 훨씬 가깝다.

사진 2. 진먼, 마쭈, 평후열도의 위치

과를 드러내지는 못하였으나, 펑탄은 푸젠 및 마쭈와 가까워 교통
상의 이점이 있다. 때문에 이 지역은 장차 '소삼통'을 직접적으로 위
협할 만큼 발전 전망이 있으며, 나아가 '소삼통'을 대신할 가능성도
있다. 이러한 위협에 직면하여 진먼·마쭈·평후의 지방정부는 함께
협력하여 문화와 교통, 관광 면에서의 비교우위를 증진시키고, 하이
시와 펑탄 지역에 추월당하지 않도록 해야 한다.

넷째, 진먼의 재정 수입에 막대한 지분을 차지하고 있는 특산품인
'진먼고량주金門高粱酒'는 현재 수원水源 부족과 영업실적 쇠퇴 위기

를 겪고 있다. 연간 생산 최고치 160억 대만달러TWD에 달했던 것이 2014년에는 130억 대만달러로 감소하였다. 이에 대한 타개책으로 대륙 취안저우 지역에서 진먼까지 물을 끌어오는 계획이 수립되었으나, 줄곧 실현이 좌절되어 심각한 우려를 낳고 있다. 현재 계획상 2017년에야 비로소 수도가 개통된다. 또한 전기 개통 계획 역시 아직 중앙정부의 비준을 얻지 못한 상태이다. 진먼현정부金門縣政府의 추정에 의하면, 2015년 진먼 양조장의 총 매출액은 110억 대만달러까지 감소할 것이다. 이는 심각한 경고 신호이다.

이러한 점을 종합해 볼 때, 진먼은 '신삼통' 계획을 반드시 적극적으로 추진해야 한다. 다시 말해, 조속한 시일 내에 수도와 전기, 도로 개통의 삼대 임무를 완수해야만 수자원 및 전력자원의 부족과 대외 교통 문제를 근본적으로 해결할 수 있다. 이는 진먼의 향후 발전의 중요한 시험대이며, 또한 현재 '소삼통' 발전이 처한 곤경을 여실히 드러내는 것이기도 하다.

2. 진먼 사람이 경험한 소삼통 이야기

여러 해 동안 필자는 '소삼통'의 운항 노선을 타고 진먼과 샤먼, 취안저우를 왕래해 왔다. 그 중 진먼-샤먼 노선은 이미 여러 번 바뀌었다. 처음 샤먼의 정박지는 허핑和平 선착장이었다가 이후 서쪽의 동두東渡로 이전되었다가 다시 동북쪽에 위치한 우통五通으로 이전되었다. 이로써 이전보다 거리도 훨씬 단축되고 풍랑도 적어졌으며 항해거리도 반으로 줄어들어 이제 대략 30분 정도면 도착할 수 있

사진 3. 진먼의 고량주 공장

다. 또한 현재 선착장과 샤먼 공항이 매우 가까워서 바로 비행기를
탑승할 수 있어 편리하다.

현재 진먼–샤먼 간에는 양 지점에서 각각 오전 8시에서 오후 6
시 반까지 30분에 한번씩 배편이 운항하고 있어 운항 밀도가 매우
높은 편이다. 취안저우 항로의 경우, 운항 거리가 멀어 시간이 많이
소요되기 때문에 승객수가 비교적 적어 매일 3~4 차례 운항되는
데 그친다. 그러나 취안저우 시정부는 항로 유지를 위해 적극적으로
노력하고 있다. 현재 취안저우에서는 소삼통을 이용하는 승객에게
택시 환승 서비스 등을 제공하고 있다. 지연地緣과 그에 따른 유대
감을 고려하면, 진먼과 취안저우 사람들 사이의 예로부터 끈끈하게

사진 4. 샤먼의 선착장과 진먼 주변 지도

얽혀있는 혈연관계는 이 항로가 실제적으로 유지되어야 할 필요성
을 뒷받침한다. 대륙의 '하이시프로젝트' 또한 이러한 문화적·지연
적 사실을 전략적 기반으로 삼고 있다. '소삼통'의 항로에 양안이 본
래 한 가족이라는 관념이 반영되었다 해도 틀린 말은 아닐 것이다.

'소삼통'은 운항 가격이 상대적으로 저렴하고(약 800TWD) 또 지리
적으로 접근이 편리하기 때문에, 그 동안 진먼 주민에게 많은 일자
리와 투자의 기회를 제공하는 틈새시장이 되어주었다. 현재 타이베
이, 타이중臺中, 자이嘉義, 타이난臺南, 가오슝高雄 등을 포함하여 대
만의 각 도시에서 매일 같이 진먼으로 왕래하는 항공편은 70여 편
에 달하여, 해당 지역에 많은 일자리와 발전의 기회를 제공하고 있
다. 그밖에 대만의 생활용품 등 소액 교역 물품, 즉 고량주를 비롯

하여 분유, 의료용품에서 고가의 명품 핸드백, 사치품 등에 이르는 다양한 품목들이 모두 진먼을 통해 대륙으로 운송되고 있으며, 중국의 건축자재, 전동차, 욕실자재 등은 하이시에서 진먼으로 운송된다. 양안 간 화물 운송 역시 매우 활발하여, 약 100~200명 이상이 이 일을 생업으로 삼고 있다. 그러다가 최근 1년 대륙에서 부패·사치 풍조의 척결이 시행해지면서 다소 변화가 생겨났다. 현재는 저조기라 할 수 있는데, 화물 운송량 또한 큰 폭으로 축소되었다.

한편 2015년 1월 1일부터 대륙 동포에게 랜딩비자 발급을 개방한 조치는 배낭여행객과 보따리상 밀수업자들에게 큰 인기를 끌었다. 이들은 진먼 수이터우水頭 선착장과 여러 대형 면세점 사이를 오가며 고가의 명품을 구매하는데, 때로는 당일 왕복으로, 때로는 1박을 하며 진먼에서 휴식을 취하거나 관광을 한다. 이 또한 진먼의 관광업과 숙박업 발전을 촉진하였다. 특히 주말과 연휴에는 진먼에서 묵을 숙소를 구하기 힘들 정도이다.

진먼 사람들이 샤먼, 취안저우 등지에 가서 관광하거나 휴식을 취하거나 쇼핑하는 일도 빈번하다. 비공식적 통계에 따르면 대륙에 부동산을 매입한 진먼 주민이 적어도 1만 명은 된다고 한다(현재 진먼에 적을 둔 인구는 약 12만이다). 이들은 자주 양안을 왕래한다. 대륙에 머무를 때 자신이 구매한 아파트나 별장에서 며칠을 지내기도 하고, 어떤 사람들은 그곳의 집은 세를 주고 자신은 근처 여관에서 지내면서 임대수입을 얻기도 한다. 쇼핑 부문에서 보면, 샤먼 등지는 상품 공급이 매우 풍부하여 백화점과 대형 쇼핑몰에 전 중국의 모든 상품들이 없는 것 없이 갖추어져 있다. 필자 또한 예전에 주말 아침이면 늘 배를 타고 샤먼의 번화가에 가서 엽차나 서적, 영화, 그리고 각종 말린 과일류(신선식품은 포함되지 않음) 등을 구매하여 당일 오후 진먼으로 돌아오곤 했다. 그러나 근래 들어서는 중국대륙의 물가가 가파르게 상승하여, 샤먼에 가지 않은 지 꽤 되었다.

왕래가 빈번한 현지인들 외에, 학자나 학생들에게도 이 항로는 양안을 오가는 데 매우 편리한 노선이다. 많은 대만 및 진먼 사람들이 '소삼통'을 통하여 샤먼대학廈門大學이나 화차오대학華僑大學에 가서 공부하고 학위를 취득한다. 마찬가지로 대륙에서도 적지 않은 학생들이 진먼으로 와서 학위를 취득하거나 단기 교환학생으로 공부한다. 그밖에 샤먼은 유럽이나 북미, 동남아 각지로 가는 직항편을 구비하고 있어 교통이 매우 편리하다. 때문에 적지 않은 화교 학생과 외국 학생들이 '소삼통'의 편의를 이용하여 진먼에 와서 공부하거나, 진먼을 통해 대만 본섬으로 가서 공부하는데, 이렇게 하면 교통비용을 많이 줄일 수 있다. 진먼대학과 샤먼대학 간에도 많은 교류 프로젝트가 있어 왕래가 빈번하다. 근래, '소삼통'의 경로가 점점 알려지고 또한 비용이 저렴하기 때문에, 일부 중국대륙에 거류하는 외국인들이 이 경로를 통해 출국하고 다시 진먼에서 샤먼으로 돌아가는 방식으로 출입국 수속을 하면서 진먼의 여행객이 증가하게 되었다.

물론, '소삼통'을 통해 왕래하는 사람의 대다수는 여전히 중국의 '하이시경제구'에서 일하는 대만 상공인들이다. 그들은 호적을 진먼에 두고 있어 할인 항공 혜택을 받을 수 있으며,[5] 동시에 진먼현정부가 제공하는 각종 복지 혜택을 누린다. 예를 들어 진먼현정부는

---

5 일반 구매 가격의 30% 할인. 65세 이상인 경우는 50% 할인. 모두 중앙정부기금을 통해 보조한다.

1년 중 설, 단오, 추석에 진먼 주민들에게 특별히 고량주를 제공하여 그 판매 이익을 돌려주고 있다. 또한 특별 혜택을 받는 노인 연금의 경우 타 지역 연금의 2~3배에 달한다. 현재 진먼대학에서 공부하는 학생은 약 4000명인데, 이들 역시 혜택을 받고 있다. 진먼현 정부는 이들에게 각종 무료 비행기표와 생활보조금을 제공하여 진먼에 거주하도록 장려하고 있다. 대학생들의 젊은 패기로 인구가 적은 이 섬에 보다 활기를 채우기 위해 노력하고 있다.

수이터우 선착장에서 '소삼통'의 배편을 타면 얼마 지나지 않아 배 안의 사람들이 바쁘게 휴대폰 카드를 '중화뎬신中華電信'에서 '중궈이동中國移動'이나 '중궈롄통中國聯通'으로 바꾸는 것을 발견할 수 있다. 배가 이쪽 부두를 출항하면 해협 맞은편 전신 시스템이 역할을 이어받아 바로 작동하기 시작한다. 잠시 후, 저편에서 세관과 통관 검사, 국경수비, 검역이 등장한다. 또 하나의 주권과 국경의 통제자가 이어지는 여행객의 방문을 기다리고 있다. 이것이 바로 지난 10여 년간 시행되어온 '소삼통'이다. 이처럼 양안은 뒷문을 열어 놓고 서로 소통해 온 것이다. 이는 평화와 대화와 실용과 교류를 상징한다. 또한 이는 양안의 중국인들이 마침내 냉전의 그림자에서 벗어나 적을 포용하고 서로에게 관대한 마음을 가짐으로써 상생과 번영에 이를 수 있음을, 그리하여 양자가 모두 이득을 볼 수 있음을 깨달았음을 의미한다.

이것이 지금까지 진먼 사람이 10여 년 간 직접 경험한 '소삼통'의 이야기다. (번역: 안소현)

비대칭 거울로서
남북과 양안

동아시아 냉전·분단체제의 격자구조와 '냉전의 섬'들

정근식

1. 진먼다오에 다가가기

동아시아에서 '냉전의 섬'이라는 명칭은 찰머스 존슨Chalmers Johnson이 1999년 오키나와沖繩에 적용하면서 널리 사용되기 시작했다.[1] 공교롭게도 나는 이 해에 오키나와 나하那霸에서 열린 동아시아 평화인권국제회의에 참여하여 오키나와의 역사에 관심을 갖게 되었다. 옛 류큐琉球 왕국의 슈리성首里城으로 들어가는 입구에 서 있는 '수례지방守禮之邦'이라는 현판을 단 문은 서울의 숭례문을

---

[1] 존슨이 편집한 이 책은 '철의 폭풍'이라고 불리는 오키나와 전투로부터 시작하여, 오키나와의 정치군사적 배경, 오키나와의 정체성, 오키나와의 사회운동, 그리고 미군 기지가 없는 미래의 가능성 등 5개 부분으로 구성되었다. Johnson, Chalmers A.(Ed.), 1999, *Okinawa : Cold War Island*, Cardiff, CA : Japan Policy Research Institute. 한국에서 이루어진 오키나와에 대한 종합적 연구에서는 오키나와를 '기지의 섬'과 '경계의 섬'이라 명명했다. 정근식·전경수·이지원 편, 2008, 『기지의 섬, 오키나와: 현실과 운동』, 논형; 정근식·주은우·김백영 편, 2008, 『경계의 섬, 오키나와: 기억과 정체성』, 논형.

연상시키면서 이 섬이 중화세계의 변방에 속해 있었음을 일깨워주었고, 수리성의 내부 구조는 17세기 초부터 19세기 중반까지의 류큐 왕국의 미묘한 위상, 즉 청淸과 일본 사쓰마번薩摩藩에 '양속'하면서 유지해온 평화에 내장된 긴장을 보여주었다.

근대로 넘어가던 시기 류큐에 맨 처음 다가간 것은 미국이었다. 이른바 흑선을 타고 일본으로 간 페리 제독Matthew Calbraith Perry은 막부와의 교섭을 거쳐 1854년 류큐 왕국과 화친조약을 맺었다.[2] 왜 미국이 류큐의 개방에 관심을 가졌는지는 좀더 연구해야 할 과제이지만, 1879년 일본이 류큐를 병합하여[3] 오키나와 현으로 자신의 영토에 편입시키자 조약의 당사자였던 미국은 이에 순순히 동의하지 않았다. 미국의 전직 대통령 그랜트Ulysses Grant는 류큐를 분할하여 일부는 일본으로, 일부는 청으로 편입시키고 류큐의 중심부는 독립국으로 유지하자는 안을 청의 리 홍장李鴻章에게 제시했지만, 내우외환에 시달리던 청은 동의하지도 거부하지도 않고 방치했다.[4] 전근대적 중화질서는 류큐로부터 무너지기 시작하여 베트남의 운명을 다투는 청불전쟁, 그리고 조선의 운명을 다투는 청일전쟁을 거치면서 해체되었다.

일본제국 하에서 오키나와는 동화同化와 동원動員의 대상이었다. 19세기 말부터 징병제가 오키나와 청년들에게 적용되었고, 1930년

---

2 류큐 왕국은 1855년에 프랑스, 1859년에 네덜란드, 1860년에 이탈리아와 외교관계를 맺었다.

3 이에 관한 자세한 내용은 波平恒男, 2014, 『近代東アジア史のなかの琉球併合』, 東京: 岩波書店.

4 강효백, 2012, 『중국의 습격 : 류큐로 보는 한·중·일 해양 삼국지』, Human&Books; 黃天, 2014, 『琉球沖繩交替考』, 香港: 三聯書店.

대에는 제국의 다른 식민지에서와 마찬가지로 황국신민화 정책이 진행되었다. 이것은 아시아 태평양전쟁을 위한 물적 정신적 동원을 위한 준비 작업이었다. 1945년 4월, 오키나와는 주민 10만 명 이상이 희생되면서 미국에 점령되었다. 이 때 주민들은 집단자결을 강요받았으며, 강요된 자살은 학살이나 마찬가지였다. 이들은 일본 편입의 대가를 66년 후에 혹독하게 치른 셈이었다. 패전의 대가로 대일본이 소일본으로 축소될 때 오키나와도 일본으로부터 떨어져 나왔는데, '제국'은 오키나와를 제물로 삼아 상징 천황제를 유지할 수 있었다.

 1946년부터 모습을 드러낸 동아시아 냉전은 미군으로 하여금 오키나와에 대규모 기지를 건설하게 만들었다. 이를 통해 오키나와는 태평양에 새로운 허양제국을 건설한 미국의 전초기지로 변모했다. 이 시기의 오키나와는 명목상 일본의 주권이 잠재적으로만 미치고 실질적으로는 미국의 군사적 지배권이 관철되는, 정의하기 어려운 미묘한 지역이었다. 이 시기를 두고 어떤 학자들은 오키나와의 두번째 양속의 시대라 부르기도 한다. 미국이 오키나와를 점령하고 기지를 건설할 때 90여 년 전의 화친조약을 상기했는지 알 수 없지만, 오키나와는 미국에 특별한 지역이 되었음에 틀림없다. 혹시 미국이 중국 랴오둥遼東반도의 끝, 다롄大連에 주둔하고 있던 소련군을 의식하고 있었는지도 모른다. 미군이 오키나와를 점령하기 직전에 열린 얄타 비밀협정에서 미국은 소련의 대일전 참가와 그에 대한 대가를 약속했다. 소련군은 참전의 대가로 다롄과 뤼순旅順에서의 30년간의 배타적 이권을 인정받았다. 그것이 러시아가 일본과의 전쟁에서 40년 전에 상실했던 이 도시에서의 이권을 되찾는 것이었다면, 미국의 오키나와 점령 또한 이런 맥락에서 해석하지 말라는 법도 없다.

1972년 오키나와가 명목상 일본의 품으로 돌아갔지만, 오키나와의 미군기지는 그대로 유지되었다. 1945년부터 1972년까지 일본과 오키나와의 분리를 '적대적 분단'과 대조되는 '비적대적 분단', 또는 '약한 분단mild division'이라고 표현할 수 있을 것이다. '잠재주권'과 '실질적 양속'은 양국 간 동맹체제하에서 발생할 수 있는 오키나와의 상황을 표현하는 개념이 되었다. 그러나 동아시아에서 제1차 탈냉전이라고 할 수 있는 1972년 전후의 시기뿐 아니라, 제2차 탈냉전이라고 할 1992년 이후에도 오키나와의 미군기지는 그대로 유지되고 있다는 점에서 오키나와를 '냉전의 섬'이라고 부르는 것만으로는 어딘가 부족하다는 느낌을 준다. 냉전기와 탈냉전기를 아우르는 개념, 혹은 '냉전 패러다임'을 넘어서는 대안적 개념이 필요한지도 모른다.

동아시아에서 또 하나의 냉전의 섬은 진먼다오였다. 2008년 마이클 스조니Michael Szonyi는 진먼다오의 원래의 이름인 '귀모이'라는 지명을 사용하여 『냉전의 섬: 전선 위의 귀모이』[5]라는 책을 출간했다. 스조니는 진먼다오가 어떻게 지정학적으로 중요한 섬이 되었는지, 어떻게 군사화를 통해 근대화를 이루었는지, 주민들은 일상생활을 어떻게 통제받으면서 영위했는지, 그리고 탈군사화는 어떻게 진행되었는지를 주민들과의 인터뷰를 통해 종합적으로 묘사했다. 이 책을 통해 진먼다오는 자신의 정체성과 변동을 국제적으로 알렸다.

---

5 Michael Szonyi, 2008, *Cold War Island : Quemoy on the Front Line*, Cambridge: Cambridge University Press.

우리가 진먼다오를 '냉전의 섬'이라고 부를 때, 남태평양의 여러 섬들이나[6] 대만 본섬이 냉전의 섬이 아닌가라는 반문이 나올 법하다. 대만에서 1947년에 발생한 2·28사건이나 이후의 백색테러, 그리고 1949년부터 1987년까지 무려 38년간 지속된 계엄령을 생각한다면, 대만 자체가 냉전의 섬이었다고 할 수 있다. 그렇지만, 냉전 하의 열전을 경험한 진먼다오는 냉전의 섬 중의 섬이라고 할 수 있다.

스조니의 책이 출판될 무렵 한 대만 유학생이 나의 지도 학생으로 들어와 공부를 시작했는데, 그녀의 고향이 공교롭게도 진먼다오였다. 나는 이를 계기로 두번째 냉전의 섬에 대한 연구를 시작할 수 있었다. 진먼다오의 현실을 알기 위하여 2013년 나는 처음으로 진먼다오를 방문했다. 그 때 이 섬이 샤오진먼다오小金門島를 껴안고 있으며 맞은편인 샤먼이 육안으로 보이는 거리에 있다는 것을 알게 되었다. 나는 대만과 중국 그리고 진먼다오에서 양안문제를 다루는 연구자들을 서울로 초청하여 진먼다오를 바라보는 서로 다른 시각들을 확인하고 한국의 입장에서 이를 연구할 수 있는 방안이 무엇인지를 모색했다. 결국 동료 교수 및 대학원생들과 함께 소규모의 연구팀을 만들어 2014년 초 진먼다오를 다시 방문하였는데, 이때의 답사는 진먼다오와 샤먼 사이의 교통과 소양안[7]의 상황을 비교·관찰하는 것에 초점을 두었다. 진먼다오와 샤먼이 동일한 생활권이었다가 외부적 힘에 의해 분단되면서 서로 싸우다가 다시 평화를 되

---

6 이에 관해서는 Stephen Henningham, 1995, *The Pacific Island States: Security and Sovereignty in the Post-Cold War World*, New York: St. Martin's Press 참조.

7 이 글에서는 '양안'을 두 층위로 나눈다. 중국과 대만이 '대양안'이라면 진먼과 샤먼은 '소양안'이다.

사진 1. 다덩다오에 설치된 세계 최대의 나팔

찾아가는 과정은 남북으로 분단된 한국인들에게는 큰 자극과 통찰을 제공할 수 있다고 믿었기 때문이다.

바람대로 진먼다오에서 샤먼으로 배를 타고 건너가서 양안 대치기에 건설된 중국의 군사기지와 샤먼에 속한, 과거의 서양인들이 거주했던 작은 섬(고랑서)을 보았다. 가장 인상적인 것은 샤먼의 다덩다오에 설치된 '세계에서 가장 큰 나팔'과 여러 개의 나팔을 조합한 선전용 확성기였다. 이 확성기는 진먼다오에 설치되어 있던 대형 확성기 탑과 대응하고 있어서 흥미를 배가시켰다. 또 샤먼대학의 대만연구원을 방문하여 이들과 의견을 나누고, 또 진먼다오가 고향인 샤먼 사람들, 우리 식으로 표현하면 이산가족들도 만나고 다시 진먼다오로 돌아왔다. 중국은 '일국양제통일중국'을, 대만은 '삼민주의

사진 2. 다덩다오의 나팔에 대응하여 2004년 진먼 해안에 나팔 모양의 예술작품이 설치되었다.

통일중국'을 내세우고 있는 대형 입간판이 우리의 눈을 사로잡았다.

나는 2015년 1월. 소양안을 다시 방문했다. 한편으로는 샤먼대학의 연구자들과 다른 한편으로는 진먼다오의 학자들 그리고 대만의 학자들과 차례로 교류하고, 또 다른 한편으로는 학생들의 동아시아 현장수업의 일환이었다. 이번에는 샤먼보다 조금 더 북쪽에 있는 취안저우를 방문했다. 이곳에는 유명한 해상교통박물관海上交通博物館이 있는데, 이 박물관에는 옛날 화려했던 해양 실크로드, 특히 남송시대와 원 시대의 해상의 번영을 보여주는 유물들이 무척 많았다. 가장 흥미로운 것은 아랍에서 온 상인들이 중국화되는 모습이었다. 이들의 무덤에 있었던 묘비에는 연꽃 위에 십자가가 새겨진 문양이 많았고, 그 문양은 중국의 동남해안 지방에서 진행되었던 장기간에 걸친 문화접변을 생생하게 보여준다. 흥미롭게도 이들은 아주 많은 분량의 중국식 족보를 남겨두었는데, 그들은 한국에서도 익숙한 성인 곽郭씨, 정丁씨 등이었다. 한국사에서 아랍 상인들의 흔적은 통일신라시대의 처용가, 그리고 고려시대의 쌍화점 등에 짙게 남아 있는데, 바로 이들이 개경 바로 앞의 벽란도에 드나들었던 아랍 상인들이라고 생각하니 아찔했다. 우리의 통일신라시대나 고려시대의 한 단면을 이 박물관에서 상상하면서 소양안을 좀더 긴 역사적·문화적 맥락에서 바라볼 필요를 느꼈다. 또한 중국과 대만간의 정치적 긴장의 핵심, 또는 대만 내부의 통일파와 독립파간의 갈등의 핵심 의제, 즉 대만이 중국과는 역사적·문화적으로 구별되기 때문에 독립은 불가피하다는 입장을 반박하기 위한 장치로서의 민대연박물관閩臺緣博物館이 이 곳 취안저우에 있다는 것 역시 흥미롭다. 중국정부는 2001년 소삼통이 이루어지면서 진먼다오와 취안저우 사이에 여객선이 취항하고 있는 점을 고려하여, 이곳에 푸젠성과 대만이 원래 같은 뿌리를 가지고 있음을 보여주는 박물관을 만들었을 것이다.

마침 2015년의 취안저우가 한국의 광주, 일본의 요코하마와 함께 동아시아 문화도시로 선정되어 해상교통박물관 1층에서 간단한 전시를 하고 있었다. 그러나 유감스럽게도 이 동아시아 문화도시 제도는 별로 홍보가 되지 않아, 중국은 물론이고 한국에서도 방문객이 별로 없었다.

2015년에 다시 찾은 진먼다오에서 새롭게 방문한 곳은 「군중낙원軍中樂園」이라는 영화를 찍은 세트장이었다. 「군중낙원」은 2014년 부산국제영화제의 개막작으로, 진먼다오에 있었던 군인들을 위

사진 3. 영화 「군중낙원」을 촬영한 세트장에 전시된 배우들

한 위안시설, 일종의 공창公娼을 배경으로 한다. 진먼다오에는 이러한 시설이 잘 보존되어 전시되고 있는데, 이것이 바로 '특약다실特約茶室'이다. 이 특약다실은 국민당이 대륙에서 후퇴하여 대만 각지의 '양루洋樓'나 사당 등지에 주둔하면서 민간인들과의 마찰이 발생하자 만들어진 것으로, 최초에는 펑후다오澎湖島에 설치되었고, 진먼다오에서는 1951년에 주자朱子사당 부근에 처음으로 설치되었다. 1957년부터 1961년 사이에 규모가 확대되어 '금성총실金城總室'과 9곳의 분실로 구성되었다. 특약다실의 존재와 이의 전시는 일본군 위안부 문제에 민감하게 노출되어 있는 우리들의 심사를 착잡하게 만든다.

2. 천징란양루에 새겨진 진먼다오의 20세기

진먼다오나 샤먼을 포함하는 민남 지역은 오래 전부터 대규모의 주민들이 '남양南洋'으로 떠나 새로운 생활을 개척한 푸젠福建화교들의 출신지였다. 이런 출향의 물결은 16세기부터 있었으나, 1860년대에 합법적인 이주가 시작되고부터 20세기 초반까지 고조되었다. 이들의 이주지는 오늘날의 싱가포르나 말레이시아, 인도네시아, 필리핀, 브루나이, 일본 등을 아우르며 대부분 동족 마을별로 이주하였고, 이주지인 '남양'에서는 출신지별 향우회가 조직되고 회관이 지어졌다. 20세기 초부터 이들이 고향인 진먼다오에 돌아와 살거나, 혹은 고향에 남은 가족 또는 친척을 위해 자신이 '남양'에서 보았던 서양식 건물을 짓는 현상이 나타났다. 가문의 사당과 동족 마을 건설도 두드러진 현상이었다. 진먼다오에서는 이런 서양식 건물을 흉내 내어 지은 집을 양루라고 부른다. 진먼다오의 양루 중에서 가장 유명한 것은 수이터우水頭 마을의 더위애루得月樓, 진후金湖진 청공成功 마을에 있는 천징란양루이다. 청공 마을은 원래 천컹陳坑이라는 이름의 천陳씨 동족촌이었다.

천징란양루는 몸으로 20세기의 진먼다오의 역사를 증언하고 있는 건물이다. 이 건물은 천 징란陳景蘭이라는 화교가 1917년부터 4년간의 공사 끝에 1921년에 완성한 것이다. 그는 인도네시아와 싱가포르에서 부를 축적하였으며, 이 건물에 고향의 어린이들을 위해 소학교를 병설하여 운영했다. 1937년 7월 중일전쟁이 발발한 이후, 일본군은 이 섬을 점령하였고, 천징란양루를 일본인 경찰대 및 수산

사진 4. 박물관으로 활용되는 천징란양루

물 무역회사 건물로 사용했다.[8]

　1945년 9월 광복 후 천 징란의 친척이 샤먼에서 돌아와 학교를 다시 열었고, 국민당 특파원이 이 집에 거주하게 되었다. 그러나 1948년 내전이 심화되면서 이 건물을 국군요새사령부로 사용하게 되었다. 1949년 국민당군이 철수한 후 여러 군단 간부들이 입주하였고, 일부는 제53의원야전병원이 되었다. 1954년 9·3포격전 당시에 이 건물은 진먼중학교로 사용되었으며, 1958년 포격전 후 1년여 동안 '진먼 관병 휴가센터金門官兵休假中心'가 되었다. 1982년 군인들의 휴가를 위한 '경천산장擎天山莊'으로 개조되었고 1989년 군이 운영하는 식당으로 사용되다가 1991년 식당 휴업과 함께 문을 닫았다. 2004년 이 건물은 화교전시관 겸 박물관이 되었다.

8　2001년 진먼다오 통안(同安) 마을에 일본군 점령기에 강제 동원된 사람을 기리는 '일군강징금문마부순난 기념비(日軍强徵金門馬伕殉難紀念碑)'가 건립되었다.

천징란양루는 진먼다오의 지정학과 지배권력의 변화를 가장 민감하게 반영하는 거울과 같은 건물이다. 이 건물 앞에는 조그마한 사자상이 앙증맞은 모습으로 서있는데, 우리가 2014년 방문했을 때 건물 앞에 심어져 있는 큰 당산나무는 여러 가지 색깔의 천으로 감겨진 설치작품으로 변해 있었다.

이 건물이 증언하듯이 진먼다오는 1920년대 초반 국민당이 지배하는 중화민국의 영토에 속했고, 중일전쟁기 약 8년간 일본 지배하에 있다가 광복 후 줄곧 국민당이 지배하는 영토로 남았다. 대만이 1945년 이후에야 비로소 국민당이 지배하는 영토가 되었고, 중국대륙은 1949년 이후 공산당이 지배하는 영토로 변했으므로, 진먼다오는 가장 오래전부터 가장 긴 시간동안 국민당이 지배해온 영토인 셈이다. 진먼다오는 대만의 어느 곳보다도 냉전기 또는 양안 대치기에 군사력이 가장 집중된 지역이었고, 진먼다오를 지키다가 사망한 대륙 출신 병사들의 묘지가 진먼다오 안에서 가장 높은 산인 타이우산 아래에 있다. 이 묘지에는 '국민혁명군진망장사기념비國民革命軍陣亡將士紀念碑'라는 이름으로 장 제스가 1953년 세운 기념비가 있다. 그러나 탈냉전과 함께 이 작은 섬에 10만이 넘게 거주하던 병사들은 5천명만 남고 모두 떠났다. 주민들보다 많은 숫자였던 병사들이 떠나자, 진먼다오의 군사경제는 일거에 쇠퇴했다. 진먼현정부는 그 빈자리를 군사시설을 활용한 전선관광으로 메우려 하고 있지만, 그 급속한 변화를 모두 메우기는 여의치 않다.

천징란양루에서 약 200여 미터 전방으로 나아가면 거대한 암벽을 이용한 지하호가 건설되어 있다. 이 지하호 속에 대포들이 촘촘히 박혀 있는 것을 볼 수 있다. 이 지하호를 따라 수백 미터를 내려

사진 5. 성공마을 앞 해안 바위의 유리파편 흔적들

가면, 해안의 널따란 바위 위에 유리파편을 총총히 박아놓은 풍경과 마주하게 된다. 이 거대한 지하호는 1970년대 건설된 것으로 군데군데에 포를 운용하는 방어시설이 설치되어 있다. 또한 거대한 바위들이 끝나는 지점에 수 킬로미터에 달하는 모래 해안선이 펼쳐진다. 그러나 곧 그 풍경의 아름다움에 반하는 것이 아니라, 극적인 반전, 즉, 훌륭한 해수욕장이 들어설 자리에 군사시설인 용치가 줄줄이 늘어서 있는 이른바 냉전 경관에 놀라게 된다.[9]

용치龍齒는 원래 용의 이빨을 뜻하지만, 좀더 현실에 가깝게 표현한다면 악어의 이빨이라고 할 수 있다. 진먼다오에서는 이를 구이탸오자이軌條砦라고 부르는데, 이것이 모래해안에 설치되었다면 해안의 널따란 바위들 위에는 유리파편들이 줄지어 박혀 있다. 이 모습

---

9 냉전경관과 냉전생태에 관해서는 우 췬팡·정근식, 2014, 「금문도 냉전생태의 형성과 해체—지뢰전시관 형성의 경로를 따라서」, 『사회와 역사』 104집, pp.7~43.

은 악어의 등껍질과 같은 느낌을 준다. 용치와 이 유리파편들은 진 먼다오의 매우 독특한 냉전경관을 구성하는 설치물이다. 이것은 군사 시설이지만 미학적으로 읽는다면 매우 특별하고 논쟁적인 설치미술에 속한다. 아름다운 해안 경관을 망쳤다고 할 수도 있고, 반대로 기하학적으로 흥미롭고 많은 생각을 하게 하는 설치미술 작품이라고 할 수도 있다.

나는 이 용치를 통하여 한국의 서해5도, 그 중에서도 가장 전방에 있는 백령도와 연평도의 경관을 상상하게 되었고, 현지를 방문하여 확인한 결과 이와 유사한 용치가 있다는 것을 알게 되었다. 나는 2015년 10월, 진먼국가공원이 주최한 국제학술회의에 초청을 받아 진먼다오의 탈냉전과 민주화에 관한 발표를 하였을 때, 연평도의 용치를 보여주는 것으로 시작했다.[10] 이 학술회의에 참가한 학자들에게 이 용치를 보여주면서 이것이 어디에 있는 것이라 생각하느냐고 질문을 던지자 진먼다오 주민들은 매우 흥미로운 표정으로 대답을 대신했다. 진먼다오의 용치와 비슷하지만 늘 보았던 그것은 아닌데, 진먼다오에만 있다고 생각했던 용치가 지구상의 어디에 또 있다는 말인가? 대만이나 싱가포르, 또는 중국에서 온 학자들도 비슷한 표정을 지었다. 그것이 한국에도 있다니. 그런 점에서 냉전경관은 특수하면서도 보편적인 것이다.

한국인들은 대체로 한국에 있는 미군 기지를 들여다볼 수 있는 기회가 없다. 오키나와에 가면 '기지를 바라보는 언덕'이 있고, 거기

---

10 이 학술회의는 주로 진먼다오의 역사와 문화, 그리고 자연생태의 지속가능성을 다루었다. 소양안 교류 이후 새로운 개발계획이 세워지고 관광객이 늘면서 수자원의 부족, 토지거래의 확대, 생태자원의 보존이 중요한 문제로 부상했기 때문이다.

에서 미군 기지를 보면서 한국의 미군 기지를 미루어 볼 생각을 하게 된다. 그런 점에서 나는 오키나와를 한국을 성찰하는 거울이라 표현한 적이 있다. 그 거울은 평면거울이 아니라 동아시아라는 보다 넓은 지평을 하나의 평면에 담는 오목거울일 수 있고, 작아서 잘 보지 못했던 것을 크게 확대하여 보는 볼록렌즈일 수도 있다. 마찬가지로 진먼다오의 냉전 경관은 한국의 DMZ나 서해의 연평도, 백령도의 경관을 다른 시각으로 바라볼 수 있게 하는 또 다른 거울이다. 그 거울은 우리를 재발견하게 하는 반사경이다.

3. 동아시아 냉전·분단체제와 지방성의 구조

2013년부터 2015년 초까지의 세 차례의 진먼다오 방문은 기어코 나를 연평도로 발길을 돌리게 했다. 연평도는 주지하다시피 1998년의 제1차 연평해전, 2001년의 제2차 연평해전, 그리고 2009년의 포격전으로 널리 알려졌지만, 원래는 조기 파시波市로 유명한 곳이다. 연평도의 조기잡이는 조선시대부터 유명했다. 황해도 남쪽, 연평도 인근의 섬들에서 잡은 조기를 작은 어선들이 연안항로를 따라 한강 어귀를 거쳐 마포에서 풀었고, 웬만한 서울 사람들은 조기 철에 마포시장에서 조기를 사서 말린 다음 적절할 때 소비했다. 서울 토박이 음식에 굴비가 빠지지 않는 것은 이 때문이다. 연평도의 조기잡이는 일제 강점기에 크게 성장하였으며, 남북 분단에도 불구하고 유지되다가 1968년을 기점으로 급속히 쇠퇴했다. 서해안 조기잡이는 전남 영광 앞바다인 칠산 어장으로 옮겨갔고, 근래에는 훨씬 더 남쪽인 추자도 어장으로 옮겨갔다.

1968년은 남북분단사에서 중요한 시기이다. 1965년경부터 북한은 대남 강경파들이 득세하면서 매우 공격적인 정책을 취했다. 근래에 알려진 사실이지만, 베트남 전쟁의 여파가 남북관계에 영향을 미쳤다. 한국은 남베트남(월남)에 파병했고, 북한은 냉전시기 사회주의 형제국인 북베트남(월맹)을 돕기 위하여 남북 간 긴장을 고조시켰다. 그 결과가 1968년의 1·21사태, 푸에블로 납치사건, 그리고 울진 삼척지구의 무장공비 남파사건이다.

조기떼가 이런 정치적 긴장을 알 리 없지만 이때를 기점으로 연평도에 올라오지 않았으며, 조기파시가 사라졌다. 노인회장의 증언에 따르면, 조기 철에는 남한 어선들이 NLL을 넘어가서 조업을 하는 경우가 많았다. 한두 차례 북한 경비병들이 남한 어선들을 향해 총격을 가한 적은 있지만, 월경 조업이 관행적으로 이루어졌다는 것은 그만큼 NLL이 경계선으로서의 의미가 없었다는 것을 보여준다.

조기떼가 연평도를 찾지 않을 무렵 연평도 해안에 군사시설들이 들어서기 시작했다. 지하호나 해안 용치가 건설되었다. 그러나 실제 군사적 충돌이 거의 없었으므로 휴전선의 철책에 비해 훨씬 느슨하거나 평온했다고 말하는 것이 정확하다.

진먼다오와 한국의 서해5도는 매우 유사한 지정학적 위치에 있지만 지금까지 누구도 이러한 유사성에 착목하여 연구를 수행하지 않았다.[11] 원래 진먼다오와 샤먼이 동일한 생활권이었던 것처럼, 연평

---

11 유일한 예외가 전원근의 연구이다. 전원근, 2014, 「동아시아 최전방 낙도에서의 냉전 경관 형성―1970년대 서해5도의 요새화와 개발을 중심으로」, 『사회와 역사』 104집, pp.77~106.

도와 북쪽의 인근 섬들은 물론이고, 해주나 강령 또한 같은 생활권이었다. 현재의 연평중학교는 한국전쟁 전에는 강령농업중학이었다. 한국전쟁으로 임시 피난을 연평도로 왔다가 그대로 눌러 앉은 셈이다. 필자가 연평도에서 세 명의 할머니들과 인터뷰를 했는데, 고향이 어디인가를 물었다. 공교롭게도 한 분은 연평도 토박이였고, 다른 한분은 연평도 바로 북쪽의 작은 섬, 지금은 NLL에 의해 가로막혀 갈 수 없는, 그러나 바로 눈 앞에 있는 섬이었다. 그리고 다른 한분은 훨씬 남쪽인 홍도였다. 이 세분의 할머니들의 고향은 한국전쟁 이전의 연평도의 생활권을 정확히 반영하고 있는 셈이다. 해양과 도서에서의 생활권은 종종 우리의 상상을 초월한다. 연평도는 멀리 남쪽으로 홍도까지 연결되어 있었다.

　진먼다오와 서해5도의 경관의 유사성과 분쟁의 시간적 어긋남은 흥미로운 연구주제이다. 경관의 유사성은 이 지역들이 동아시아 냉전-분단의 최전선이라는 점에 기초하고 있을 뿐 아니라 아군 진영으로부터는 멀리 떨어져 있고 강한 적과는 매우 가까이 붙어 있는, 그래서 항상 기습 상륙에 대비하여 현장을 끝까지 사수하면서 방어하는 작전 개념에 의해 형성된 것이다. 이 지역에서 진지는 견고하게 해안의 지하로 구축되었고 해안은 상륙을 저지할 수 있는 가시적 방어구조물로 메워져 있다. 이런 경관의 유사성은 1950년대의 산물이 아닌 1970년대의 산물이다.

　한국전쟁이 휴전협정에 따라 포화를 멈춘 후 형성된 동아시아 냉전의 경계는 한국의 휴전선으로부터 시작되어, 1954년과 1958년의 양안 간, 정확하게 말하면 소양안 간 포격전에 의해 두드러진 경계로 연장되었다. 진먼다오가 냉전의 최전선이 되는 과정은 어떠한가?[12] 1946년 봄 소련군의 철수와 함께 시작된 동북지역에서의 국공내전은 점차 중국 전역에 영향을 미치기 시작했다. 냉전의 파도는 대만에서는 1947년의 2·28사건으로, 제주에서는 1948년의 4·3사건으로 모습을 드러냈다. 1948년 8월과 9월의 남북한 정부의 수립과 10월의 뤼순사건, 중국 선양瀋陽과 장춘長春의 이른바 랴오선 전역遼沈戰域에서의 국민당의 패배는 미국과 소련 중심의 세계적 냉전이 동아시아에서는 약간 다른 양상으로 전개되는 일련의 사건들이었다.

중국 내전에서 인민해방군은 1949년 4월, 양쯔강揚子江을 넘어 남하했다. 승세를 굳힌 인민해방군이 샤먼을 해방시키고 여세를 몰아 진먼다오에 상륙한 것은 1949년 10월이었다. 그러나 진먼다오의 서북쪽에 있는 구닝터우 해변에 상륙한 인민해방군 약 1만 명은 이 작은 섬에 국민당군이 4만 명이나 남아 있었다는 사실을 잘 몰랐다. 처참한 패배를 당한 인민해방군은 대륙으로 철수했는데 그것이 '대만해방' 사업의 중지로 이어질지 어떻게 알았겠는가? 인민해방군이 전열을 정비하여 하이난海南 섬을 해방하고 다시 대만을 공격하려고 준비하고 있을 때 한국전쟁이 발발했다.

1949년 10월의 공산당 지배하의 신중국의 성립과 국민당 지배하의 자유중국의 성립이 탈식민 국가 형성과 냉전이 상호 작용하면서 만들어낸 동아시아 현대사의 시작이라면, 한국전쟁은 남북한 뿐 아니라 양안, 그리고 일본을 아우르는 동아시아에서 냉전을 고착화한 결정적 사건이었다. 한국전쟁의 발발은 양안분단의 항구화, 즉 중국

---

12 鄧峰, 2015,『冷戰初期東亞國際關係研究』, 北京: 九州出版社; 林孝庭, 2015,『臺海·冷戰·蔣介石: 解密檔案中消失的臺灣史 1949~1988』, 臺北: 聯經.

의 대만 점령을 좌절시키고 동시에 미국의 대만 방어를 현실화시킨 결정적 사건임에 틀림없다. 흥미롭게도 1949년까지 미국의 방위선에서 제외되었던 대만은 한국전쟁이 발발한 직후 미 해군 7함대가 대만해협을 봉쇄함으로써 그 운명이 바뀌었다.[13] 인민해방군은 대만공격을 중지하고 1950년 10월 한국전쟁에 지원군이라는 이름으로 개입했다. '항미원조抗美援朝'를 내걸고 한국전쟁에 참전한 중국 인민지원군은 대만을 공격할 기회를 상실했다. 한국전쟁이 발발한 직후나 중국공산당군의 참전으로 미군이 곤경에 처했을 때, 장 제스는 한국에 국민당군을 파병할 것을 제안했으나 실현되지 않았다.[14] 미군과 국민당군은 중국 후방에 유격전을 통한 교란작전을 실시했다.

한국전쟁은 대만이나 진먼다오를 제주도와 연결시킨 사건이기도 했다. 한국전쟁 후반기에 제주도는 그 전략적 위치 때문에 중국 인민지원군 포로들을 분리 수용하는 장소가 되었다. 거제도 포로수용소가 제2의 국공내전의 현장이 되었다면, 제주도는 친공포로와 반공포로를 구분하여 격리 수용하는 제2의 양안이었다. 한국전쟁 휴전회담에서의 포로교환의 문제는 냉전 형성기의 미국과 중국의 자존심을 건 투쟁의 장이었다. 나는 2015년 여름에 대만 지룽基隆에서 중국 인민지원군 포로출신의 한 노인을 만났다. 그는 원래 국민당군이었다가 내전 당시 공산군에 포로로 잡힌 후 인민지원군으로 참전했다가 곧바로 반공포로가 되어 대만으로 온 이였다. 그에게 대만은

---

13 이로부터 한국전쟁이 대만을 구했다는 주장이 성립했다. 張淑雅, 2011, 『韓戰救臺灣?: 解讀美國對臺政策』, 臺北: 衛城出版.

14 林孝庭, 2015, 『臺海·冷戰·蔣介石: 解密檔案中消失的臺灣史 1949~1988』, 臺北: 聯經.

타향이었지만 국민당의 품으로 돌아온 것이었다. 그는 '반공열사'로 대만으로 돌아오자마자 곧 해군 하사관학교에 입교했고, 졸업한 후 진먼다오에 배치되었는데 진먼다오 근무 시절에 샤먼을 향해 포격한 적이 있다고 증언했다. 이처럼, 한국전쟁은 내전에서 포로로 잡힌 국민당군이 인민지원군이 되어 참전한 후 다시 포로가 되고 거제도와 제주도를 거쳐 대만으로 돌아오게 하는 기회를 제공했다.

한국전쟁이 휴전으로 끝난 후 얼마 되지 않아 중국대륙과 대만 사이에 다시 군사적 긴장이 커졌다. 진먼다오는 1954년을 거쳐 1958년에 이르러 샤먼에 주둔한 인민해방군과 포격전을 벌이는 전장이 되었다. 진먼다오와 그 앞의 작은 해협은 1950년대 동아시아 냉전의 중심에 있었던 '열점熱點: hot zone'이 되었다. 1954년의 포격전에서 대만이 미국을 끌어들여 한미동맹에 이은 대만과 미국 사이의 군사동맹을 이끌어냈다면, 1958년의 포격전은 중국을 통일하기 위한 전투라기보다는 마오 쩌둥이 미국의 중동 전략을 교란시키기 위해 시작한 것으로 알려졌다. 이 포격전은 곧 선전 전단을 담은 종이 폭탄이 오고 가는 심리전으로 전환되었으며, 국민당에게는 대만 주민들을 결속시키는 결정적 계기로 작용했다. 진먼다오는 대만을 해방시키기 위한 징검다리가 아니라 대만의 자유를 지키는 방벽이 되었으며, 이를 통해 중국과 대만 사이에는 냉전적 평화가 유지되었다.

1979년 중국이 개혁개방을 선언하고 미국과의 관계를 정상화하면서 대만해협과 양안의 상황은 달라지기 시작했다. 중국은 대만과의 교류를 제안했으나 대만은 안보문제로부터 자유롭지 않았고 중국의 제안에 대응하는 데 상당한 시간을 필요로 했다. 1987년 대만에서 계엄령이 폐지되고 민주주의로의 이행이 시작되었다. 그러나 대만의 계엄해제는 진먼다오와 마쭈다오馬祖島를 예외지대로 두는 것이었다. 이 대만에서 멀리 떨어져 있고 대륙에 바싹 붙어있는 두 섬에서 계엄이 해제되기까지는 5년을 더 기다려야 했다. 계엄령 해제 후 진먼다오는 지방자치선거가 이루어지고 탈군사화가 진행되었다. 2001년 소삼통이라고 부르는 샤먼과 진먼 간 교류가 허용되었다. 냉전 하에서 건설된 진먼다오의 군사시설이나 포격전의 유물은 전장 관광의 자원이 되었다.

특정한 역사공간적 체제로서의 동아시아 냉전·분단체제는 그에 선행하는 일본제국과 그에 대한 반체제적 운동의 복합으로서의 제국—식민지 체제에 새로운 세계사적 힘이 가해진 결과로 형성된 것이다. 이 체제의 구체적인 성립의 계기는 1945년 8월의 미군과 소련군의 분할점령, 1946년 중국내전의 발발과 한국에서의 미소공위의 실패라고 할 수 있다. 역사적으로 그 기원은 러시아 혁명의 여파로 형성된 동아시아 각 지역에서의 1920년대 공산주의와 민족주의 간 경쟁으로까지 거슬러 올라갈 수 있지만,[15] 세계적 차원에서 보면 1945년 초의 얄타회담과 이에 따른 전후구상이 그 바탕을 이룬다. 1950년 6월 북한의 공격으로 시작된 6.25전쟁에서 미국과 중국이 연이어 참전함으로써 지역적인 한국전쟁으로 전화되었는데, 이 전쟁이 정전으로 끝나면서 세력균형으로서의 동아시아 냉전·분단체제

---

15 Odd A. Westad, 2007, *The Global Cold War: Third World Interventions and the Making of Our Times*, Cambridge & New York: Cambridge University Press.

가 정립되었다고 할 수 있다.[16]

유럽에서의 냉전이 독일의 분단을 축으로 성립했다면 동아시아에서의 냉전은 한국의 대칭적 분단, 중국의 비대칭적 분단, 베트남의 대칭적 분단 등을 구성요소로 하여 성립했다. 이들은 모두 적대적 분단이었다. 이와는 달리 일본과 오키나와의 분단, 외몽골과 내몽골의 분단도 동아시아의 냉전·분단체제를 구성하는 요소들인데 이들은 전자와는 달리 비적대적 분단들이다. 동아시아에서의 냉전은 각 지역과 잠재적 민족국가 내부의 분단을 핵심적 구성요소로 하고 있다는 점에서 '냉전·분단체제'라고 부를 수 있다. 국제적 전쟁과 민족 내부의 내전이 얽혀 형성된 분단은 매우 뿌리 깊은 것이어서 국가 간 탈냉전에도 불구하고 지속된다. 분단이라는 요소는 냉전이라는 요소에 환원되지 않는, 상대적으로 독립적인 현상이라 할 수 있으므로, 단순히 동아시아 냉전체제라고 말하지 않고 굳이 동아시아 냉전·분단체제라고 말하는 것이다.

동아시아 냉전·분단체제는 세계적 차원, 지역적 차원, 분단국가와 민족을 아우르는 민족적 차원, 현실적인 정치공동체로의 국가를 지칭하는 국민적 차원, 그리고 지방적 차원 등 적어도 다섯 개의 서로 다른 층위로 구성된다. 각각의 차원들은 위계적이면서도 동시에 고유한 속성을 지니고 있다. 세계적 차원의 탈냉전은 미국과 소련의 대립을 대체로 의미하고, 동아시아적 차원에서는 미국과 중국의 대립을 의미하는데, 동아시아에서는 세계적 차원과 지역적 차원이 혼합되어 있으며, 특히 한국전쟁에서의 미중 간 직접 대결을 통해 촉

---

16 정근식, 2014, 「동아시아의 냉전·분단체제의 형성과 해체: 지구적 냉전하의 동아시아를 새롭게 상상하기」, 임형택 편, 『한국학의 학술사적 전망 2』, 소명출판, pp.41~76.

진되었다. 일국적 차원과 지방적
차원의 차이도 고려해볼 수 있다.

지방적 맥락에서의 분단과 냉전
의 양상은 국가적 차원이나 동아
시아라는 지역적 차원과는 상대
적으로 독립적인 설명을 필요로
한다. 대만과 진먼다오의 군사화
나 탈군사화 양상의 차이와 시간
적 격차, 또는 양안관계 속 소양
안관계의 상대적 독자성, DMZ와

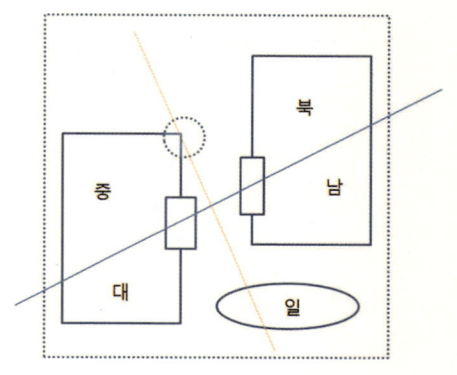

사진 6. 동아시아 분단의 격자구조

NLL의 차이 등은 이를 상상할 수 있는 좋은 준거이다. 이를 적극적
으로 고려한다면, 소양안 분단이나 서해5도의 사례를 설명하기 위
하여 분단의 격자구조를 그려볼 수 있다. 동아시아의 분단의 격자
지도는 중국과 대만의 비대칭적 분단과 남북한의 대칭적 분단이 중
심을 이루고, 그 속에 소양안 분단이나 서해5도와 같은 지방적 분단
이 끼워져 있으며, 여기에 비적대적인 몽골 분단이나 오키나와 문제
등이 끼워져 있는 모습이 된다.

1945년부터 1953년까지의 8년이 동아시아 냉전·분단체제의 형성
기라면, 이로부터 1970년대 전반기까지 약 20년간은 비교적 냉전·
분단체제의 이념형적 재생산기라고 할 수 있다. 미국과 중국의 대
화, 일본과 중국의 수교, 미국과 중국의 수교가 이루어지는 1970년
대가 제1차 해체기, 한국과 러시아의 수교가 이루어진 1990년부터
한국과 중국, 한국과 몽골, 한국과 베트남의 수교가 이루어진 1992
년까지가 제2차 해체기라고 할 수 있다. 보다 완전한 탈냉전은 북한

과 미국, 북한과 일본의 적대적 관계가 해소되는 것을 의미하는데, 이 제3차 탈냉전이 남북한 분단해소와 어떤 관련을 가지고 진행될지는 알 수 없다.[17] 북한의 핵문제가 풀리지 않고 있는 상황은 이를 더욱 모호하게 만든다.

4. 민주화와 탈분단의 엇갈림

동아시아의 냉전·분단체제의 형성과정이 한국과 대만의 현대사에 동시성과 함께 궤적의 유사성을 만들어낸 구조적 요인이라고 한다면, 이것은 두 지역의 민주화와 탈냉전에도 영향을 미쳤다. 그러나 남북한의 분단이 상대적으로 대칭적인데 비해 양안 분단이 비대칭적이라는 점은 한국과 대만의 경로를 어떻게 다르게 만들고 있는가? 1980년대 한국과 대만의 민주화운동, 1987년 민주주의로의 이행, 그 이후의 대통령 및 총통의 직접선거, 그리고 약간의 시차를 두고 이루어진 수평적 정권교체, 심지어 2008년에 이루어진 보수화는 두 나라의 궤적의 유사성을 잘 보여준다. 그러나 한국과 대만의 가장 큰 차이는 민주화의 진전이나 후퇴가 각각 남북관계와 양안관계에 미치는 영향이 다르다는 점이다. 민주주의를 조금 더 강조하는 정당이 집권하는 동안 한국에서는 남북관계가 호전되는 경향이 있는 반면, 대만에서는 반대로 양안관계가 긴장관계에 접어든다.

　동아시아의 현대사를 냉전·분단체제라는 개념으로 접근할 때 제기되는 두번째 도전적 질문은 소양안의 긴장과 서해5도의 긴장의

17　정근식, 2014, 임형택 편, pp.41~76.

제3장 비대칭 거울로서 남북과 양안
292

시차이다. 냉전시대에 조용했던 한국의 서해5도가 탈냉전기에 분쟁의 섬이 되었다. 1999년 6월 15일, 한국해군과 북한해군이 연평도에서 충돌했고 2002년 6월 29일, 연평도에서 다시 충돌했다. 꽃게잡이가 충돌의 빌미를 제공했다. 그 사이인 2000년 6월, 역사적인 남북정상회담이 열렸다. 연평도 해전은 남북 화해의 커다란 흐름과 동떨어진 것이었다. 남북관계의 변화에서 연평도는 도대체 무엇인가라는 반문이 나올 수밖에 없다.

2010년 11월 23일 연평도에서 남북한 간에 포격전이 발생했다. 해전에서 포격전으로 옮아간 것이다. 연평도 포격전은 1958년의 진먼다오 포격전을 연상시켰다. 탈냉전시대에 연평도는 뒤늦게 냉전의 섬이 되었다. 냉전시대에 가장 뜨거웠던 진먼다오에 평화가 찾아오고, 냉전의 전략적 축이었던 오키나와의 미군기지는 탈냉전에도 불구하고 그대로 유지되고 있으며, 냉전기에는 직접적 대치에도 불구하고 평화로웠던 연평도가 뒤늦게 분쟁의 현장이 된 현 상황을 우리는 어떻게 이해해야 하는가?

왜 양안관계의 갈등이나 긴장이 남북관계의 갈등이나 긴장과 동시적으로보다는 번갈이 가면서 나타나는가. 이는 동아시아 냉전·분단체제의 작동원리나 해체의 양상을 설명하는 데 지표가 되는 질문이다. 한국과 대만에서 민주화와 탈분단의 길항관계가 다른 양상으로 나타나는 것은 아무래도 분단의 성격, 즉 대칭성의 차이로 설명할 수밖에 없다.

5. 탈냉전과 신냉전의 갈림길에서

유럽의 탈냉전은 독일의 통일을 가져왔지만, 동아시아에서의 탈냉전은 한국이나 중국의 통일을 가져오지 않았다. 냉전이나 탈냉전의 의미가 두 지역에서 다르고 또 탈분단의 의미 또한 남북한과 양안 간에 다르다. 심지어 양안과 소양안 간에도 교류와 협력 프로젝트에 대해 온도차가 있다.

냉전의 섬 진먼다오는 2001년 소삼통 이후 지속적으로 교류가 확대되면서 평화가 증진되고 있다. 소양안의 소삼통은 2008년의 양안 간 대삼통으로 이어졌다. 교류와 협력이 항상 긍정적인 반응만을 불러오는 것은 아니라는 사실은 2014년의 '해바라기운동'에서 여실히 드러났다. 이 사건은 대만 경제의 중국 의존도가 커지면서 발생한 대만 청년들의 일자리 부족, 불안과 고뇌를 그대로 드러냈다. 이런 흐름은 결국 2016년 1월에 실시된 대만 총통선거에서 민진당의 승리로 이어졌다. 세번째 수평적 정권교체로 인하여 양안관계가 다시 긴장을 겪게 될지, 그 긴장이 소양안까지 미칠지, 아니면 찻잔속의 태풍으로 끝날지 귀추가 주목된다.

냉전의 섬이 평화의 섬으로 바뀐 진먼다오와는 달리 제주도의 사정은 복잡하다. 제주도는 4·3사건이 발생한 지 50년이 되던 1998년, 동아시아평화인권 국제학술회의를 통하여 사건의 진실규명과 희생자들의 명예회복을 위한 사회운동이 공개적인 방식으로 진행되기 시작했다.[18] 이를 계기로 하여 4·3특별법이 제정되고 4·3문제에 대한 진상규명이 이루어졌으며 4·3평화재단이 설립되었다. 민주화

---

18 제주4·3연구소 편, 1999, 『동아시아의 평화와 인권』, 역사비평사.

와 탈냉전에 힘입어 제주도가 '평화의 섬'을 선언했을 때,[19] 그 희망을 희석시키는 군사화의 그림자가 어른거리기 시작했다. 결국 수많은 논란을 거치면서 해군기지가 제주도에 건설되었다. 평화의 섬과 냉전의 섬은 제주도의 정체성을 혼란스럽게 하는 이분법적 대극점이다.

또 하나의 냉전의 섬 오키나와의 미군기지는 현재진행형 쟁점이다. 2009년 9월 일본의 영원한 보수 여당인 자민당을 이기고 민주당 하토야마鳩山 정권이 출범했다. 민주당 정권은 오키나와 미군기지를 헤노코邊野古로 이전하는 데 반대하고 괌으로의 이전을 요구했다. 그렇게 될 경우 오키나와는 탈냉전의 섬이 될 수 있었다. 그러나 2010년 3월 26일 발생한 천안함 침몰사건은 오키나와 미군기지 문제의 양상을 바꾸어버렸다. 현재 오키나와 지사에 다시 기지반대론자가 당선되면서, 헤노코 기지 건설 문제가 어떻게 진행될지 확실히 알 수 없게 되었다. 헤노코의 할머니는 생존권과 환경권을 지키기 위해 십수 년간 싸우고 있다.

눈을 돌려 댜오위다오釣魚島 또는 센카쿠열도尖閣列島를 바라보면, 중일 간 분쟁이 언제 터질지 알 수 없다.[20] 동중국해로부터 남중국해로 옮겨가면 사정은 더 복잡하다. 중국이 인공섬을 건설함으로써 시끄러워진 남중국해는 베트남과의 갈등이 첨예하다. 말레이시아, 필리핀 뿐 아니라 일본과 미국이 주목하는 곳이다. 동아시아에서

19 고경민, 2014, 「세계평화의 섬의 새로운 추진방향: '평화개념'을 중심으로」, 『평화연구』 24-2; 고성준 외, 2004, 『동아시아와 평화의 섬 제주』, 제주대학교 출판부.

20 矢吹晋, 2013, 『尖閣衝突は沖繩返還に始まる: 米中日三角關係の頂点としての尖角』, 東京: 花傳社.

탈냉전과 신냉전의 흐름이 서로 교차되고 착종될 때 냉전의 섬들에 대한 우리의 관심은 더욱 커질 수밖에 없다. 혼란스러운 냉전의 섬들의 미래를 헤아리고 조금이나마 상황을 개선하는 데 기여하기 위하여 할 수 있는 일은 무엇인가?

진먼다오를 포함하여 오늘날 양안 간의 관계는 남북한 관계에 비해 훨씬 평화롭고, 자유로운 소통과 교류, 협력이 이루어지고 있다. 양안의 학자들은 서로 교류할 뿐 아니라 책을 함께 쓰고 있다.[21] 한국인의 시각에서 보면, 소양안이나 양안은 경제적으로나 학술적으로 서로 통합되어가고 있다. 나는 2015년의 끝머리에 제주 4·3평화재단의 여러 분들과 함께 다시 진먼다오를 방문했다. 이 방문은 연구를 위한 답사가 아니라 그야말로 상호 이해를 증진하기 위한 것이었다. 제주도에서 오키나와를 아는 사람들은 많이 늘어났지만 진먼다오는 아직 낯선 곳이다. 진먼다오 주민들 또한 아직 제주도의 사정을 잘 모른다. 진먼다오의 연구자들은 연평도나 백령도에 가보고 싶어 한다.

---

21 沈志華·唐啓華 主編, 2010, 『金門: 內戰與冷戰—美, 蘇, 中檔案解密與研究』, 北京: 九州出版社.

삼통으로 본 양안과
남북

정은미

1. 뒤바뀐 꿈과 현실

인천공항을 출발하여 중국 샤먼에 도착하여 배를 타고 진먼을 방문한 후 다시 비행기로 타이베이에 들어가는 데 큰 불편은 느껴지지 않는다. 역방향으로 여행을 진행한다 하더라도 마찬가지이다. 심지어 런민비RMB를 미처 준비하지 못하고 샤먼에서 쇼핑을 하게 되더라도 대만 달러TWD로 쉽게 물건값을 지불할 수 있다. 중국에 있든 대만에 있든, 로밍 설정 한번으로 휴대전화의 사용은 문제될 게 없다. 이는 2000년 이후 실현된 양안의 '삼통'이 가져다준 일상의 단면이다.

그렇다면 한반도의 현실은 어떠한가. 2010년 '5·24조치' 발표 이후 항공기는 물론 어떤 선박도 직항로를 이용할 수 없으며, 한해 30만 명 이상의 남측 민간인들이 금강산과 개성을 관광하던 풍경도 2008년을 마지막으로 사라지고 말았다. 그나마 유일하게 남북한 간

사진 1. 진먼 수이터우 선착장의 소삼통 경로 안내판

에 이어진 통로는 개성공업지구로 향하는 길뿐이다.[1] 그 길마저도 남한 군이 관할하는 남측 군사분계선을 지나 유엔사령부의 관할 하 공동경비구역을 통과하여 다시 북한군이 관할하는 북측 군사분계 선을 건너고 나서야 개성공단에 진입할 수 있었다.

2000년 6월 남북정상회담을 지켜본 많은 대만의 언론들은 일제 히 "남북한은 할 수 있는데, 중국과 대만은 왜 안 되는가"라는 의 문을 던졌다고 한다.[2] 당시 대만 언론의 보도는 남북정상회담 개최 에 대한 부러움과 동시에 양안의 현실에서 느끼는 비탄의 정서가 담겨 있었다. 그로부터 15년이 지난 2015년 11월 7일에 시 진핑 중 국 국가주석과 마 잉주 대만 총통이 만나 분단 66년 만에 처음으

---

1 이 글은 2016년 2월 10일 남측의 개성공단의 전면 중단 결정과 2월 11일 북측의 개성 공단 폐쇄 조치가 취해지기 이전에 작성되었다.

2 李明, 2000, 「南北韓首度高峰會之省思」, 『海峽評論』 115期 7月號, http://haixia-info. com/articles/2758.html

로 양안의 정상회담을 가졌다. 2001년 소삼통의 시작에서 2008년 대삼통의 달성, 그리고 2015년 정상회담에 이르기까지, 남북한정상 회담을 바라보며 꿈꿨던 양안 국민들의 바람이 불과 15년 만에 현실이 되었다. 첫 정상회담이 개최된 15년 이전 시기보다 더 악화된 지금의 남북관계를 목도하며 한반도에 살고 있는 우리가 이제는 오히려 양안이 이뤄낸 놀라운 변화를 부러워하는 처지가 되었다.

15년 전 대만 학자 탕 번湯本이 2000년 6월 남북한 정상회담을 지켜보며 『쯔여우옌룬自由言論』에 기고한 글을 지금 다시 읽어보면, 15년 만에 뒤바뀐 한반도와 양안의 현실이 뼈아프게 느껴진다. 이 글에서 탕 번은 남북한 정상회담을 지켜보며 이렇게 소회를 표현했다.

남북한 사람들의 '한다면 한다'는 행동력, 공동의 이익과 민족 이익 그리고 민족의 감정을 중시하는 데 감동을 받았다. 반면 양안의 중국인들은 명분을 중시하고 행동력이 떨어진다. 오랫동안 서로 싸우고 토론하고 문구의 토씨 하나까지 놓고 이리 보고 저리 보니, 결국은 왔다갔다 변하기 일쑤다. 양안은 (……) 서로 믿지 못하면서 상대방이 신용을 지키지 않는다고 비난하고 쌍방이 모두 자신이 없으면서 상대가 자신감이 없다고 원망한다.[3]

오늘 한반도와 양안의 현실은 어떠한가. 15년 전 탕 번이 쓴 양안과 한반도의 현실과 정반대의 양상이 지금 전개되고 있다. 이제 한반도에 살고 있는 우리가 양안의 중국인들이 보여준 행동력과 민족 공동의 이익 중시, 상호 신뢰에 감동할 차례이다. 우리야말로 대화

---

3 湯本,「爽快·果敢的民族向心力—評兩韓高峰會談之一」,『自由言論』(2000.6.22.).

하지만 서로 믿지 못하고 약속을 이행하지 않으며 민족의 공동이익 보다 격格과 명분을 챙기는 데 힘을 소모하고 있다. 그렇다면 한반도는 왜 답보상태에 있는지 과거부터 짚어보자. 양안의 오늘이 소삼통에서 시작되었다면 소삼통이 무엇인지부터 되짚어 볼 필요가 있다. 그리고 양안의 삼통을 통해 남북한 삼통의 현재를 직시하고 미래의 가능성을 그려보자.

2. 삼통과 양안관계의 전환

양안관계의 획기적인 발전은 '삼통'으로부터 시작됐다고 해도 과언이 아니다. 양안에서 '삼통'은 통우, 통항, 통상을 의미한다. 통우는 중국과 대만간의 우편 및 통신의 교환을, 통항은 배와 항공기의 상호 운항을, 통상은 자유로운 상호 경제활동의 허용을 의미한다. 양안의 삼통정책은 역사적으로 1978년 12월 제11차 3중전회에서 덩샤오핑鄧小平이 공포한 '4개현대화'라는 실용주의 개방노선의 선언으로까지 거슬러 올라간다. 중국은 1979년 진먼에 대한 21년간의 포격을 중지하고 '대만동포에게 알리는 서對臺灣同胞書'를 발표했다. 그리고 "우리는 쌍방이 빠른 시일 내에 삼통을 실현하여, 쌍방의 동포가 직접 접촉하고 친족을 만나고 여행하고 학술문화체육의 행사에 참가할 수 있도록 해야 한다"고 하여 삼통을 통한 평화통일을 주장했다. 그러나 대만은 삼불정책不接觸, 不談判, 不妥協을 고수하며

---

4 「全國人大常委會告臺灣同胞書」, 『人民日報』(1979.1.1.), 남종호, 2009, 「중국 양안의 삼통발전과 정치·경제적 고려인수」, 『중국연구』 제46권, p.283에서 재인용.

이에 응하지 않았다. 왜냐하면 대만 당국은 중국의 삼통정책을 통일전선의 음모로 인식했기 때문이다.

하지만 대만 주민들의 비공개적인 친척 방문이 점점 늘어나고 중국 경제의 발전과 더불어 양안 간의 민간 교류가 급격히 증대되면서 더 이상 정치적 이유로 삼통을 완전히 거부할 수 없는 현실에 봉착하였다. 1987년 대만 당국은 대만 주민의 중국대륙 친척방문을 허용하기에 이르며, 1992년에 중국 푸젠성은 '양문대개, 양마선행兩門對開, 兩馬先行(두 개의 '문'을 서로 개방하되 두 개의 '마'부터 시작하자)'이라는 소삼통 구상을 제시하였다. 여기서 '양문兩門'이란 중국 푸젠성의 샤먼과 대만의 진먼을, '양마兩馬'는 중국의 마웨이항과 대만의 마쭈항을 가리킨다.[5]

1995년 이후 중국 공산당과 중국정부는 교통·우편·무역에서 양안의 직접적인 삼통을 주장했다. 이 시기 민간 부분의 양안교류는 이미 상당한 수준에 이르렀다. 1992년부터 매년 중국에 오는 대만 동포는 백만 명을 넘었으며, 양안의 무역생산은 매년 증가하여 1997년 화물 운송량으로 약 1,600만 톤에 달했다.[6] 하지만 이때에도 대만정부는 소극적으로 대응하였다. 대만은 중국이 제안한 양안 간 직접 삼통이 실현되기 위해서는 세 가지의 조건 즉, 첫째, 대만에 대등한 정치실체를 부여하고, 둘째, 대만에 무력을 사용하지 않고, 셋째, 대만에 국제 활동 공간을 줄 것을 요구했다. 여기서 우리는 대만이 경제사회적 문제를 넘어 주권과 국가안보의 문제로 삼통 문

---

5 이종훈, 2009, 『양안통일이 시작되었다: 중국·대만 교류 협력 정책 및 법제』, 한국학술정보(주), pp.145~146.

6 남종호, 위의 글, p.284.

제를 인식하고 있음을 알 수 있다. 하지만 대만이 제안한 선결 조건들은 중국이 고수하는 '하나의 중국'이라는 대원칙과 배치되기 때문에 사실상 중국이 수용할 수 없는 것들이었다.

그러나 역사적 반전은 늘 흥미롭다. 1999년 리 덩후이 총통이 양안관계를 특수한 국가 대 국가의 관계로 상정한 '양국론'을 공식적으로 제기하면서 양안에 극도의 군사적 긴장관계가 형성되었다. 게다가 홍콩, 마카오가 중국에 반환되고 중국 경제가 급성장하여 중국의 WTO 가입이 예정되는 등 국제사회에서 중국의 위상이 나날이 높아졌다. 더욱이 이웃의 또 다른 분단국인 한반도에서는 남북관계가 급격히 해빙되면서 역사상 첫 정상회담 개최를 앞두고 전 세계인의 주목을 받고 있었다. 이러한 대내외 환경의 변화 속에서 대만은 점점 국제사회로부터 고립된다는 위기의식을 갖게 되었다. 2000년 3월 새 총통으로 당선된 민진당의 천 수이벤은 국제사회의 정치적 고립을 타파하고 중국과의 정치군사적 긴장을 해소하기 위한 방편으로 삼통 정책을 적극 활용하였다.

천 수이벤 정부 출범 4일 만인 2000년 3월 21일 대만 입법원은 '주변섬 개발건설 조례離島建設條例'를 통과시켰다. 이 조례를 통해 대만의 진먼, 마쭈, 펑후 지역과 중국대륙의 샤먼과 마웨이 지역 간의 통항이 허용되고, 양안 간의 인적, 물적 왕래와 상업 행위가 허용되었다. 사실상 1992년 중국 푸젠성이 제시했던 소삼통의 구상을 대만이 수용한 것이다. 대만의 한 학자는 소삼통에 대하여, 냉전 종식 이후 실용적인 원칙에 의해 이루어진 양안 정부의 획기적 성과라고

의미를 부여하였다.[7]

소삼통이 현실화되기까지는 양안 간 대화와 협상 주체의 특수성이 크게 기여했다. 중국과 대만의 대화·협상에서 중국은 '하나의 중국' 원칙에 입각하여 대만을 대등한 정부로 인정할 수 없었고, 대만은 독립적인 정치실체로서 대만의 지위를 포기할 수 없는 정치적 한계를 지니고 있다. 이러한 한계 때문에 중국과 대만은 각각 '해협회'와 '해기회'라는 민간법인을 설립하여 협상을 전담시킴으로써 정치적 제약을 뛰어넘는 실사구시적 접근을 할 수 있었다. 비록 형식적으로는 민간법인이지만, 실제로는 중국과 대만의 최고지도부가 직접 관여할 뿐만 아니라 중국의 국무원 대만사무판공실, 외교부, 상무부 그리고 대만의 행정원 대륙위원회, 외교부, 경제부 등이 두 기관의 업무·조직을 실질적으로 지휘·감독했다.[8]

소삼통의 성과는 대단했다. 1987년~2007년 동안 대만을 방문한 중국인은 186만 명 이상이며, 중국을 방문한 대만인은 같은 시기 4,703만 명 이상이었다. 또한 대만의 대중국 무역규모는 꾸준히 증가하여 2007년 기준으로 수출 약 742억 달러, 수입 약 280억 달러로 약 462억 달러 이상의 흑자를 달성했다. 수치만 보았을 때, 소삼통으로 인해 얻은 수혜는 중국보다 대만이 더 커 보인다. 하지만 양안의 상호 무역의존도를 비교해보면 상황은 복잡해진다. 대만의 대중국 무역의존도는 1993년 9.19%에서 2007년 21.95%로 계속

---

7 이 책에 수록된 저우 양산(周陽山)의 글 「소삼통에서 신삼통으로: 진먼 사람이 경험한 소삼통 이야기」 참고.

8 문흥호, 2010, 「중국과 대만의 협상제도와 운영 사례 연구─해협양안관계협회와 해협 교류기금회를 중심으로」, 『중국연구』 제48권, p.327.

증가하는 추세에 있는 반면, 중국의 대대만 무역의존도는 1993년 7.67%에서 2007년 4.7%로 오히려 감소 추세에 있다.[9] 이 대조적인 수치가 의미하는 바는 간단하다. 중국은 대만의 시장 없이도 살 수 있지만, 대만은 더 이상 중국의 시장 없이 살기 어렵다는 것을 의미한다.

기호지세騎虎之勢라는 성어가 있다. 일단 호랑이 등에 타고 앉으면 쉽게 내려올 수 없다는 이 말은 삼통 이후 양안의 발전하는 추세를 잘 표현해 준다. 친인척 간의 인적 왕래로 시작한 양안의 교류는 무역과 투자, 학술, 문화의 장으로 확대되었으며, 결국 대만으로 하여금 삼불정책을 포기하게 하여 소삼통의 실현을 가져왔다. 하지만 자유와 자본의 욕망은 소삼통에 만족하지 않고 대삼통의 필요성을 중국과 대만 모두에게 압박하였다.

2008년 3월에 집권한 대만 국민당의 마 잉주 정부는 '신삼불정책(不統, 不獨, 不武, 중국과 통일도, 대만의 독립도, 양안 간 무력충돌도 하지 않는다)'이라는 대륙정책의 기본원칙을 표방하고, 실리적 차원에서 중국과 교류 및 협력을 확대하는 양안정책의 기조를 추진해 나갔다. 즉, 통일이냐 독립이냐 같은 복잡한 논쟁을 내재하고 있는 정치 문제는 '92공식' 아래 유보하고, 상대방을 인정하는 토대 위에서 양안의 공동 번영을 위한 경제우선의 교류협력을 추진한 것이다. 더욱이 2008년 글로벌 금융위기에 따른 급격한 경기침체로 대만은 새로운 경제 성장의 동력이 필요한 상황이었다. '평화발전和平發展' 및 '조화사회和諧社會' 건설을 주창하며 2008년 베이징올림픽을 앞두고

---

9 이석기 외, 2014, 『중국─대만 양안관계 분석을 통한 남북경협 활성화 추진방안』, 경제·인문사회연구회, pp.47~49.

있던 중국으로서도 양안관계의 안정과 발전은 절실했다.

2008년 6월 중국 베이징에서 열린 1차 회담에 이어 같은 해 11월 3일 천 윈린陳雲林 중국 해협회 회장이 대표단을 이끌고 국공 내전 이후 59년 만에 처음 대만을 방문하는 역사적인 사건이 일어났다. 천 윈린 회장은 방문 다음 날인 11월 4일 대만의 장 빙쿤江丙坤 해기회 이사장과 만나 삼통의 전면적인 실시에 전격 합의했다. 두 차례의 회담을 통해 양측은 직항 전세기 운항 및 중국인들의 대만 관광 허용, 항공운송, 해양운송, 우편 및 식품안전 등에 대한 합의서를 체결하였다. 2001년 소삼통이 시범적으로 시행된 지 불과 8년 만에 대삼통의 시대가 개막된 것이다. 이후 2010년 6월 양안 간 자유무역협정이라 할 '양안경제협력기본협정ECFA'을 맺음으로써 실질적인 '하나의 중국시장' 형성에 필요한 제도적 기반을 마련하였다. 그리고 2013년 6월에는 양안의 서비스 산업의 개방을 의미하는 '해협양안서비스무역협정'을 체결하기에 이르렀다.

하지만 거침없이 질주하던 양안관계도 흔들리기 시작했다. 점점 커져가는 양안간의 비대칭성에 대해 대만 국민들은 불안감을 갖기 시작했다. 대만의 대중국 무역의존도는 2008년 19.8%에서 2012년 22%로 증가한 반면, 중국의 대대만 무역의존도는 2008년 5%에서 2012년 4.6%로 줄어들었다.[10] 2010년 중국과 대만이 체결한 ECFA는 대만의 중소기업과 서민들의 이익보다는 거대 자본과 기득권의 이익만을 추구하는 정책이라는 비판이 제기되고 있다. 더욱이 2014년 3월 양안서비스무역협정에 관한 법안이 대만 입법원 회의에서

---

10 이석기 외, 2014, p.51.

30초만에 통과되어 버리자 이에 대한 반발로 대만 전역에 해바라기 학생운동이 일어났다. 이 운동은 단순히 양안서비스무역협정 반대를 넘어 전반적인 민주화운동으로 확산되었다. 그 여파로 집권당인 국민당은 2013년 11월 지방선거에서 참패했고, 예상대로 2016년 1월 총통 선거에서도 국민당에서 민진당으로 정권이 교체되었다. 민진당의 집권으로 향후 양안관계의 재조정은 불가피해 보인다. 그럼에도 불구하고 15년 동안 전방위에 걸쳐 추진되었던 삼통이 가져다준 호혜성은 양안관계의 역주행을 막는 중요한 동인이 될 것이다.

3. 남북한 삼통의 불안정 궤도

한반도에서 삼통이라는 단어가 본격적으로 사용되기 시작한 것은 2000년 이후이지만, 양안과 동일한 의미에서의 삼통은 1960년대에 북한이 먼저 제기했다. 특히, 이 시기에는 서신과 인적 왕래, 즉 통우와 통행通行의 필요성이 우선적으로 제기되었다. 1960년 8월 14일 김일성은 '8.15해방 15돌 경축기념대회'에서 한 보고에서 통일의 과도 단계로서의 연방제를 언급했는데 이 보고 연설 내용 중 "우리는 벌써 15년 동안 갈라져 서로 오고가지도 못하고 만나보지도 못하며 편지 거래조차 하지 못하고 있습니다. (중략) 남북 사이에 문화사절들이 오고가게 하며 과학, 문화, 예술, 체육을 비롯한 모든 분야에서 호상 교류를 실시할 것을 우리는 다시 한 번 제의합니다. 부모, 형제, 자매들 사이에, 친척, 친우들 사이에 편지 거래부터라도 할 수 있게 되어야 하며 인민들이 자유롭게 오고갈 수 있게 되어야 합니다"라고 언급해 남북한의 사회문화 교류와 함께 통우와 통행을 제안했다.

하지만 남한의 박정희 대통령은 조국 근대화를 조국통일의 중간 목표로 설정하고 정치, 경제, 외교, 사회, 문화 등 모든 분야에서 남한이 북한보다 압도적으로 우월한 힘을 배양하고 통일 준비를 완료했을 때 통일을 추진해야 한다고 주장함으로써, 사실상 북한이 먼저 제안한 교류와 자유왕래, 서신교환 등을 수용하지 않았다. 이 시기 남한정부는 북한의 사회문화 우선 교류 제안이 북한 공산당의 '통일전선' 전략의 일환이라고 간주했을 것이다. 마치 양안의 삼통 역사에서 중국이 먼저 제안한 삼통을 대만에서 중국공산당의 '통일전선' 계략으로 인식했던 것처럼 말이다.

1971년 4월 12일 북한의 허담 외상은 최고인민회의의 제4기 제5차 회의에서 8개 항의 통일방안을 제시했다. 그중 일곱번째 항에 "남북 간의 통상과 경제적 협조, 과학, 문화, 예술, 체육 등 여러 분야에 걸친 호상 교류와 협조를 실현하며 남북 간의 편지 거래와 인사 내왕을 실현하는 것"이 포함되어 있다. 또 이어서 "최소한도의 인도주의적 조치로서 오랫동안 남북으로 갈라져 있는 부모, 처자, 친척, 친우들 간에 서로 안부라도 전하고 면회라도 하게 하자는 것"을 재차 강조했다. 하지만 남북한 당국의 최초 합의문이라 할 수 있는 1972년 '7·4남북공동성명'에서는 삼통의 문제가 구체적으로 명시되지 않았다. 그저 세번째 항에서 "쌍방은 끊어졌던 민족적 연계를 회복하며 서로의 이해를 증진시키고 자주적 평화통일을 촉진시키기 위하여 남북 사이에 다방면적인 제반 교류를 실시하기로 합의하였다"라는 식으로 매우 포괄적으로 표현했을 뿐이다.

1980년대에 이르러 체제경쟁에서 남한이 북한을 앞지르는 역전 상황이 전개되자 이번에는 남한이 삼통 문제를 주도적으로 제기한다. 1982년 1월 22일 전두환 대통령이 국정연설에서 제시한 '민족화합민주통일방안'은 1960~70년대 북한이 제안했던 것보다 훨씬 더 구체화된 것이었다. 이 통일방안의 다섯번째 항에 "쌍방은 이산가족의 인도적 재회문제를 포함해서 남북 간의 자유로운 인적 내왕과 다각적인 교류를 촉진할 수 있도록 교역, 교통, 우편, 통신, 체육, 학술, 교육, 문화, 보도, 보건, 기술, 환경 보존 등 제반 분야에서 협력하며 이를 통하여 민족의 이익을 증진시키는 구체적인 노력을 경주하기로 한다"고 명시되어 있다. 남한의 이니셔티브는 노태우정부에서도 그대로 이어졌다. 1988년의 '7·7선언'과 1989년 9월에 발표된 '한민족공동체통일방안'이 이를 반영한다.

남한과의 체제경쟁에서 밀리는 한편 세계적으로 탈냉전시대가 도래하자, 남한의 공세에 위협감을 느낀 북한은 기존과는 정반대의 입장에서 노골적인 변화를 보였다. 1991년 1월 1일 김일성은 신년사에서 1민족, 1국가, 2제도, 2정부에 기초한 '느슨한' 연방제를 제시했다. 여기서 "남조선 당국은 말로는 '평화'요, '냉전 종식'이요 하지만 실지에 있어서는 평화보장을 위한 초보적인 조치도 취하려 하지 않으면서 이른바 '교류 우선론'에만 매달리고 있습니다. 우리는 인도적 내왕이나 교류문제를 해결하는 것도 필요하다고 인정하지만 보다 간절한 평화문제, 군사문제의 해결을 뒤로 미루려는 데 대해서는 타협할 수 없습니다"라고 하여 기존의 입장에서 뒤로 물러난다.

삼통 문제가 처음으로 남북한 정부 문서에 명기된 것은 1991년 12월 13일 남한의 정원식 국무총리와 북한의 연형묵 정무원총리가 서명한 '남북 사이의 화해와 불가침 및 교류·협력에 관한 합의서'(약칭 '남북기본합의서')라 할 수 있다. '남북기본합의서' 제3장 남북 교류·협력 제15조에 "자원의 공동 개발, 민족 내부 교류로서의 물자 교류, 합작 투자 등 경제 교류와 협력을 실시"하고, 제17조에 "민족 구성원들은 자유로운 왕래와 접촉을 실현"하며, 제18조에 "흩어진 가족·친척들의 자유로운 서신 왕래와 상봉 및 방문을 실시하고 자유의사에 의한 재결합을 실현"하고, 제19조에 "끊어진 철도와 도로를 연결하고 해로, 항로를 개설"하며, 제20조에 "우편과 전기통신 교류에 필요한 시설을 설치·연결하며, 우편·전기통신 교류의 비밀을 보장"한다고 명시되어 있다. 이처럼 '남북기본합의서'는 통우, 통항, 통상의 실현에 대한 남북한 당국 간의 합의가 명시된 최초의 공식 문서라 할 수 있다.

그러나 역사는 순조롭게 흐르지 못했다. 북한의 영변 핵개발 문제가 국제화되면서 '남북기본합의서'에 명시됐던 모든 약속들은 무기한 연기되었고 사실상 '남북기본합의서'는 사문화되어 갔다. 국제적 탈냉전시대의 도래에도 불구하고 한반도에서는 핵을 둘러싼 신新냉전체제가 여전히 작동되었고, 김일성의 사망 이후 수십만 또는 수백만의 북한 주민들이 아사하는 어처구니없는 일이 한반도에서 발생하고야 말았다. 북한 주민들이 국제적 구호의 손길로 연명하고 있던 시기 남한사회의 평온한 삶 역시 오래가지 못했다. 1997년 하반기에 갑작스럽게 맞닥뜨린 IMF 외환위기 또한 남한 주민들의 삶을 강타했다.

우리는 다시 한번 역사의 전환을 목도하게 되었다. 남북한 모두 벼랑 끝에 섰다고 생각했던 시점에, 극적이게도 남한에는 역사상

처음으로 진보진영이 집권하였고, 북한에는 김일성에 이어 김정일이 공식적으로 권력을 승계했다. 그리고 2000년 6월, 남과 북의 최고통수권자인 김대중 대통령과 김정일 국방위원장이 평양에서 손을 맞잡는 영상이 전세계에 실시간으로 전파되었다. 하지만 분단 이래 처음으로 성사된 남북한 정상회담의 결과로 탄생한 '6·15남북공동선언'은 남북한의 정상이 직접 서명한 문서라는 점 외에는, 구체적인 내용을 담고 있지 않다. 제1차 남북정상회담이 남북관계의 발전과 통일 실현을 위한 방향성을 제시했다면, 제2차 남북정상회담은 실천 방안을 모색하고 합의하기 위한 것이라고 해석할 수 있다. 실제로 제1차 남북정상회담의 결과물인 '6·15남북공동선언'보다는 2007년 제2차 남북정상회담의 결과물인 '10·4선언(공식 명칭 남북관계 발전과 평화번영을 위한 선언)'이 1991년 '남북기본합의서'에 더 가깝다. 하지만 아쉽게도 '10·4선언'의 내용은 '남북기본합의서' 수준에 미치지 못했다.

현재 시점에서 남북한 교류협력사업에서 문제가 되고 있는 '삼통'이라는 용어가 직접 표기된 것은 '10·4선언'이 처음이다. 5항에 "남과 북은 민족경제의 균형적 발전과 공동의 번영을 위해 경제협력사업을 공리공영과 유무상통의 원칙에서 적극 활성화하고 지속적으로 확대 발전시켜 나가기로 하였다"라고 명시하고, 5항 아래의 세부사항들 중 "남과 북은 개성공업지구 1단계 건설을 빠른 시일 안에 완공하고 2단계 개발에 착수하며 문산—봉동 간 철도화물수송을 시작하고, 통행·통신·통관 문제를 비롯한 제반 제도적 보장조치들을 조속히 완비해 나가기로 하였다"라는 부분에서 '삼통'이 명시되었다. 1991년 '남북기본합의서' 3장의 제15조~제20조에 명시된 '삼

통'이 통우, 통항, 통상를 의미하고 인도주의적 차원에서부터 경제상
호주의적인 차원까지 모두 포괄하는 것이라면, '10·4선언' 이후 '삼
통'은 개성공단사업의 활성화를 위한 도구적 차원으로 의미가 크게
축소되었다. 물론 개성공단 운영을 위한 제도라 할지라도 실제로 삼
통이 실현된다면 이것은 얼마든지 추가 지역이나 사업에 확장하여
적용될 가능성을 열 중요한 선례가 될 수 있다는 점에서, 그 자체로
남북관계의 큰 진전이라 할 수 있다.

　2007년 '10·4선언'에 명기된 삼통 문제는 이후 남북 고위급회담
에서 주요 의제로 논의되었다. 2007년 11월 16일에 발표된 제1차
남북총리회담 합의서에는 통행시간을 기존의 평일 08:30~17:40(동
절기 09:00~17:00)에서 07:00~22:00로 확대하고, 통신의 경우도
2008년까지 인터넷과 무선전화를 개성공단 안에서 이용할 수 있으
며, 유선통신은 당시 653회선에서 2007년 말까지 1만 회선으로 확
대하기로 합의했다. 또한 통관의 경우 통관사업의 신속성과 과학성

을 보장하기 위해 물자하차장 건설 등을 추진키로 하는 등 매우 구체적인 실행방안이 합의되었다. 특히, 통신에서 유선전화뿐만 아니라 인터넷과 무선전화까지 사용을 허용한 것은 매우 파격적인 조치라고 할 수 있다. 한편, 삼통 문제를 군사적으로 보장하기 위한 남북한 군사회담도 신속히 진행되었다. 2007년 12월 13일 남한의 국방부장관과 북한의 인민무력부장이 '동·서해지구 남북관리구역 통행·통신·통관의 군사적 보장을 위한 합의서'에 서명했다.

그러나 삼통 문제 해결에 대한 남북한 당국의 의지는 여기까지였다. 공교롭게도 2007년 12월 대통령 선거에서 야당의 이명박 후보가 당선됨으로써 김대중·노무현정부로 이어졌던 대북정책은 더 이상 지속되지 못했다. 2010년 천안함 사건 이후 우리 정부가 시행한 '5·24조치'로 인해 거의 모든 남북한 교류협력 사업이 중단되었다. 유일하게 개성공단만이 유지되었지만 삼통 문제는 2007년 이후 크게 진전하지 못했다. 여전히 남북한 간 출입과 통관 절차는 복잡하고 까다로우며 긴 시간을 요구했다. 이것은 북한에만 책임이 있는 것이 아니라 분단구조가 만들어낸 '모순적 관할권jurisdiction'의 지배 문제에서 비롯된 것이다. 개성공단에 출입하기 위해 기업인은 4개의 다른 관할권(남한-DMZ-북한-개성공단)을 통과해야 한다. 인터넷과 무선통신이 개설되지 못한 것은 통신주권(북측)과 기업보안(남측)의 접점을 찾지 못했기 때문이었다[11]

위기가 곧 기회라는 말이 있다. 교착 상태에 빠졌던 개성공단의 삼통 논의가 다시 탄력을 받게 된 것은 2013년 4월 3일 개성공단

---

11 배국열, 2014, 「개성공단 정상화(8.14) 합의의 평가 및 개성공단의 발전적 개선방안」, 『통일정책연구』 제23권 1호, p.73.

이 폐쇄된 지 166일이 지나 다시 문을 열게 된 8월 14일 이후였다. 2013년 2월 박근혜대통령의 취임을 앞두고 북한의 3대 집권자인 김정은 제1비서는 3차 핵실험을 단행했고, 남한의 키리졸브 훈련을 빌미삼아 3월 5일 정전협정 백지화를 선언했다. 이어서 4월 3일 남측 인사의 개성공단 진입을 금지하는 조치를 발표하면서 개성공단은 폐쇄절차에 들어갔다. 4월 9일에 개선공단에서 일하던 북한 근로자 5만 3천여 명이 철수했고, 4월 26일에는 남한정부 역시 개성공단 잔류 인원의 전원 철수를 결정하였다.

역사적으로 항상 그래왔듯이 남북 당국은 '파국' 직전에야 대화의 테이블에 앉는다. 철수 결정 이후 3개월이 지난 7월 5일 남북한 당국은 판문점에서 개성공단 중단 사태 해결을 위한 실무회담을 개최하기로 합의했고, 8월 14일 7차 실무회담에서 '개성공단의 정상화를 위한 합의서'를 채택하였다. 이 '8·14합의서'의 제2항 3호를 보면, "남과 북은 통행·통신·통관 문제를 해결하기 위해 당면하여 상시적 통행 보장, 인터넷 통신과 이동전화 통신 보장, 통관 절차 간소화와 통관 시간 단축 등의 조치를 취하기로 하고 이와 관련한 실무적 문제들은 '개성공단 남북공동위원회'에서 협의한다"고 명시되어 있다. 이는 사실상 2007년 11월 제1차 남북총리회담에서 합의한 사항을 재확인한 것이었다. 그리하여 9월 16일 개성공단이 재가동되고 공단 출입이 정상화되었다. 또한 9월 11일 개성공단 남북공동위원회는 개성공단 활성화를 위한 후속 합의를 하게 되는데, 이를 계기로 삼통 문제가 구체적인 진전을 이루게 된다.

2014년 1월 15일 전자출입체계 공사가 완료되어 1월 28일부터 시험가동에 들어갔고, 2014년 1월 7일 개성공단 인터넷망 구축이 합의되었다. 그동안 갈등을 겪었던 통신주권과 기업보안 문제 역시 해결의 길을 찾았다. 인터넷망은 개성 KT 지사를 거쳐 북한 개성 정보통신국으로 넘어가는데, 그 사이에 보안장비를 설치해 최종적으로 파주 문산 전화국으로 연결될 때까지 북측은 남측의 암호화된 송수신 내용을 전혀 볼 수 없도록 하였다.[12] 또한 인터넷이 연결된 PC에도 북측이 아무런 프로그램도 설치하지 않기로 합의하였다. 이러한 개선 사항은 매우 큰 의미를 갖는다. 삼통 문제는 남북한의 '의지'와 '신뢰'의 문제이지, 결코 기술의 문제가 아니라는 점이 확인된 것이다.

이미 2007년 2차 남북정상회담에서 북한의 최고 통수권자가 기술적 보장만 된다면 실리적 차원에서 필요한 삼통은 얼마든지 수용할 수 있다는 뜻을 밝혔다는 사실을 주목할 필요가 있다. 2007년 10월 남북정상회담에서 김정일 국방위원장은 개성공단과 관련하여 "(통신 등) 모든 게 개성지구가 단말되어야 한다. 이게 북반부와 연결이 안 돼야 ……. 단말되는 것이 기술적으로 담보되면 개성 지구 통행, 통신 개방시키고 활성화시켜 나가겠다"[13]고 언급했다. 이 언급에서 눈에 띄는 용어는 '단말'이다. 문맥상 '단말'은 차단의 의미로 사용되고 있다. 김정일 국방위원장이 언급한 '단말'은 곧 '모기장'과 같은 것으로서, 실리를 얻는 데 필요한 요소들은 통과시키되 체제 위해요소는 차단하겠다는 것이다. 결과적으로 체제를 위협하지 않는 선에서의 개방은 수용할 수 있다는 것을 의미한다.

---

12 「개성공단에서 인터넷뱅킹·유튜브 가능해진다」, 『연합뉴스』 (2014.2.9.).

13 김병로 외, 2015, 『개성공단: 공간평화의 기획과 한반도형 통일프로젝트』, 진인진, p.64.

1960년대 북한의 제안에서부터 1991년 체결된 '남북기본합의서'에까지 면면히 흐르던 삼통의 인도주의적 성격이 2000년 남북정상회담 개최 이후 경제협력의 효율성을 위주로 하는 실리주의의 차원으로 협소화된 것은 양안의 사례와 대비된다. 양안의 경우 비공식적인 친인척의 방문 및 민간 교류의 확대가 결과적으로 양안의 공식적인 경제 및 사회문화 교류협력 차원의 삼통을 실현시켰다. 반면에 남북한은 분단의 직접적인 피해자들(이산가족)은 배제된 상태에서 자본가나 기업인의 경제활동에 편의를 제공하기 위해 배타적으로 삼통이 추진되고 있다.

4. 삼통과 '사실상의(*de facto*)' 통일

우리 사회에서 통일 방안은 그 동안 정부가 주도해 왔다. 1994년 8월 15일 김영삼대통령이 발표한 '민족공동체통일방안' 이후 사실상 우리의 상상력은 더 이상 진보를 멈췄다. 이후 두 차례의 남북정상회담 개최의 결과로 도출된 '6·15남북공동선언'이나 '10·4남북공동선언' 역시 1991년 12월 13일 남북한이 체결한 '남북기본합의서'의 수준을 넘어서지 못했다. 정권이 바뀔 때마다 대북·통일 정책의 내용 역시 변화했지만 하나의 원칙만은 일관되게 유지되었다. 그것은 바로 남북한의 모든 교류협력은 정부라는 단일 창구를 거쳐야 한다는 원칙이다. 비영리민간단체NGO이든 기업체이든 인도주의적 목적이든 실리주의적 목적이든 상관없이 정부의 허가나 승인 없이 북한과 진행하는 모든 자발적 행위는 '불법'적인 것이며 '불온'한 것이다. 이 원칙은 단순히 남북한 간 교류협력에만 적용되는 것이 아니다. 문화적 측면에서 북한의 방송이나 영화, 노래, 서적 등의 문화자원에 대한 소비와 유통 역시 정부가 독점하고 있으며, 개인의 참여는 거의 금지되어 있다. 이 원칙은 냉전시대에서나 탈냉전시대에서나, 보수정부에서나 진보정부에서나 일관되게 유지되어 절대불변의 진리처럼 고수되어 왔다.

통일방안을 포함한 통일 담론, 남북한 간의 인적·물적 교류와 협력, 남북한 간의 사회문화적 소통과 소비 등은 모두 '통일자원'이라 할 수 있다. 정부가 독점하는 '통일자원' 권력을 민간에 일부 양도하거나 분권화하지 않는 한 우리 사회에서 통일에 대한 상상력은 '통일 비용'이나 '통일 대박'과 같은 수준을 결코 벗어날 수 없을 것이다. 통일이 도둑처럼 올지 모르니 통일 후 소요될 막대한 비용을 철저하게 계산하여 준비해야 한다는, 정부의 통일비용 담론은 결과적으로 통일에 대한 대중의 반감을 높였고 현상유지를 선호하는 여론을 형성했다. 이러한 사회적 분위기를 쇄신하고자 다시 정부는 '통일대박론'을 내어놓았지만, 이 또한 배금주의적 발상이며 통일문제를 통속적인 수준으로 끌어내렸다는 비판 속에 대중적 호소력을 얻지 못하고 있다.

정부 주도의 통일 방안이나 통일 담론은 결국 체제통합으로 귀결된다. 하지만 분단 70년 동안의 남북관계를 되돌아보건대, 과연 평화적인 방법으로 체제를 통합하는 것이 가능할까. 우리사회에 과연 그러한 역량이 있을까. 오히려 통일의 중간 목표를 삼통의 실현으로 재설정한다면 남북한의 미래는 지금보다는 훨씬 나아지지 않을까. 양안에서 진행되는 삼통이 남북한에서도 현실화된다면 체제통합과 같은 문제는 더 이상 무의미한 것이 될 수도 있지 않을까. 그래서 한반도에서 삼통의 실현이야말로 '사실상의 통일'의 출발이 아닐까.

분단을 극복하고 통일을 이룩한 독일인들은, 남한 국민들이 아직도 제3국에서조차 북한 사람들과의 접촉이 금지되어 있고 허가 없이 북한 영화나 방송, 서적을 자유롭게 접할 수 없다는 사실에 놀라워한다. 적어도 동서독의 경우 일상생활에서의 '소통'은 선택의 대상이었지 금지의 대상은 아니었기 때문이다. 소통과 개방의 문을 닫으려는 쪽은 공산주의체제인 동독이었지 결코 자유주의체제인 서독이 아니었으며, 서독인들은 소통과 개방의 문을 먼저 여는 것이 체제의 우월성을 보여주는 행위라 인식했다. 그런데 우리는 어떠한가. 공산주의 북한도 닫고 있고, 자유주의 남한도 닫고 있다. 우리는 베를린장벽 붕괴의 단초를 제공한, 1989년 11월 9일의 기자회견에서 동독인의 여행 자유화 법안을 설명하던 동독 공산당의 공보담당 정치국원 샤보프스키의 말실수에는 주목하면서도, 그 기자회견을 보도했던 서독 공영방송 ARD의 8시 뉴스를 실시간으로 시청할 수 있었던 동독인의 일상은 간과한다. 1961년 장벽이 구축된 후에도 동서독 간에 여행과 친척 방문이 가능했었고 서신 교환과 전화 통화가 이뤄졌으며 정보 및 출판물의 교류가 지속되었다. 독일의 통일은 도둑처럼 온 것이 아니라, 필연의 결과였다.

삼통은 '소통'을 의미한다. 독일의 통일과 양안의 삼통에서 우리는 공통적으로 분단을 넘어서는 '소통'의 일상화를 발견하게 된다. 분단은 곧 '불통不通'을 의미한다. 우리의 분단 70년의 역사는 불통 70년의 역사와도 같다. 남북한의 통일은 지리적 소통, 물질자원의 소통, 문화사상적 소통의 정상화를 의미한다. 1987년 민주화운동과 첫 대통령 직선제 성취의 결과 중 하나로 1990년 '남북 교류협력에 관한 법률'이 제정되었다. 이 법률은 남북한 간의 합법적 소통을 제도적으로 승인했다는 의의를 갖는다. 이 법률이 제정된 지 25년이 지났음에도 남북한 간의 소통은 여전히 미진한 수준이다. 지금과 같은 남북한 정부의 독점적 소통체계가 앞으로도 계속된다면 통일은 언제까지나 미래 '어딘가'에 머물러 있을 것이다. 남북한 간의 소통이 정부와 민간 모든 영역에서 활발하게 이루어지고 일상에서 소통이 원활하게 진행될 때, 통일은 시나브로 우리 앞에 다가와 있을 것이다.

진먼에서 바라본
서해5도

장용석

1. 평화지대와 분쟁수역

중국의 샤먼에서 출발한 여객선에 몸을 싣고 대만의 진먼을 향해 가면서 눈앞에 어른거리는 서해5도의 현재와 미래를 생각하였다. 서해5도 못지않게, 때로는 서해5도 지역보다 훨씬 더 격렬한 전쟁이 휩쓴 지역이었지만 평화가 도래하면서 어떻게 달라질 수 있는지를 생생하게 느끼면서, 여전히 총성과 포성이 그치지 않고 있는 서해5도가 평화지대로 전환될 수 있는 또 다른 가능성과 미래를 꿈꿔보았다.

진먼은 평화가 정착된 아름다운 섬이었다. 곳곳에 치열했던 열전과 냉전의 깊은 상흔들이 남아있다.[1] 그러나 이 상흔들은 이제 평화롭지 못하였던 지난 일들을 기억하는 역사의 현장으로 보존되고 있을 뿐이다. 그렇기에 진먼은 평화로움을 넘어 아름다움으로 다가온

---

[1] 냉전시대 진먼의 군사화와 주민들의 삶에 대해서는 Michael Szonyi, 2008, *Cold War Island: Quemoy on the Front Line*, Cambridge University Press 참조.

사진 1. 중국군이 쏜 포탄의 탄피로 '포탄칼'를 만들고 있다. 　사진 2. 중국군의 상륙을 막기 위한 진먼의 해안방어시설. 지금은 관광지이다.

다. 냉전시대 충돌과 대결의 현장들이 이제는 평화의 소중함을 일깨워주는 자각과 교육의 현장으로 탈바꿈되고 있었기 때문이다. 중국이 날려 보낸 포탄의 탄피로 '포탄칼'를 만드는 진먼의 명소 '마에스트로 우Maestro Wu'의 모습은 전쟁이 사라진 곳에서 평화가 어떻게 자라는지를 보여주었다.[2]

진먼에서 살고 있는 사람들의 일상도 평화로웠다. 평화가 정착된 땅에서 사람들은 서로 소통하면서 새로운 협력의 장을 열어가고 있었다. 과거 하나의 생활권이었던 지역이 다시 공동체를 회복해 가고 있었다. 1992년 중국 푸젠성이 제안했던 '양문대개兩門對開, 金門 −廈門'와 '양마선행兩馬先行, 馬祖−馬尾'의 '소삼통' 구상이 2001년 1월

2 허영섭, 2013, 『중화민국 대만, 어디에 있는가』, 채륜, p.120.

부터 시작되어 2015년 랜딩비자 제도 도입까지 발전하고 있는 것은 대표적 사례이다. 대만의 진먼과 마쭈에서 중국의 샤먼과 마웨이를 자유롭게 오가는 사람과 상품은 지역공동체를 부활시키고 있다. 단절과 대치, 충돌이 사라진 자리에 교류와 협력, 상호의존의 새로운 연결망들이 만들어졌다. 냉전시기 적대적 대치와 충돌의 전초기지였던 진먼이 평화적 공존과 협력의 새로운 시대를 상징하는 평화의 섬으로 거듭나고 있었다.

진먼에 평화가 찾아왔지만 진먼의 미래에 대한 고민은 계속되고 있다. 중국이 개혁개방을 지속적으로 추진하면서 고도의 경제성장을 통해 새로운 기회의 창을 열어주고 있는 가운데 정경분리에 입각하여 중국과의 경제협력이 확대되면서 대만 내에서 중국에 대한 의존도 심화가 가져올 정치적 부담 등이 문제로 제기되고 있다. 이는 진먼이 샤먼을 비롯한 대륙과의 협력을 확대하는 데 장애로 작용하고 있다. '신삼통'을 둘러싼 대만 중앙 정부와 진먼현 간의 미묘한 입장 차이가 그것이다. 진먼의 입장에서는 통항, 통우, 통상이라는 소삼통을 넘어 통교, 통수, 통전이라는 신삼통에 대한 수요가 커지고 있다. 그리고 중국의 '하이샤시안경제구海峽西岸經濟區(이하 하이시海西경제구)' 건설에 편승하면 큰 수익자가 될 것이라는 기대도 갖고 있다. 그러나 다만 중앙정부는 이에 대해 신중한 태도를 보이고 있다.[3]

---

3 이 책에 수록된 저우 양산(周陽山)의 「소삼통에서 신삼통으로: 진먼 사람이 경험한 소삼통 이야기」 참조. 하이시경제구는 2004년 푸젠성 10기 인민대표회의 2차 전체회의에서 푸젠성 정부가 저기한 것이다. 2009년 국무원이 '국무원의 푸젠성 하이샤시안경제구 건설 가속화 지지에 관한 의견'을 통과시켜 중앙정부 차원의 전략사업으로 추진키로 함으로써 탄력을 받기 시작했다. 2011년 '하이샤시안경제구발전규획(海峽西岸經

그렇다면 서해5도는 어떠한가? 대연평도, 소연평도, 대청도, 소청도, 백령도를 포함하는 서해5도와 인접 수역은 여전히 전쟁지대로 남아, 한반도에서 국지적 분쟁이 발생할 가능성이 가장 높은 지역으로 꼽히고 있다.

　　한반도의 화약고로 언제든 군사적 충돌이 발생할 수 있는 서해 NLL 수역을 평화와 공존, 협력과 상생의 지대로 바꿀 수 있는 길은 없는가? 연평도에서, 대청도에서 그리고 백령도에서 아침에 북한의 황해남도 연안 도시로 가서 장을 보고 친지를 만나고, 오후에 돌아오는 분단이전 생활공동체의 회복은 불가능한가? 중국 보하이만渤海灣에서 백령도 근해까지 자유롭게 오가면서 살아가는 점박이물범과 같이 남과 북의 주민들이 자유롭게 오가면서 함께 어울려 살 수 있는 서해 바다를 만들 수는 없는가? 서해 NLL을 둘러싸고 총탄과 포탄이 날아다니는 살벌한 전쟁터를 남북 어민들이 함께 서해 특산물인 꽃게를 잡는 공생의 터전으로 바꾸는 것은 한낱 서생의 순진한 꿈인가? 인천과 개성, 해주를 하나로 연결하는 경제벨트를 만들어 서해 분쟁수역을 동북아의 지중해로 만드는 일은 정녕 몽상일 뿐인가? 중국의 샤먼에서 대만의 진먼으로 가는 배 안에서, 또 지금은 관광지가 되어 전쟁의 기억으로부터 평화의 소중함을 깨닫게 하는 진먼의 군사시설들을 돌아보면서, 머리를 떠나지 않는 질문이

濟區發展規劃)'이 공표됨으로써 근간이 만들어졌다. 하이시경제구는 창장(長江) 삼각주 및 주장(珠江) 삼각주와 함께 중국 동남 연해지역의 3대 경제지대로 자리 잡고 있으며 2010년 중국과 대만의 해협양안경제협력기본협정(ECFA) 체결 이후 양안관계 발전을 지칭하는 차이완(Chiwan) 시대의 핵심 거점이기도 하다. 양평섭, 2010, 「차이완 거점의 핵, 해협서안경제구」, 『과학기술정책』, 제20권 제3호; 손상범, 2015, 「중국 해서경제구 개발이 대만의 직접투자에 미치는 영향에 관한 연구」, 『國際商學』, 제30권 제4호 참조.

었다.

　그러면서 2007년 2차 남북정상회담에서 당시 노무현 대통령과 김정일 국방위원장이 합의한 '서해평화협력특별지대'를[4] 다시 떠올려보았다. 2016년 1월 북한이 4차 핵실험을 하고 2월 장거리로켓 광명성과 인공위성 광명성 4호를 발사한 데 대한 제재조치로 박근혜 정부가 2월 10일 개성공단을 사실상 폐쇄하면서[5] 모든 남북관계가 끊어진 마당에 서해 평화를 논의하는 것 자체가 다소 부질없고 사치스러운 생각일 수도 있다. 그러나 평화는 여전히 소중하고 그 평화를 이 땅에 정착시켜야 하는 것은 세대와 시대를 넘어서 이 땅에 살고 있는 모든 이들의 숙제일 것이다. 그래서 남북정상이 합의하고 추진했던 '서해에서 평화 만들기'의 기억을 다시 더듬어보고자 한다.

2. '아(我)'보다 '적(敵)'이 가까운 분쟁의 최전선

진먼이나 서해5도 모두 본토에서 멀리 떨어져 '아我'보다는 '적敵'에 근접한 섬들이다. 진먼은 최단거리로 대만 본섬과 196km 떨어져 있는 반면 중국 본토와는 불과 2.3km 거리에 위치하고 있다. 서해5도도 마찬가지이다. 행정구역상 광역자치단체인 인천광역시

---

4 통일부, 「남북관계 발전과 평화번영을 위한 선언」(2007.10.4.), 〈http://dialogue.unikorea.go.kr/ ukd/ca/usrtalkmanage/View.do〉(검색일: 2016.2.1.).

5 홍용표 통일부 장관이 2월 10일 개성공단의 전면적 가동중단을 발표하여 2004년 시범단지에서 생산이 시작된 개성공단은 사실상 폐쇄의 길로 들어섰다. 통일부, 「개성공단 중단 관련 정부 성명」(2016.2.10.), 〈http://www.unikorea.go.kr/content.do?cmsid=1557&mode=view&page=&cid=44418〉(검색일: 2016.2.12.).

에 속한 옹진군으로 편제되어 일상을 인천에 의존해서 영위하고 있지만 인천에서 122~202㎞로나 떨어져 있는 반면 북한과의 거리는 3.4~16㎞정도에 불과하다.

그래서 진먼이나 서해5도는 군사전략적으로 매우 중요한 의미를 지닌다. 진먼의 경우 비록 본섬에서 200km 정도나 떨어져 있지만 중국이 대만을 공격하기 위한 전략적인 거점이자 징검다리가 될 수 있었다. 비록 패했지만 중국이 1949년 구닝터우에 상륙하여 진먼을 점령하고자 했던 이유도 여기에 있다. 반면 대만의 입장에서는 진먼이 국토수호의 마지노선이자 본토수복을 위한 전략적 거점일 수 있었다. 대만이 진먼에 건설한 군사시설들은 일차적으로 중국의 공격으로부터 진먼을 지켜내기 위한 방어기지였지만, 수세적 방어를 넘어 공세로 전환되면 진먼은 언제든 본토 수복을 위한 전진기지로 전환될 수 있었을 것이다. 중국이 샤먼을 비롯한 푸젠성 지역으로 대만의 국민당군이 상륙할 것으로 보고 1987년 이전까지 푸젠성과 다른 지역의 철도를 연결하지 않았다는 지적도[6] 진먼이 국민당의 본토 수복을 위한 거점이 될 수 있었음을 보여준다.

이는 대만의 방위를 보장한 미국의 입장과는 미묘한 차이를 지닌 것이었다. 미국은 1958년 중국이 대만에 무려 47만발의 포탄을 쏟아 부은 8·23포격전 당시 7함대를 대만해협에 파견하고 샤먼 일대에 전술핵무기를 사용하는 것까지 계획하면서 대만 방위에 대한 확고한 의지를 보여주었고 진먼 군사기지를 전폭적으로 지원했다. 그러나 장 제스 총통에게는 진먼을 포기하고 후퇴할 것을 종용했다.

---

6 김민환, 2014, 「경계의 섬과 포격전의 기억: 단절과 이동의 변증법과 대만 금문도의 냉전 및 탈냉전」, 『사회와 역사』 제104집, p.63.

미국이 대만과 체결한 상호방위조약에도 애초부터 진먼다오와 마쭈다오가 제외되어 있었다.[7] 중국이 진먼을 포격하기 시작한 것은 진먼 점령을 사실상 포기하고 중국 본토인 샤먼과 그곳에서 불과 2~3km 떨어진 진먼 사이를 경계로 설정함으로써 대만을 중국의 일부로 묶어두고 나아가 하나의 중국을 유지하기 위한 기획이었다는 평가도 있다.[8] 그러나 미국의 입장은 중국과 대만의 사실상의 경계가 진먼과 샤먼의 중간선이 아니라 중국 본토와 대만 본섬이 마주하고 있는 대만해협이었음을 보여주는 것이기도 하다. 이는 사실상 중국 본토와 대만 간에는 영토경계선 문제가 크게 불거지지 않았음을 의미한다.

그렇다면 서해5도와 인접 수역은 어떠한가? 우선 서해5도의 군사전략적 가치는 진먼과는 비교되지 않을 만큼 크다. 먼저 북한의 입장에서 보면 서해5도로 인해 황해남도 연안이 사실상 봉쇄되는 제약을 받고 있다. 수도인 평양에 대한 직접적인 위협은 아닐 수 있지만 서해에서의 해군 활동에는 커다란 장애를 야기할 수 있다. 한편 남한의 입장에서는 서해5도가 매우 중요한 군사적 가치를 지닌다. 서해5도를 북한이 점령할 경우 남한의 수도권에 대한 직접적인 위협이 될 수 있기 때문이다. 특히 서해5도와 북한의 황해남도 연안의 중간수역을 가로지르는 서해 NLL은 서해5도뿐 아니라 수도권의 안전을 보장하는 생명선과 같은 역할을 수행하고 있다.[9]

---

7 『Mutual Defense Treaty Between the United States and the Republic of China』 (December 2, 1954) 〈http://avalon.law.yale.edu/20th_century/chin001.asp〉 (검색일: 2015년 12월 20일).

8 김민환, 2014, p.50.

9 이상철, 2011, 『북방한계선: 기원·위기·사수』, 선인, p.350.

남한의 입장에서 서해 NLL은 군사적 가치가 절대적으로 큰 만큼 반드시 수호해야할 영토경계선인 것처럼 인식될 수 있다. 따라서 군사적인 가치의 훼손 여부에 대한 냉철한 평가와 판단에 앞서, 서해 NLL을 가로지르는 평화공존의 구상이나 정책 자체가 이제는 영토의 변경을 초래할 수도 있는, 매국 혹은 이적 행위로까지 비난받을 수도 있게 되었다. 노무현 대통령이 2007년 10월에 개최된 2차 남북정상회담에서 북한의 김정일 국방위원장에게 서해 NLL을 포기하는 발언을 했다는 정략적 주장을 2012년 대통령 선거에서 새누리당이 제기하고 실제 2013년 박근혜 정부가 2차 남북정상회담 대화록 전문을 공개한 것은 남한사회에서 서해 NLL이 어떻게 인식되고 있는지를 잘 보여준다.

　　그러나 서해 NLL은 1953년 체결된 정전협정에 따른 군사분계선도 아니고 이후 남북이 합의한 영토경계선도 아니다. 우선 아래 정전협정 부속 지도를 보면 서해5도는 네모로 남한의 영토임이 분명하게 표시되어 있으나 연평도와 대청도나 소청도 사이에 있는 해상에는 경계선이 설정되어 있지 않다. 이런 상태에서 서해 NLL은 당초 유엔군사령부가 유엔군측의 항공기나 함정이 북상하여 북한군과 군사적 충돌이 발생하는 것을 방지하기 위해 설정한 군사통제선으로서, 유엔군사령부가 하달한 〈정전 시 교전규칙〉에 명시된 2급 비밀이었다.[10] 한국전쟁 이후 남북이나 유엔사령부 사이에 이에 대한 추가적인 합의가 있었던 적도 없다. 그래서 남한이 공표한 '영해 및 접

---

10 Yong Seok Chang, 2015, "Revisiting Korea's Northern Limit Line and Proposed Special Zone for Peace and Cooperation," *Asian Journal of Peacebuilding*, Vol. 3 No. 1, pp.66~68.

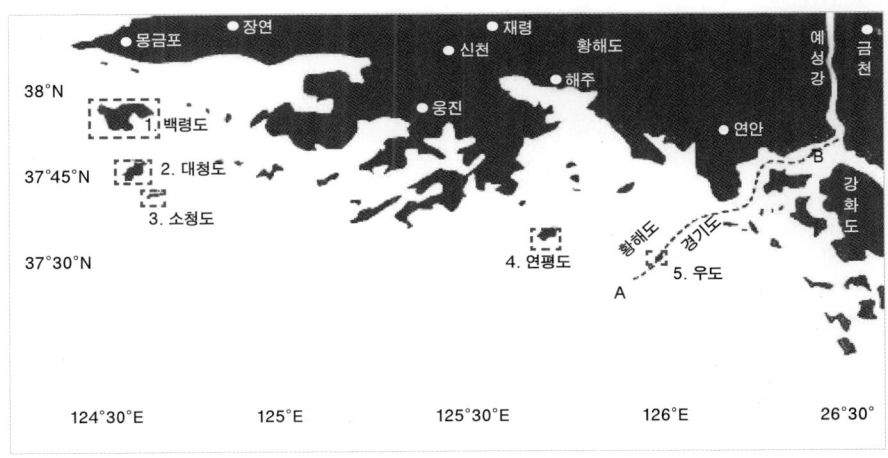

사진 3. 정전협정 제2조 13항 (b)에서 규정된 서해5도 ⓒ정태욱

속수역법'(2011년 4월 4일)이나 동법 시행령(2013년 3월 23일)에 서해 NLL
과 관련된 규정이 없다. 대신 남과 북은 1992년 9월 '남북 사이의
화해와 불가침 및 교류·협력에 관한 합의서'의 '남북 불가침의 이행
과 준수를 위한 부속 합의서' 10조에 "남과 북의 해상불가침 경계
선은 앞으로 계속 협의한다. 해상불가침 구역은 해상불가침 경계선
이 확정될 때까지 쌍방이 지금까지 관할하여온 구역으로 한다"고
명시하여[11] 서해에서의 경계선 문제를 계속 협의하기로 하였다.

한편 북한은 서해 NLL을 부정하면서 일방적으로 서해 경계선을
선포했다. 북한은 1999년 6월 1차 연평해전이 발생한 직후인 9월
한강 하구쪽의 우도에서 굴업도와 서격렬비도를 연결하는 해상군
사분계선을 선포하고, 2000년 3월에는 소위 서해5도를 출입할 수
있는 통로라며 통항질서를 선포하기도 하였다.

---

11 통일부 남북회담본부 남북합의서, 〈http://dialogue.unikorea.go.kr/ukd/ca/
   usrtalkmanage/View.do〉(검색일: 2015년 11월 20일).

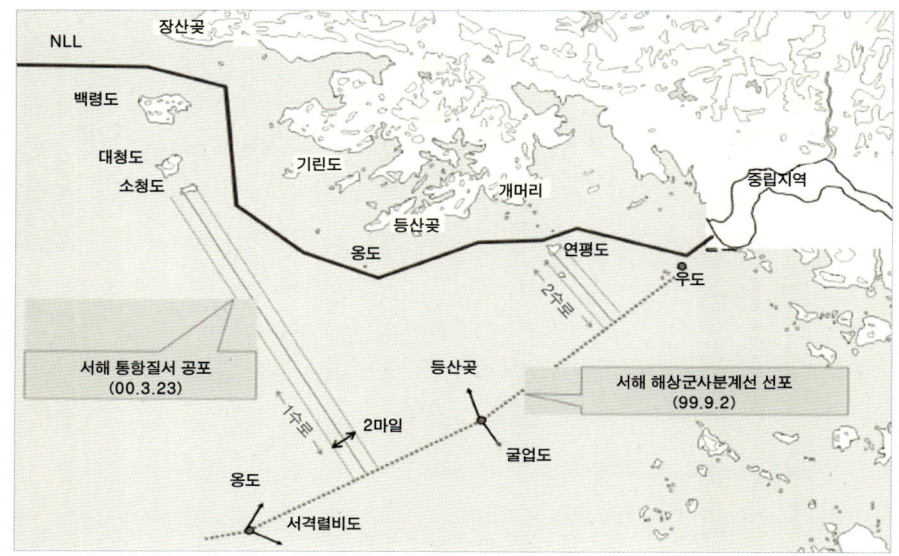

사진 4. 서해 NLL과 북한이 주장하는 서해해상군사분계선 ©국방부

그럼에도 불구하고 서해 NLL은 그 동안 남한의 수도권 방어를 위한 생명선이 되어왔고 특히 남북 간의 군사적 충돌을 방지함으로써 정전을 유지하는 보완적 기능을 수행해 왔다. 그런 점에서 육상에서의 군사분계선과 마찬가지로 '사실상의 해상경계선'이라고 볼 수도 있다. 이는 남한과 미국(유엔군 사령부)이 우월한 해군과 공군력을 이용하여 서해 NLL에서 북한의 남하를 저지해 왔기 때문에 가능한 일이었다. 그러나 북한이 해군력을 비롯해 서해에서의 군사력 증강 등을 배경으로 현상 변경을 시도하면서 힘에 의한 현상유지 시도가 또 다른 불안정을 낳고 있는 것도 사실이다. 보다 근본적인 해법을 모색해야할 필요성이 커지고 있는 것이다. 그리고 그 근본적인 해법은 정전협정의 보완재로서 정전의 유지에 기여할 뿐 아니라 무

엇보다 남한 수도권의 안전을 위한 생명선으로 기능하고 있는 서해 NLL의 군사적 가치를 살리면서도 서해5도와 NLL 수역을 평화공존과 협력지대로 전환시킬 수 있는 발상의 전환에서 시작될 수 있다. 기본적으로 이는 2차 남북정상회담에서 채택된 '남북관계 발전과 평화번영을 위한 선언'의 서해평화협력특별지대 건설 구상에 담겨 있다.[12]

3. 서해평화협력특별지대: 평화공존과 공동번영의 꿈[13]

서해에서 평화적 공존의 틀을 만들고 남북이 공동으로 번영을 구가하기 위해서는 주변 수역과 이를 둘러싸고 있는 연안지역의 역사와 생태환경 그리고 경제적 가치에 대한 새로운 인식과 이를 발판으로 미래적 가치를 창조해 나가는 전환적 발상과 접근이 필요하다. 이를 위해서는 무엇보다 NLL이라는 군사적 대치선에서 벗어나야 한다. 서해 NLL 수역과 연안지역의 다양한 요소들은 안보적 우려를 해소하면서도 공존과 공영의 길을 열어줄 잠재적 가치들을 지니고 있기 때문이다.

서해5도와 NLL 수역 및 연안지역은 자연지리적 특성에 따라 크게 3개의 권역으로 대별된다. 첫번째 권역은 한강하구와 예성강, 임진강이 만나는 지역으로 북한의 개풍군, 연안군, 배천군과 남한의 강

---

12 통일부 남북회담본부 남북합의서. 〈http://dialogue.unikorea.go.kr/ukd/ca/ usrtalkmanage/View.do〉(검색일: 2015년 11월 20일).

13 이하 서해평화협력특별지대에 대해서는 Yong Seok Chang, 2015, pp.70~79의 내용을 기초로 작성하였다.

화군이 접하고 있다. 이 권역과 인접한 도시로 남한의 인천광역시와 북한의 개성시나 해주시가 존재한다. 이 권역에서는 인천—개성—해주를 연결하는 경제협력지대를 구상해볼 수 있다. 두번째 권역은 해주만 일대로 북한의 해주시, 옹진군, 강령군, 벽성군이 남한의 연평도와 마주보는 지역이다. 이 권역에는 무엇보다 연평어장을 비롯한 어장들이 발달하였다. 따라서 이 권역에서는 남북공동어로와 수산협력을 우선적으로 고려해볼 수 있다. 세번째 권역은 대동만과 룡연반도 일대로 북한의 룡연군, 태탄군, 장연군이 남한의 백령도와 대청도, 소청도를 마주보고 있다. 백령도 점박이물범과 같은 생태환경 자원이 주목되는 지역이다. 이 권역에서는 해양생태평화공원을 지정하여 남북공동으로 운영하는 방안을 생각해 볼 수 있다.

이는 서해 접경 수역과 연안지역이 지닌 다양한 가치들을 새롭게 주목할 때 가능하다. 서해 NLL 수역과 인접한 연안지역이 지닌 다양한 가치들은 크게 생태환경과 역사문화적 가치 그리고 경제적 가치로 구분될 수 있다. 먼저 생태환경적 가치를 살펴보면 서해 연안 접경지역은 한반도에서 최대의 열린 하구를 갖고 있으며 한반도 전체 갯벌의 26%를 차지할 정도로 잘 발달된 갯벌도 갖고 있다. 하구의 단위면적당 생산성이 열대우림보다 10배 이상 높다는 연구를 고려하면[14] 한강하구 지역은 경제적으로 매우 큰 가치를 지니고 있다. 또한 한강 하구에서 백령도에 이르는 남북한 지역에 약 70개의 보호구역이 지정되어 있고 백령도 점박이물범을 비롯해 다양한 천연

---

14 Robert Costanza et al., 1997, "The Value of the World's Ecosystem Services and Natural Capital," *Nature*, Vol. 387, p.256.

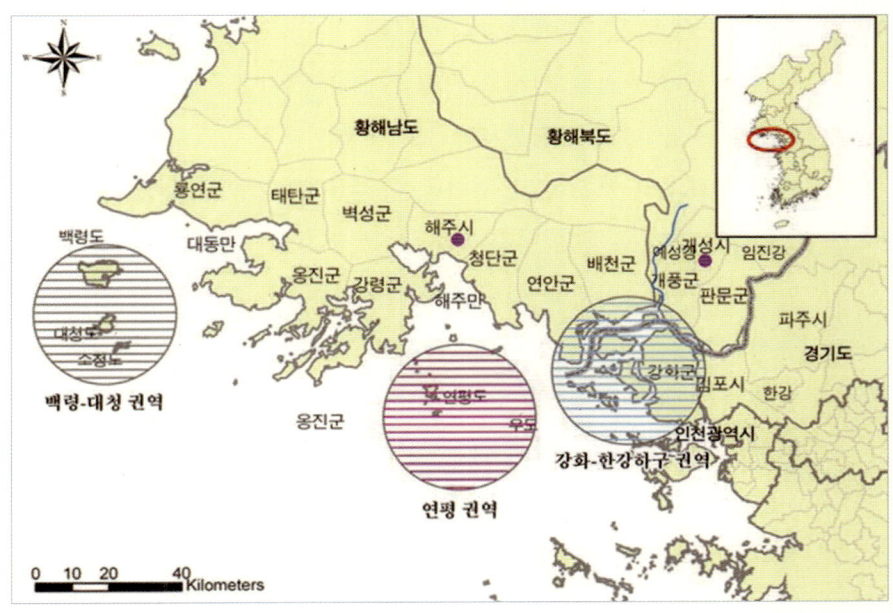

사진 5. 자연지리적 특성에 따른 인천과 황해도 연안과 인천접경 지역 구분 ⓒ한반도평화포럼

기념물과 보호동물들도 서식하고 있다.[15] 또한, 역사문화적으로 서
해연안 접경지역은 삼국시대부터 한반도가 중국과 교류하는 거점이
었으며 고려시대에는 수도권으로서 고려가 송나라뿐 아니라 동남아
나 아리비아 국가들과 교역하는 데 창구와 같은 역할을 했던 지역
이다. 특히 해주는 수도 개경을 방어하면서 서해 수로를 통제하는
전략적 요충지였고, 인천의 강화도는 한 때 몽고의 침략에 맞섰던
고려의 수도이기도 하였다. 그 결과 서해연안 접경지역에는 삼국시
대와 고려시대 그리고 조선시대로 이어지는, 한반도의 역사가 남긴
수많은 유물과 유적이 산재하고 있다.

---

15 서해연안 접경지역의 생태환경 자원에 대해서는 남정호 외, 2007, 『서해연안 해양평
  화공원 지정 및 관리방안 연구』, 한국해양수산개발원 참조.

서해연안 접경지역이 지닌 생태환경적 가치나 역사적 유물과 유적은 보호와 보존을 전제로 적정한 수준에서 활용될 수 있다. 생태환경 자원을 보호하고 활용하기 위해서는 기본적으로 보호의 차원에서 유네스코UNESCO와 협력하여 접경생물권보존지역Transfrontier Biosphere Reserve을 지정하거나 국제자연보호연맹IUCN과 협력하여 연안·해양보호구역을 지정할 수도 있다. 그리고 이를 바탕으로 해양생태평화공원 등을 조성할 수 있다. 역사문화적 자산을 보존하고 활용하기 위해서는 무엇보다 이 지역이 고려시대의 중심지로서의 위상과 역할이 올바로 정립되어야 한다. 남북한의 공동조사와 보존사업을 바탕으로 남북한을 아우르는 역사문화에 대한 교육과 관광을 위한 사업들도 추진될 수 있을 것이다.

서해연안 접경지역이 지닌 경제적 가치는 남북이 공동으로 활용할 때 극대화될 수 있다. 남북이 대치와 충돌에서 벗어나 협력적 자세로 공동번영을 추구한다면 각자의 영역의 가치는 물론 상호보완적 협력에서 발생하는 시너지효과까지 기대할 수 있기 때문이다.

남북이 공동번영을 위해 추진할 수 있는 사업으로는 크게 해상 공동어로 및 수산업 협력 그리고 연안의 주요 도시인 인천─개성─해주를 연결하는 경제지대를 구상해 볼 수 있다. 먼저 공동어로는 전두환 정부시절인 1982년 북한에 제안되었던 20개의 시범사업에 포함되었던 사업이다. 2005년 7월 남북수산협력실무협의회에서 중국 등 제3국 어선에 대한 통제와 함께 합의되었으며 특히 2007년 2차 남북정상회담에서도 합의되었던 사업이다. 그러나 서해 NLL에 막혀 실행되지 못하였다. 서해 NLL을 기준으로 공동어로수역을 설정해야 한다는 남한과 서해 NLL 자체를 인정할 수 없다는 북한

이 발상을 전환하여 미래지향적인 합의를 이루어내지 못했기 때문이다.[16] 이는 남이든 북이든 공동어로수역이 해상에서의 비무장지대 DMZ, demilitarized zone의 역할을 할 수 있다는 전환적 인식을 갖기보다, NLL이나 해상분계선에 집착한 결과이다. 이러한 난관을 극복하기 위해서는 남북공동어로수역이 해상의 DMZ일 수 있다는 공동어로의 취지와 성격을 고려해야 한다. 경계의 개념보다 경제성의 개념에 입각하여 쌍방이 이익을 극대화할 수 있는 수역을 공동어로수역으로 설정하여 시범적인 사업부터 시작하고 단계적으로 확대하는 방안도 검토해 볼 수 있을 것이다. 또한 해상에서의 공동어로뿐 아니라 연안지역에서의 공동양식이나 수산기술협력과 공동연구센터 운영, 수산물 가공과 유통 등 다양한 사업들도 검토될 수 있다. 그 과정에서 남북당국이 지원하는 반관반민의 남북합작회사를 설립하여 운영할 수도 있다.

인천─개성─해주를 남북공동의 경제자유구역으로 만드는 구상은 서해연안 접경지역을 하나의 성장거점 지역으로 발전시키는 방안이다. 인천항과 인천공항이라는 물류망과 인천경제자유구역IFEZ이라는 거점을 지닌 인천의 금융, 물류, 연구개발, 산업 기반을 바탕으로 재가동될 수도 있는 개성공단, 강령군의 '강령국제녹색시범구,'[17] 해주항을 비롯한 해주의 산업을 연결하면, 각 지역들이 지닌 장점을 기반으로 시너지 효과를 창출함으로써 한반도의 중추경제

---

16 공동어로수역 설정에 대한 남북협의 경과는 이상철, 2011, 『북방한계선: 기원·위기·사수』, 선인, pp.196~273 참조.

17 강령국제녹색시범구가 서해 긴장완화에 미칠 수 있는 영향이나 함의에 대해서는 이종석, 2013, 「북한의 '황해남도 강령군 경제특구 계획'과 NLL」, 『정세와 정책』 9월호, 세종연구소 참조.

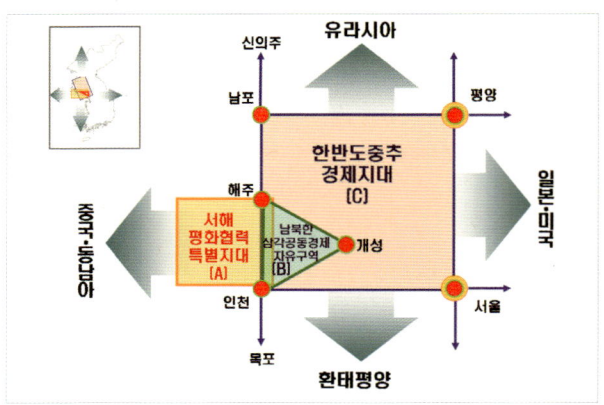

사진 6. 서해평화협력특별지대·남북한 삼각 경제자유구역·한반도중추경제 구상
ⓒ 박양호

지대가 형성될 수 있을 것이다. 그리고 이는 중국 황해 연안의 발달한 경제지대들과 협력하여 향후 동북아의 핵심적인 경제성장 축으로 발전될 수도 있을 것이다.

남과 북이 발상을 전환하여 서해 연안 접경지역에서 생태환경적 가치와 역사문화적 자산을 보존하고 활용하면서 서해 NLL 수역을 평화의 공간이자 공동번영의 현장으로 변화시키는 과정은 정부만의 몫일 수 없다. 다양한 협력 사업들이 중층적으로 어우러지는 평화 공존과 번영의 공간을 만들려면 남북의 정부뿐 아니라 국제기구, 지방자치단체, 기업, 대학, 비정부기구들이 복합적인 네트워크를 발전시켜 나가야 한다. 이는 쉽게 무너지지 않는 평화의 토대를 제공할 것이다. 이런 점에서 지방자치단체나 민간의 역할도 주목받고 장려되어야 한다.[18]

---

18 공유해역에서 관련 국가들이 중층적이고 복합적인 협력네트워크를 발전시켜가는 사례로 흑해 연안을 참고할 수도 있다. 우양호, 2015, 「초국적 협력체로서의 해역: 흑해

4. 남북 모두의 변화가 필요하다

1954~55년 9·3포격전, 1958년 8·23포격전을 비롯해 1978년까지 중국의 포격을 받으며 양안 군사적 충돌의 한 가운데 서 있었던 진 먼에 평화가 찾아온 것은 중국과 대만의 변화가 맺은 결실이다. 먼 저 1978년 말 개혁개방을 추진하고 1979년 1월 미국과 수교하면서 진먼에 대한 포격을 중단한 중국의 변화가 있었다. 중국의 변화는 대만에 '삼통'을 제안하는 것으로 나타났다. 그리고 중국은 개혁개 방 과정에서 대만과의 협력을 겨냥하여 초기부터 샤먼을 경제특구 로 지정하기도 했다. 이는 중국과 대만이 시장경제를 바탕으로 정경 분리에 입각한 협력관계를 지속적으로 발전시킬 수 있는 출발이자 전제였다.

그 다음에는 대단의 변화가 있었다. 중국이 삼통을 제안했을 당 시 불담판, 불접촉, 불타협이라는 '삼불정책'으로 맞섰던 대만이지 만, 1980년 중후반부터 민주화 과정에 들어섰고 1990년대에 들어 서는 중국과 접촉하기 시작하였다. 그 과정에서 진먼도 전환적 국면 을 맞게 되었다. 새로운 기회의 창이 열린 것이다. 1987년에 계엄령 을 해제한 대만 본섬보다는 늦었지만 1992년 계엄령이 해제되면서 진먼은 중국대륙과 대만 본섬을 연결하는 교량으로서의 위상을 확 보하기 시작하였다.

한반도에서 남과 북이 평화적 공존과 공동번영을 도모하기 위해 서도 양안과 같은 변화가 필요하다. 우선 북한의 변화가 이루어져 야 한다. 그 변화의 방향은 비핵화를 바탕으로 국제사회의 우려를

연안의 경험」,『해항도시문화교섭학』제13호 참조.

해소하면서 개혁개방을 통해 시장경제와 개방된 사회체제를 만드는 것이다. 그리고 정치적으로도 수령의 유일적 영도체계라는 극단적 개인독재에서 벗어나 다원성이 수용되는 민주적 체제로 전환되어야 할 것이다.

그러나 북한의 변화 못지않게 남한의 변화도 필요하다. 이는 북한의 변화를 이끌기 위해서도 필요하다. 북한에 대한 인식이나 대북정책에 대한 평가와 논쟁들이 극단적인 이념공세와 정략적인 편가르기에 함몰된 상황에서 '있는 그대로의 북한'에 대한 사실적인 분석과 연구는 사라지고, 정책은 정부에 따라 극단을 오가면서 일관성과 신뢰성을 상실하고 있다. 이런 상황에서 합리적인 대북정책은 설 자리가 없을 것이다.

서해5도를 비롯한 서해연안 접경지역에서 공격적인 군사력 증강과 긴장고조를 방지하여 평화를 정착시키고 남과 북의 공동번영을 구가하기 위해서는 남과 북 모든 공동체 구성원들의 이익을 먼저 돌아보는 자세가 필요하다. 그리고 합리성을 바탕으로 군사적 대치와 충돌의 이면에 놓여있는 미래의 가치를 발견하고 전환적 발상과 정책을 통해 이를 실현해나가려는 자세와 노력이 필요하다.

일국주의에서
세계시민주의로

이찬수

1. 유교, 양안의 문화적 공통성

중국대륙과 대만은 큰 틀에서 '일국적' 공통성을 보인다. 언어는 물론 대만문화의 근간이랄 수 있는 푸젠성 문화, 도교신앙 등은 대륙과 대만이 공유하는 것들이다. 최근 대륙에서 유교부흥운동을 벌이고 대만에서도 학생들을 대상으로 유교경전 읽기 운동이 전개되는 등 양측 모두 유교적 가치 내지는 문화에 관심을 기울이는 현상도 이들의 문화적 공통성을 말해준다.[1] 대륙의 정부가 한때(특히 문화대혁명 기간 중) 유교 전통을 봉건적 구습이라며 배격하기도 했지만, 그 이후에는 민족정신, 시대정신, 애국주의, 문명전승 등을 내세우며 이천 년 이상 중국대륙의 지배적 사상체계 중 하나였던 유교를 옛 전통과 현 사회 체제의 연결고리로 활용하려는 시도를 다양하게 전개하고 있다. 중화中華적 가치의 핵심으로 유교를 내세우면

---

1 구체적인 내용은 진성수, 2012, 「중국과 대만의 경전읽기운동 연구」, 『유학연구』 제27집 참조.

서, 소수민족 문제, 계층 간 갈등 문제를 잠재우고, 체제를 통일하기 위한 문화정책의 일환으로 활용하고 있는 것이다. 유교가 부각되는 분위기는 홍콩이나 싱가포르는 물론 인도네시아처럼 중국인이 많이 진출해있는 동남아시아 권에서도 감지되고 있다.

대만에서도 중화문명의 적통으로서의 유교를 중시하고 전통문화를 계승하고 있다. 한 예로 1994년 왕 차이구이王財貴가 어린이를 대상으로 시행한 경전교육운동은 '전국경전시험대회'로 보편화되었다. 이 운동은 하나의 문화컨텐츠로서 대륙으로 수출되기도 했다. 경전 교육의 상당수가 유교 관련 고전들이라서, 경전읽기시험에 참여한 학생들은 자연스럽게 유교적 가치를 몸에 익히게 된다. 2011년 마 잉주 국민당 총통 후보가 이러한 사실을 정책 자료로 만들면서 국민당이 대륙과 통하는 문화적 정체성을 선도한다고 홍보할 정도로, 경전읽기운동은 국민당의 '재再중국화' 정책의 주요 내용으로 활용되었다. 이처럼 중국대륙과 대만은 언어·종교·문화적 차원에서 별개의 국가로 보기 어렵다.

물론 정치적으로까지 하나는 아니다. 기본적으로 대륙과 대만에서 유교를 강조하는 정치적 의도가 다르고, 공산당이 통치하는 사회주의체제의 대륙과 자본주의 경제체제를 따르는 대만의 정치 상황도 많이 다르다. 특히 많은 대만인들이 대만 정체성의 확립을 시도하면서, 대륙과의 정치적 통일을 경계하고 반대한다. 대륙에의 흡수통일을 염려하는 대만 시민사회 및 정치적 세력이 더 크고 많다. 이런 상황을 염두에 둔다면 대륙과 대만은 분명히 하나가 아니다.

그러나 통일에 대한 경계나 거부는 대만에서만 나타나는 현상이다. 대만에서는 현행 두 국가 체제의 유지 내지는 독립을 바라는 정서가 통일을 바라는 정서보다 더 크다.[2] 하지만 대륙의 입장은 그렇지 않다. 대륙에서 보면, 현재 양안이 서로 다른 제도를 유지하고 있기는 하지만, 대만은 본래부터 대륙과 하나였기에 지금도 '하나의 중국', 사실상 대륙의 일부라는 입장을 견지해오고 있다. 대만과는 새삼스럽게 통일해야 할 이유가 없을 정도로 체제는 서로 다르지만, 대만은 이미 '하나의 중국'이라는 생각을 가진 대륙인들이 많다. 이런 관점을 반영한 대륙의 '하나의 중국' 정책이 '일국양제'라는 말속에 담겨 있다. '일국양제'는 대륙의 사회주의 정치제도와 대만의 자본주의 경제제도를 하나의 국가체제 아래 통제하고 운영한다는 대륙의 통일정책이다.

하지만 근대 국민국가 체제에서 한 국가 안에 상이한 제도가 공존한다는 것은 논리적으로나 행정적으로나 간단한 일이 아닐뿐더러, '일국'에 담긴 중국의 일방적 해석에 부담을 느끼는 대만에서는 '일국양부一國兩府' 또는 '일국양구一國兩區' 개념을 제시하기도 한다. 자국 중심의 '일국' 개념을 확대하여 '양제'를 포섭하려는 대륙의 시도에 반발하며 대만의 독립성을 좀더 확보하려는 시도이다. 그에 반해 대륙에서는 한결같이 '일국양제' 정책을 내세우며, '양제'를 '일국'적 지평 안에 포섭하려 한다. '일국양제'란 무엇이고, 과연 가능한 말인 것일까.

---

2 '중화민국행정원대륙위원회'가 2015년 7월 실시한 중국과의 통일 및 대만 독립 관련 민의조사에 의하면, 응답자의 86.1%가 '현상유지'를 택했다. '독립' 지지 여론은 4.0%, '즉각통일' 지지 의견은 2.3%였다. 이는 대만인이 통일이나 독립을 원치 않는다기보다, 내심 독립을 바라는 이들 중에도 현실적으로는 완전 독립이 어렵다고 판단하는 이들이 늘어난다는 뜻이다. 실제로 조속한 독립 지지자가 2008년에는 14.8%(현상유지 후 독립을 지지하는 12.49% 포함하면 27.29%)였다가 4.0%로 줄어들었다. 2008년 광의의 현상유지 지지자는 78.6%였다. 〈http://www.mac.gov.tw/mp.asp?mp=1〉

이 글에서는 '하나의 중국'에 대한 대륙과 대만정부의 상이한 입장에 알아보고, '하나의 중국'을 가능하게 하는 '일국양제'의 의미와 한계에 대해 비판적으로 검토하려고 한다. 중국대륙 곳곳에 걸려있는 "일국양제 통일중국"이라는 선전 구호가 작동하는 방식과 그 폭력적 구조에 대해 비판적으로 분석하고, 대륙의 일국주의가 오늘날의 세계화 경향과 어떻게 조화해야 하는지에 대해서도 전망해 보고자 한다. 일국양제의 폭력성과 그 세계시민주의적 대안을 제시해보려는 것이다. 보다 다각적인 논의를 위해 종교사회학적 관점도 개입시키며 글을 전개해 나가도록 하겠다.

2. '일국'에 대한 두 가지 입장

대륙에서 공산당과 싸우던 국민당의 장 제스가 대륙 수복을 꿈꾸며 1949년 대만으로 패퇴하고 난 뒤에도 대만의 국민당 정부와 대륙의 공산당 정부는 저마다 '하나의 중국' 원칙을 고수했다. 1949년 중화인민공화국이 건국되면서 대륙의 공산당정부는 중국의 실질적 정통성은 대륙정부에 귀속되며, 대만은 주권적 지위가 인정되지 않는 하나의 지방정부라며 평가절하했다. 반면, 대만은 대륙의 정부가 비록 대륙에 실질적인 지배권을 행사하고 있지만 그들은 일종의 반란단체이며, 쑨 원孫文의 영도 아래 1912년 수립된 중화민국은 피치 못할 사정으로 인해 타이베이로 천도했을 뿐 여전히 중국의 정통성을 계승하고 있다고 주장했다.

일제의 패망 이후 정국 구상을 둘러싸고서 공산당과 국민당이 저마다 쑨 원의 '삼민주의'를 계승한다고 주장했을 때, 이미 '하나의 중국'에 대한 '두 입장'은 대립적으로 지속되어 온 것이나 다름없다. 대만에서 독립 움직임이 일어나기 전까지, 대륙에서나 대만에서나 '중국은 하나'였다. 물론 관점은 많이 달랐다. '하나의 중국'에 대한 대만의 입장부터 살펴보자.

1) 대만의 '추상적 일국'

장 징궈 사후(1988) 총통직을 계승한 대만 본토 출신 리 덩후이는 이전의 '하나의 중국' 개념을 다소 다르게 해석했다. 그는 사실상 양국론兩國論이나 다름없는 일국론一國論을 제기했다. 그에게 '하나의 중국'은 1949년 이전의 중국, 즉 1912년 성립된 중화민국 혹은 미래의 통일중국을 의미하는 것이지, 당시 대만과 대륙이 '하나의 중국'이라고 할 때의 그 중국은 아니었다. 리 덩후이는 중국은 하나이되, 현재의 대륙과 대만은 독립된 통치영역이자 서로 예속되지 않는 주권 국가라는 입장을 견지했다. 이것은 한반도에서의 남북관계가 국제사회에서 두 분단국가들로 인정받고 있듯이, 대만과 중국도 분단을 통한 주권국가라는 입장을 국제사회로부터 확보하려는 의도의 표현이었다. 그 뒤 대만에서 말하는 '하나의 중국'은 대륙의 공산당 정부도, 대만의 국민당 혹은 민진당 정부도 아닌, 옛 중화민국 내지는 향후 두 체제 통합으로 성립될 미래적 중국을 의미했다. 그러면서 그는 '일국양부' 통일정책을 제시했다.

'일국양부'는 1990년 6월 대만의 국시회의國是會議에서 제기된 개념이다. 중국은 본래 하나였으되, 대륙과 대만에 각각의 정부가 존재하는 것도 현실이므로 하나로 가정된 국가 안에 두 개의 독립된 정부체제를 갖자는 의도가 담긴 말이었다. '일국양부'가 대륙정부의 반발을 불러일으키자, 같은 해 10월 국회시정보고에서는 '일국양구'라는 말로 변형시키기도 했다. 제도와 정부를 분리한 기존의 개념과는 달리, '하나의 중국'을 전제로 대륙지구와 대만지구의 양 지구로 나누어 각 지구의 정치적 실체를 상호 인정하자는 취지의 대만식 통일방안이었다. '일국양제'나 '일국양부'보다는 대만이 대륙과 대등한 정치경제적 실체라는 사실을 더 포괄적으로 의식한 표현이라고 할 수 있다.

그러다가 대만의 독립을 주장하던 민진당의 천 수이볜 총통은 2003년 대만해협을 사이에 두고 한 쪽에 한 국가가 존재한다는 '일변일국一邊一國'론을 주장하기도 했다. 하지만 이내 대륙의 강한 반발에 부딪쳐 양안관계가 경색되면서, 대만의 권력은 다시 '하나의 중국'을 내세우는 국민당의 마 잉주 정부로 옮겨갔다. 일국양부, 일국양구, 일변일국 등 대만의 다양한 대륙 관계 정책들은 자신의 정체성을 살리고 '하나의 중국'이라는 표현을 포기하지 않으면서 대륙의 도발도 억제할 수 있는 대만의 생존 전략적 카드들이었다.

바깥에서 보면 대만의 대對대륙관은 한편에서는 당연한 제안이고 어느 정도 합리적으로 보이지만, 그 속내를 보면 대륙의 무력도발을 초래할지 모를 '양국론'을 제기할 수도, 그렇다고 명분상의 '일국론'을 포기할 수도 없는 대만의 딜레마에 따른 고육지책이 담겨 있음을 알 수 있다. 더욱이 이는 1947년 장 제스와 함께 해협을 건너온 외성인外省人 중심의 '중화민족주의'와 17세기 이래 대만으로 이주해온 본성인本省人 중심의 '대만민족주의' 사이의 갈등을 극복하여 '하나의 대만'을 만들기 위해서라도, 어느 한 쪽을 일방적으로 선택할 수 없는 대만의 난제를 함축하고 있다. 어떻든 대만식의 '하나의 중국'에 담겨있는 '중국'은 미래적으로 투사되었거나 양안의 갈등을 최소화하려는 이상을 반영한 추상화된 중국이었다.

2) 대륙의 '구체적 일국'

이에 비해 대륙의 입장은 분명하고 단호하다. 대륙에서는 늘 현실적 자국중심주의를 견지했다. 대만의 정치적 독립성을 인정하는 순간 영구 분단의 가능성이 커질 것이라 보고, 대만의 '일국양부'나 '일국양구'와 같은 표현을 부정했다. 대륙의 입장에서 '하나의 중국'은 통일의 기초이고 전제였다. 그리고 그 '하나의 중국'은 중화인민공화국 정부가 통치하는 구체적인 국가와 동일했다. 중국은 오직 하나이며 대만은 그 중국의 일부로서 중앙정부는 베이징에 위치한다는 입장을 견지했다. 대륙의 입장에서 보면, 중국대륙과 대만이 일시적인 분열 상태에 놓여있기는 하지만 이러한 상태는 한반도의 분단이나 통일 이전의 독일과는 본질적으로 다른 것이었다. 즉, 중국대륙은 하나가 둘로 나누어진 것이 아니라 원래부터 하나였고, 현 국제법상으로도 여전히 하나이기 때문에, 대만이 주장하는 '두 개의 대등한 정치적 실체' 또는 '양국론'과 같은 것은 절대로 수용될 수 없다는 것이다. 이른바 '양안문제'는 대륙의 문제, 중국 내부의 문제이기에, 양안문제에 대해 국제사회의 개입은 사실상 내정간섭에 해당한다는 입장을 보여왔다. 더욱이 1895년 시모노세키조약에 의해 대만이 일본에 할양된 사건을 근대 중국의 치욕으로 보고, 대만이 온전히 중화인민공화국 안으로 회복될 때 중국의 진정한 통일도 이루어진다는 것이 대륙의 입장이었다.

대만이 상상하는 추상적이고 타협적 혹은 통합적 중국과 달리, 대륙에서 말하는 중국은 본래부터 하나였던 지극히 현실적이고 일원론적인 중화인민공화국 정부였다. 이러한 중국의 대만정책이 '일국양제'라는 말 속에 집약되어 있는 것이다.

3. 일국양제의 폭력성

'일국양제'는 대만의 '일국양부' 또는 '일국양구' 이전부터 대륙에서 사용되던 표현으로 '일개국가양종제도一個國家兩種制度'의 줄임말이다. 중화인민공화국의 사회주의 정치체제 안에 대만의 자본주의 경제체제를 조건부로 공존시킨다는 취지로 1982년부터 공식적으로 사용된 중국의 통일정책을 담은 표현이다.

1975년 저우 언라이周恩來 총리가 "대만해방을 위하여 인민해방군을 사용하지 않을 것"이라고 하여 무력보다는 평화적 해결을 도모하겠다고 천명했고, 1981년 9월에는 중국전인대상무위원장中國全人大常務委員長인 예 젠잉葉劍英이 대만문제에 대한 '9조평화방침'[3]을 제기했으며, 1982년에는 덩 샤오핑이 '9조평화방침'이 '일국양제'를 의미한다고 정리한 바 있다. 그리고 1983년에는 덩 샤오핑이 '조국통

---

3 '9조평화방침'의 요지는 다음과 같다: ① 국공합작으로 통일대업완성을 완성한다 ② 삼통(通郵, 通商, 通航)을 실현한다 ③ 국가 통일 후 대만은 특별행정자치구로서 군대도 보유할 수 있다 ④ 대만의 현행 사회 및 경제제도 및 생활방식은 불변한다 ⑤ 대만당국은 정치기구의 지도직무를 담임할 수 있다 ⑥ 대만지방 재정에 중앙정부가 보조할 수 있다 ⑦ 대만인은 대륙에서도 차별받지 않는다 ⑧ 대만의 대륙 투자에 합법적 이익을 보장한다 ⑨ 대만인의 국시 공동 토론을 환영한다.

일6개원칙[4]을 발표하여 대만의 현 체제와 군사력을 보장하고 외교 관계 및 자치권을 인정한다고 천명했고, 1984년 5월 자오 쯔양趙紫陽이 통일 후 대만에 '일국양제' 방침을 시행하겠다는 내용의 '정부 공작보고'를 정식으로 제출하여 통과시켰다. 그리고 덩 샤오핑이 홍콩 기업인들과 접견한 자리에서 홍콩과 중국의 관계를 '일개국가양종제도'라는 말로 재정리한 바 있다. 1997년 영국으로부터 반환받은 홍콩과 1999년 포르투갈에서 반환받은 마카오를 특별행정구로 운영하면서, 중국대륙은 넓은 의미에서 '일국양제'의 원칙을 실험하고 있다.

하지만 중국 입장에서 '일국양제'의 주요 대상은 대만이다. 대만과의 '하나 됨'이 온전한 중화인민공화국을 만드는 길이라는 입장인 것이다. 대만에 고도─실제로는 일정한 한계를 지닐 수밖에 없는─자치권을 부여하고 자율권은 보장하되, 그렇게 규정하는 주체는 결국 중화인민공화국 정부라는 입장을 담은 이 정책은, 대다수 대만인과 이웃 국가의 입장에서 볼 때는 일방적으로 여겨진다. 이러한 대륙의 입장이 도전받을 경우, 불가피하다면 무력도 불사하게 만드는 대전제로 작동하는 것이 '일국양제'인 것이다. 대만의 자율성(은 물론 티벳, 신장위구르 등의 자율성)은 대륙정부가 인정하는 틀 안에서 확보된다는 모순적 역할을 대륙정부가 자임하고 있는 것이다.

이렇게 '양제'의 '일국성'이 '빅브라더' 역할을 자임하는 대륙의 권력을 전제로 성립된다는 점에서 그것은 어느 정도 '폭력적'이다. 폭

---

4 '조국통일6개원칙'의 요지는 다음과 같다: ① 중국은 대만에 군사 및 정부요원을 파견하지 않는다 ② 대만의 독립적인 입법권과 사법기구 유지를 보장한다 ③ 대만의 독자적인 군대 보유도 허용한다 ④ 대만의 대외 사무처리 권한을 보장한다 ⑤ 대만은 대외적으로 '중국대만'의 칭호를 사용한다 ⑥ 대만의 자위권을 허용한다.

력violence이 사나운[暴] 힘[力] 혹은 힘vis/위반violo에서 나온 말이
듯이, '양제'를 포괄하려는 대륙의 일국주의는 대만에게는 '지나친
힘', 즉 폭력이다. 이러한 폭력성은 '일국양제'가 홍콩, 마카오, 대만
과의 합의 아래 성립된 정책이 아니라, 사실상 대륙의 일방적인 정
책이었다는 사실에 이미 함축되어 있다고 할 수 있다.

　물론 이러한 폭력성이 가능해지는 이유는 대륙의 세력이 압도적
으로 우세하기 때문이다. 애당초 '국가'라는 것이 압도적인 폭력이
다른 폭력을 제압하는 과정, 그리고 폭력의 영향력 안에 있는 이들
이 그 폭력을 묵인하거나 동의함으로써 '권력'으로 만들어주는 과정
속에서 형성되었다는 역사적 사실에서 확인할 수 있듯이, 대륙과
대만의 힘의 불균형 혹은 비대칭성이 폭력적 정책을 가능하게 한다.
대만이 대륙에 적극적으로 저항하지 못하거나 현 상태를 유지하려
하는 사이, 대륙의 힘이 정당한 정치적 권력으로 자리 잡아가고 있
는 것이다.

4. '무거운 일국'과 '가벼운 양제'

'일국양제'가 대륙의 일방적인 언어라는 사실은 차치하고라도, 공
산당 일당이 통치하는 사회주의 정치제도와 다당제에 기반한 자본
주의 경제제도는 불협적이거나 모순적이다. 그럼에도 불구하고 대
륙에서는 사회주의든 자본주의든 모두 중국 안에서 나온 체제이
니 그 중국을 정당하게 통치하고 있는 공산당의 입장에서 일국과
양제에는 모순이 있을 수 없다고 본다. 그뿐 아니라 공산당이 자본

을 통제하는 역할도 맡는다. 중국사학자인 기타무라 미노루北村稔는 이와 같은 정책을 "경제 부문은 자유 경제지만 정치권력은 공산당이 독점적으로 장악한다는 의사표시에 지나지 않는다"며 비판한다.[5] 물론 공산당의 역할과 사명에 대한 반성과 개혁에 대한 요청이 대륙 내부에서도 등장하고 있기는 하지만, 그렇게 요청조차 결국은 제도에 대한 공산당의 선도를 능가할 수 있는 것은 없다는 전제를 놓지 않는다.[6]

이런 식으로 중국은 '일국적' 관점을 강력하게 유지하면서 '양제'의 상위자 역할을 자임한다. 외부자의 눈으로 보면, 일국과 양제의 모순을 더 큰 힘, 즉 '폭력'으로 메우되, 그것이 인민적이고 평화적인 것이라는 인식을 확산시켜, 중화인민공화국 정부의 정당성을 확보하려는 시도들이라고 할 수 있다. '일'과 '양'은 애당초 비대칭적이고 불균형적이라는 점에서. 일국양제는 '무거운 하나[一]'와 '가벼운 둘[兩]' 사이에 벌어지는 불균형적 변증법의 한 형식이라 규정해볼 수 있을 것 같다.

양안의 한 축인 대만으로서는 이 불균형적이고 비대칭적인 힘에 끌려가거나 저항하거나 두 선택만 남아있는 처지이다. 물론 티벳이나 신장 위구르 등 중국 내 이른바 '소수민족'들의 처지도 과히 다를 바 없다. 전반적으로는 이들 대부분이 이 거대한 힘에 적극 저항하지 못하거나 자의반 타의반 동의하는 중이며, 그러한 동의 과정 속에 대륙의 권력 역시 자의반 타의반 정당성을 확보해하고 있는 것

---

5 기타무라 미노루, 김동욱 외 역, 2014, 『사회주의 중국은 행복한가』, 한울, p.191.
6 옌 이룽 외, 성균중국연구소 역, 2015, 『중국 공산당을 개혁하라』, 성균관대학교출판부, pp.23~41 참조.

이다.

홉스T. Hobbes, 푸코M. Foucault, 아렌트H. Arendt 등 여러 사상가들이 지적한 바 있듯이, 권력은 폭력에 어떤 형식으로든 동의하는 이들에 의해 확보된다. 그리고 폭력이 권력이 되는 순간 권력자의 정당성이 확보된다. 권력의 무게중심이 이동하면서, 양안의 경우에는 그 무게중심도 대륙 쪽으로 이동하게 된다. 게다가 주변국들도 일국·양제에 대해 적극적으로 동의하지도, 비판하지도 않는 모호한 태도로 일관하는 까닭에, 일국과 양제의 관계에 담긴 모순성은 별반 공론화되지 않는다. 가령 미국의 경우는 소련을 봉쇄하고 동아시아에서 패권을 강화하려는 전략적 의도에 따라 중국과 수교했고, 수교국인 중국의 요청에 따라 대만과는 공식적으로는 단절했지만, 비공식적으로는 대만과 교류를 더 지속해오고 있다. 비공식적 외교 라인인 대만을 공식적으로 활용하면서 공식적 외교 라인인 중국을 비공식적으로 견제하는 미국의 전략적 모호성strategic ambiguity 정책이 일국과 양제를 모순도 일치도 아닌 모호한 관계로 만드는 주요 변수로 작동하고 있는 것이다.

그럴수록 '하나의 중국'이 대륙 중심으로 재편되는 과정은 국제정치적 차원에서도 힘을 얻게 된다. 대만으로서는 자신들이 대륙의 한 성에 제한되고 만다는 사실까지 인정할 수밖에 없는 위기 상황 속으로 내몰리고 있는 것이다. 이것이 대만의 근본적인 딜레마이다.

5. 일국주의적 권력

이렇게 중국은 '일'을 '양'의 상위에 두면서 '여럿'을 제한하고 압도하는 '하나'라는 전제를 내내 견지한다. 그 '하나'의 역할을 공산당 정부가 자임한다. 이런 상황을 역전시키지 못하는 한, 대만의 주권은 중국 주권의 하위개념에 머물 수밖에 없다. 주권sovereignty이 '국가의 의사를 최종적으로 결정하는 권력'이라면, 실질적으로 대만의 주권에는 통일 국가를 판단하고 정책을 결정할 수 있는 최종 권력이 없다고 해도 과언이 아니다. 국가의 의사를 최종적으로 결정하는 권력에 자율성과 주체성이 있을 때 국가가 성립된다면, 대륙의 일국주의에 휘둘릴 수밖에 없는 대만은 근대 국민국가적 차원에서 국가라고 할 수 없다는 뜻이기도 하다.

이처럼 대만을 궁극적으로 국가가 아니게 만드는 것은 대륙의 권력이다. 대륙의 권력은 칼 슈미트Carl Schmitt가 말한 '대지의 노모스der Nomos der Erde'의 기능을 한다. 슈미트는 개개 주권을 넘어선 폭력의 역학에 따라 국경이 획정된다고 보면서, 영토에 대한 '구성적인 질서행위'를 '대지의 노모스'라고 불렀다.[7] 일국성을 영토 차원에서 확보하기 위해 대만을 대륙의 연장이라고 보는 권력은 일종의 '대지의 노모스'로 작동하는 셈이다.

전술한 것처럼 이러한 대륙의 권력을 유지하고 정당하게 만드는 것은 폭력이다. 폭력이 다른 폭력을 이기고 그 폭력이 정당화되는 과정에 국가도 성립된다. "국가란 정당한 물리적 폭력 행사의 독점

---

7 칼 슈미트, 최재훈 역, 1995, 『대지의 노모스』, 민음사. pp.196~197.

을 실효적으로 요구하는 인간 공동체"[8]라는 베버Max Weber의 국가론에서처럼, 폭력 행사가 독점적이고 실효적으로 작동하는 과정에 근대 국민국가도 생겨난 것이다. 이른바 국민이 폭력에 동의하며 권력이 되고, 권력에 의해 개인에게 부여된 주권이 다시 위임되면서 근대 국민국가가 유지되고 있는 것이다. 근대 중국도 전형적으로 이러한 구조를 반영하고 있다. 물론 국민당이 '하나의 중국'을 꿈꾸며 일보 후퇴하여 만든 대만도 크게 보면 비슷한 구조 속에 있다. 그러나 대만의 권력은 대만에만 제한되고 대륙에 미칠 여력이 없다는 점에서 상대적 한계가 뚜렷하다.

푸코는 폭력을 행사할지 모른다는 협박만으로도 그 대상을 복종시킬 수 있는 능력을 '권력'이라고 규정한 바 있다. 폭력이 수동적으로 당하는 직접적이고 물리적인 위해危害라면, 권력은 행위자로 하여금 능동적으로 움직이거나 동의하게 하는 능력이라는 것이다.[9] 그런 점에서 보면 대륙의 무력행사 가능성을 의식하며 대륙의 입장과 자세를 적극적으로 거부하지 못하는 대만 역시 ―나아가서는 주변국 전체가― 피치 못하게 폭력을 권력으로 만들어주고 있는 것이다. 대만인의 86.1%가 독립이나 통일이 아닌 '현상유지'를 원하고 있다는 사실의 이면에서 우리는 대륙의 압도적 권력을 읽어낼 수 있는 것이다. 이런 점에서 울리히 벡Ulrich Beck의 다음과 같은 국가론은 적절하다: "강력한 국가는 궁극적으로 폭력을 독점했기 때문이 아니라 시민들의 '자발적인 복종' 때문에 강력한 것이다. 국가가 강한 것은 시민들이 애초부터 국가의 권력 질서에 동의하여 그 권력질서

---

8 막스 베버, 전성우 역, 2007, 『직업으로서의 정치』, 나남, p.9.

9 미셸 푸코, 심세광 외 역, 2014, 『정신의학의 권력』, 난장, pp.69~98.

에 갇히는 길을 자초했기 때문이다."[10]

6. 법과 권력의 상호 순환

이러한 권력은 자신 안에 법을 끌어들인다. 법이 법으로 규정되면서 다시 권력이 정당화된다. 그러면서 법 자신도 정당화된다. 실제로 「중화인민공화국헌법」의 「서문」에서는 이렇게 규정하고 있다: "대만은 중화인민공화국의 신성한 영토의 일부분이다. 조국통일을 완성하는 대업은 대만동포를 포함하는 전 중국 인민의 신성한 직책이다." 물론 대한민국 헌법에서도 "대한민국의 영토는 한반도와 그 부속도서로 한다"(제3조)고 하여 북한까지 대한민국의 영토로 규정하고 있지만, 그 표현은 다소 추상적이고 원론적인 수준에 머문다. 이에 비해 중화인민공화국 헌법은 상당히 구체적이다. "사회주의 제도는 중화인민공화국의 근본제도이다. 어떠한 조직과 개인도 사회주의 제도를 파괴하는 것을 금지한다"(제1조)는 조항에서도 대륙의 사회주의 정부가 대만의 상위 개념이자 조직임을 명확하고 구체적으로 규정하고 있다. 양제의 일국성에서 일국의 주체는 공산당 통치 아래 있는 중화인민공화국이라는 사실을 못박아두고 있는 것이다. 공산당이 주도하며 확립한 중화인민공화국 정부의 헌법이 다시 공산당 정부의 권력을 정당화한다. 그 권력에 의해 법도 정당성을 획득한다.

나아가 법은 그 영역 안에 있는 이들에 의해 동의되면서 자율성

---

10 울리히 벡, 홍찬숙 역, 2013, 『자기만의 신』, 길, p.201.

을 획득한다. 법은 타율적 강제가 아니라 구성원들의 의지, 자발적인 동의에 기초하는 형식으로 객관성을 확보해나간다. 그러면서 법의 근저에 놓인 권력을 지탱해준다. 이렇게 법과 권력, 나아가 그 근저에 있는 폭력은 상호 순환한다. 벤야민W. Benjamin이 폭력을 '법규정적 폭력'과 '법유지적 폭력'으로 구분하면서 법을 만들고 법을 유지시켜나가는 것도 폭력이라고 했는데,[11] 헌법에 못박아둔 중국의 국가론에서 이를 확인할 수 있다. 대륙의 국민에 의해 적극 동의되고, 대만에 의해서는 불가피하게 유지되고, 주변국의 침묵에 의해 소극적으로 타협되면서, 대륙의 권력과 일국양제 정책은 더욱 정당성을 확보해가고 있다.

물론 대륙 안에서도 민족주의나 국가주의, 그리고 전술했던 '일국주의'에 대한 개혁의 목소리가 없지는 않다. 공산당의 역할과 사명에 대한 반성적 성찰을 통해 중국 사회주의가 위기에 처한 신자유주의에 대한 대안의 길을 실천해야 한다는 요구와 기대들도 있다. 중국대륙으로서도 이러한 요청에 귀 기울이고 그만큼 준비할 것이 있다는 뜻이다.

이와 관련해 '일국중심주의'에서 '세계시민주의cosmopolitanism'로 연구방법론을 전환한 사회학자 울리히 벡의 입장을 눈여겨 볼 필요가 있다. 벡은 기존의 일국적 방법론으로는 세계화를 설명할 수 없다며 학문의 방법론을 세계시민주의적 관점으로 전환한 바 있다. 그에 의하면, 세계화는 단순히 같은 사태가 세계 여러 나라에서 비슷하게 벌어지는 현상이 아니다. 벌어지는 현상 자체가 일국적 관점으

---

11 발터 벤야민, 최성만 역, 2008, 「폭력 비판을 위하여」, 『발터 벤야민 선집 5』, 길, pp.119~131.

로는 파악되지 않는 중층성·위계성을 띠며, 그렇게 된 정치·경제·문화적 원인도 복합적이다. 세계화는 단순히 특정 영역이 세계적 차원으로 확장되는 정도를 의미하지 않는다. 셀 수 없이 다양한 특정 영역들이 세계적 차원으로 확장되면서 중첩되어 서로가 서로에게 간섭하고 갈등을 일으키며 새로운 영토를 개척해가는 현상까지 포함한다. 세계화를 선도하거나 설명할 수 있는 단일한 기준이나 계기란 있을 수 없다.

이런 사실을 염두에 두면서 벡은 근대 이후 개인적 혹은 사적 영역으로 제한되었던 종교 현상을 다시 볼 것을 주문한다. 그에 의하면, 종교(유럽의 경우 기독교)야말로 기존의 일국적 경계를 허물면서 새로운 경계를 세워가는 역동성을 보여주는 세계화의 첨병이다. 그의 눈에 종교는 애초부터 기존의 영토와 경계를 넘어서는 세계화의 근원이다. 종교는 가령 "유대인이나 그리스인이나 종이나 자유인이나 남자나 여자나 그리스도 안에서 하나"(갈라디아서 3:28)라며 혈연적·지역적·신분적 무차별성을 선언하고 실제로 기존의 영토와 경계를 넘어서는 능력을 보여주었다. 그러나 동시에, "그리스도 안에서"라는 수식어가 함축하고 있듯이, 차별 없는 진리를 선포하는 주체를 전제로 내세운다. 그러다 보니 기존의 경계를 넘어서면서도 그 전제에 동의하는 이들을 중심으로 자신만의 새로운 경계를 세우는 모순으로 이어진다.

이런 식으로 종교는 애당초부터 탈영토적·세계적인 동시에 경계를 세워 자신만의 영토를 확보하는 양면성을 지닌다. 경계파괴적이면서 동시에 경계수립적이다. 물론 경계수립적 성격의 전제는 경계파괴성이다. 새로운 경계는 기존의 경계가 파괴되면서 세워진다. 그

것을 종교현상이 잘 보여주는 것이다. 이런 맥락에서 기존의 경계를 파괴할 자유를 인정하지 않은 채 새로운 경계만을 세우려 한다면 그것은 폭력이다. 세계성을 일국성 안에 가둘 수 없다는 뜻이다.

7. 일국주의에 대한 세계화의 도전

그러나 대륙의 정부는 자국 중심의 일국적 태도를 지향하고 있다. '일국양제'도 세계화의 경향을 수용하되 공산당의 통치 안에 제한하고 그 우산 아래 통일성을 견지하려는 자세이다. 대륙의 정부가 티벳의 자율과 자치를 인정한다면서도 달라이라마 14세의 티벳 독립운동을 분리주의로 규탄하고 티벳의 정치에 직접 관여하는 양면성은 일국주의 논리의 필연적인 결과이다. 소수민족의 종교문화를 존중한다면서도, 가령 판첸라마를 따르고 존경하는 티벳의 전통문화를 무시하고 중국대륙의 정부가 '어용' 판첸라마를 내세워 티벳의 중국화를 지속해나간다. 불교는 이미 세계화의 한 축을 담당하고 있지만, 대륙의 정부는 불교의 세계시민성을 자신의 일국성 안에 제한하며 중국적 통일성을 앞세운다. '분리주의자' 달라이라마를 초청하는 행위는 그것이 어떤 국가 혹은 단체이든 '하나의 중국'에 대한 저항이라며 날을 세우고 압력을 행사한다. 이러한 이중적인 자국중심주의로 인해 상당수의 세계 불교도는 중국대륙에 따가운 눈초리를 보내고 있다.

　신장위구르자치구 내 이슬람에 대해서도 대륙정부는 겉으로는 이슬람을 존중하는 모양을 취하면서도 공산당 정부를 비판하거나 독립을 지향하는 모습을 보이는 한, 가차 없이 억압한다. 본성상 세계성을 갖춘 이슬람은 세계적 차원에서 평화와 갈등의 중층적 진원지 역할을 하고 있지만, 대륙의 정부는 그 중층적 세계성도 공산당 정책의 틀 안에서만 인정한다. 중국의 공식적 이슬람 지도자는 당연히 공산당원이다. 뿐만 아니라, 외형적으로는 종교의 자유와 문화적 다양성을 인정한다고 하면서도 한족漢族의 대규모 이전을 통해 위구르 지역 무슬림 정책을 희석시키는 중국대륙의 태도에 대해, 중동지역 무슬림의 마음이 불편하다.

가톨릭의 주교를 교황청이 아닌 대륙의 정부가 직접 세우기도 한다. 1957년 '중국천주교애국회中國天主敎愛國會'를 결성한 이후, '애국회'에 소속된 교회의 자유만을 인정하고 그 외의 교회의 건립은 외세의 간섭에 해당한다며 거부하고 있다. 자치自治·자양自養·자전自傳의 '삼자三自' 원칙을 고수하면서, 주교나 신부도 중국에서 임명하거나 해임하는 등 공산당 정부에서 직접 관리를 한다. 공산당의 억압을 피해 숨어든 '지하교회'를 제외한다면, 가톨릭의 신앙 원리상 중국의 가톨릭은 사실상 교회라 할 수 없지만, 공산당에서는 '삼자' 원칙에 근거한 중국적 천주교회로 규정하여 중국적 종교화를 도모한다.

불교, 이슬람, 그리스도교에 비하면 중국에서 발흥했으면서도 조직성이 약한 유교는 상대적으로 중국식 '종교의 자유' 정책을 선전하기에 유용하다. 대륙에서는 유교적 이념에 따랐던 전통적 중앙집권주의와 현대적인 민주주의를 결합시켜, "인민 민주주의 전제정치"(중화인민공화국 헌법 제1조)를 시도한다. 하지만 유교도 원리상으로는 세계성을 확보해온 전통적 사유체계이자 문명의 근간이다. 유교적 시각 역시 다양하다. "오늘날에 와서 유교는 자유주의에 접근된 유학, 마르크스주의에 접근된 유학, 포스트모더니즘의 경향을 띤 유학, 생태주의의 경향을 띤 유학 등 여러 가지 형태의 연구가 진행 되고 있다."[12] 유교 역시 다양한 세계에 두루 적용될 가능성이 있다 는 말이다. 가족 혹은 혈연적 질서가 부각된 동아시아의 문화적 특 징 때문에 유교가 그리스도교나 불교, 이슬람만큼 세계적으로 퍼져 있지는 않지만, 원칙적으로 유교는 중국을 넘어 이미 아시아적이고, 그 사상적 차원에서 보면 어느 정도 세계적 보편성을 띤다.

중국대륙에서 강조하는 '대동大同사상'만이 유교가 아니다. 유교 는 위계적 신분사회를 배경으로 형성된 사상체계이기에 작금의 사 회주의적 형식에 가깝기는 하지만, 신분사회가 타파되고 인권이 존 중되는 오늘날의 맥락에서도 유교가 유의미한 것은 공자의 인仁, 맹 자의 측은지심惻隱之心, 왕양명王陽明의 양지良知와 같은 인간의 내 면과 따뜻한 인간관계에 대한 긍정 때문이다. 유교의 본성本性 혹은 인성론人性論, 이기론理氣論 등에 담긴 인간학적 혹은 사상사적 함축 성은 보편적일 정도로 크다. 그래서 유교적 인성, 탈영토성, 세계성 을 보장하지 않은 채, 중화인민공화국 정책의 수단으로 삼으려는 자 국 중심의 일국적 행위는 과거의 봉건적 혹은 제국주의의 다른 모 습이라는 비난을 피할 길이 없게 된다. 중국식 사회주의는 사실상 봉건 왕조의 연장이라는 비판이 나오게 되는 것도 이러한 맥락과 무관하지 않다. 기타무라 미노루가 "중화인민공화국은 사회주의의 옷을 입은 봉건왕조"라며 기탄없이 비판하는 데에 함축되어 있듯

---

12 원영호, 2012, 「현대 중국의 유학 연구 동향과 전망」, 『동양사회사상』 제25집, p.147.

이,[13] 공산당에 의한 일당 통치는 표면적으로 내세우는 자율성과는 달리 '문화대혁명'을 포함한 공산당의 권력 투쟁 역사에서 '다른' 권력을 인정하지 못했던 저간의 과정을 은폐하기 위한 불가피한 정책이라 해도 과언이 아니다.

유럽의 경우 종교 갈등에 국가가 개입하면서 벌어진 이른바 '30년 전쟁'이 종교를 국가로부터 분리시키고 그 자유를 보장한다는 베스트팔렌조약(1648)으로 이어지면서 영토적 근대국가의 기초가 놓였다는 역사적 사실을 인식할 필요가 있다. 이것은 유럽에서 비롯된 근대 국민국가 체제를 따르는 한, 국가 내지 특정 정부가 양심의 자유에 기반한 종교를 통제하기 곤란하다는 뜻이다. 일국주의적 관점 하에서 종교와 양심의 자유가 구속받는다면, 보편성을 지향하는 세계화 주체들의 도전은 언제 어떤 형식으로든 그러한 관점에 도전을 감행해올 것이기 때문이다.

8. '일국주의'에서 세계시민주의로

1) '일국주의'를 넘어

근대 국민국가의 기초에는 조직이나 신분 등 외적 제도가 아니라 개인의 내적 신앙을 중시하는 종교적 세계관이 사회화하면서 형성된 개인화 현상이 놓여있다. 개인적 선택을 중시하는 분위기에 따라 "자기만의 신"(울리히 벡)을 추구하는 경향도 생겼고, 이러한 경향이 기존의 수직적 위계와 수평적 경계에 도전하면서 새로운 경계를 세

---

13 기타무라 미노루, 2014, p.15, 35.

위가는 동력으로 작동해왔다. 혈연이나 지역을 넘어서는 종교적 보편성이 오늘날의 세계화 현상의 견인차 역할을 해온 동력이었다는 말이다. 바꾸어 말하면 새로운 경계를 세워가는 과정에는 이미 자유로운 선택에 입각한 탈지역, 탈경계, 나아가 탈국가적 행위들이 선행하고 있다는 것이다.

이런 식으로 기존의 일국주의적 낡은 정치와 변화된 규칙을 적용하려는 새로운 세계 정치가 상호 개입하는, 세계 정치의 '메타게임'이 진행 중이다.[14] 세계화 시대 정치는 일국적 국경과 국가로부터 이탈하면서, '일국적 선험성'이 세계적 경제 행위자와 지구적 시민사회 행위자들에게 게임의 대상이 되면서 전복되어가고는 것이다. 이에 따라 벡은 "국가는 더 이상 국제 체제의 유일한 행위자가 아니고 여럿 중 하나에 불과한 행위자이므로 국민국가에 대한 집착을 버리는 것이 옳다"고 말한다.[15] 물론 국가 자체를 폐기할 수는 없고 또 폐기되지도 않을 것이다. 벡이 말하려는 것은 국가 정치와 시민 정치가 양자택일적일 수는 없으며, 국가도 세계적 차원의 경제 행위자와 시민 사회 행위자들과 함께 소통하는 구조로 변화해야 한다는 것이다.

이런 관점에서 보건대, 경계를 넘어설 가능성을 인정하지 않고 일국적 경계를 세우기만 하는 행위는 제국주의적 폭력에 해당된다. 이를 양안관계에 적용해 보면, 중국대륙으로서도 '일국'에 방점을 두기보다, 제도의 다양성을 중시하며 양안의 문화적 공통성과 유기적 관계성을 확보해가는 작업에 방점을 두는 정책이 더 적절하다는 뜻도

14 울리히 벡, 홍찬숙 역, 2011, 『세계화 시대의 권력과 대항권력』, 길, pp.24~27.
15 울리히 벡, 2011, p.36.

된다. 그리고 어떤 종교적 이념이 나름의 보편성을 내세우면서 세계화를 도모하더라도 세계화를 지향하는 또다른 보편성의 도전을 받아 결국 자기 변화를 도모할 수밖에 없듯, 중국적 보편성도 세계적 보편성에 도전받으면서 '일국 아래의 양제' 정책도 결국 수정될 수밖에 없으리라는 예상도 가능하다. 복잡한 상호 작용을 통해 변화를 만들어내는 세계주의의 흐름을 적극적으로 소화하는 자세가 더 요청되는 때인 것이다.

2) '일국'에서 '일국적'으로

그렇다면 대안은 있을까. 종교사학자 윌프레드 캔트웰 스미스 Wilfred Cantwell Smith가 명사로서의 '종교'와 형용사로서의 '종교적'을 구분한 적이 있다.[16] 명사로서의 '종교'는 경계 안팎을 나누고 경계 밖의 존재를 톨신자로 규정하지만, 형용사인 '종교적'은 자신의 정체성은 유지하면서도 그 정체성의 내용을 경계 밖에서도 확인한다. '종교적'은 경계 초월적이고 경계 개방적이며 다원적 경계성을 인정하여, 불신자라 규정할 명백한 경계를 두지 않는다. 형용사로서의 '종교적' 차원에 설 때 세계화의 주역인 종교 현상의 본질을 제대로 파악할 수 있다. 다찬가지로 중국식 일국주의도 명사로서의 '일국'이 아닌 형용사로서의 '일국적' 자세를 견지할 필요가 있다. 하나의 '중국'보다는 '중국적' 가치와 문명을 중시하되, 중국적 가치가 세계에 두루 통할 보편성까지 갖출 수 있도록 해야 한다. 나아가 그 보편성에 저항하는 또다른 보편성의 도전을 수용할 수 있는 개방성도

---

16 윌프레드 캔트웰 스미스, 길희성 역, 1991, 『종교의 의미와 목적』, 분도출판사, 제1장.

갖추어야 한다.

그러나 현실에서의 중국(특히 대륙)은 일국적 경계짓기가 두드러지고, 대륙의 영향력이 미치는 곳에 '명사적' 통제가 강력하다. 최근 중국의 소장 학자들이 "중국 공산당의 정치조직과 제도, 통치방식은 인류 역사상 존재한 적이 없었던 새로운 것"[17]이라며 자국의 정치적 구조와 역량에 대한 자부심을 드러냈는데, 여기서도 명사로서의 일국주의가 두드러진다.

중국 정치의 비결은 현대 정치의 정밀 조직 원칙에 따라 철저한 분업과 다양하고 유연한 정치조직을 만들어, 분산화되고 다원화된 현대사회의 특징에 적응하면서, 동시에 그 속에서 강인하고 광범위하며 유연한 중국 공산당의 영도를 통해 서로 독립적으로 따로 놀면서 오히려 서로 방해만 되는 현대사회의 폐단을 극복함으로써 유연하고 효율적인 정치체제를 구성한 것에 있다.[18]

자국 정치에 대한 소장 학자들의 자긍심을 잘 보여주는 구절이다. 하지만 위 문장 가운데 "강인하고 광범위하며 유연한 중국 공산당의 영도"라는 말에 담긴 한계도 역력하다. 이 외에도 많은 곳에서 이들은 중국을 움직이는 주체로서 '공산당의 영도'를 당연한 전제로 내세운다. 신자유주의를 극복하고 서구를 능가할 중국적 문명의 건설 주체는 결국 '공산당의 영도'라는 것이다. 북한사회가 그렇듯이[19]

---

17 옌 이룽 외, 2015, p.23.

18 옌 이룽 외, 2015, p.25.

19 북한(조선민주주의인민공화국) 헌법 제11조에서도 "조선민주주의인민공화국은 조선로동당의 령도 밑에 모든 활동을 진행한다"고 적시하고 있다.

'공산당의 영도'가 '하나의 중국'의 상부구조가 되는 것이다. 사회를 통제하는 중세 종교의 정치적 구조가 인민민주주의를 내세운 중국의 정치구조에서 사회주의의 옷을 입고 재생되었다 해도 과언이 아닌 듯하다.

공산당을 앞세운 이러한 전제로 인해 대단히 이상적으로 보이는 개혁방안도 결국은 대륙 중심의 일국주의 안에 갇힌다. 이 책의 저자들이 중국 정치의 특징으로 '촘촘하고 다원화된 조직의 네트워크 거버넌스'를 말할 때에도, 공산당의 통치는 우산처럼 상부에 펼쳐져 있다. 이들은 '공산당의 영도'와 '네트워크 거버넌스'의 긴장 및 모순에 대해서는 분석하지 않는다. 이끌고[領] 지도하는[導] 주체는 늘 네트워크 거버넌스의 상위에 있다. 그렇게 명사적 일국주의의 관점은 지속된다.

그러나 이것은 동시에 형용사적 세계시민주의의 도전에 직면한다. 중국을 '인권탄압국'이라 비판하는 세계의 목소리들이 그 예이다. 대륙의 정부는 이러한 비판에 과연 설득력 있게 답하고, 또 세계시민주의적 흐름을 온전히 수용할 수 있을 것인가. 궁극적으로는 '공산당의 영도'마저 해체될 수 있는 가능성까지 열어놓을 때, "중국 공산당의 정치조직과 제도, 통치방식이 인류 역사상 존재한 적이 없는 새로운 것"이라는 자화자찬이 설득력을 얻게 되는 것 아닐까. 그 때, 벡이 말하는 21세기 사회학적 관점이 참고가 될 만하지 않을까.

일국적 관점은 세계시민적 관점에 자리를 양보해야 하고, 방법론적 일국주의는 방법론적 세계시민주의로 대체되어야 한다. 그리고 구체적인 정치영역은, 즉 주권과 자율성에 집착하는 국가정치는 '정치의 정치'로 변화되어야 한다. '정치의 정치'란 일국적 정치가 성공하기 위해 정치 영역이 스스로 환골탈태해서 세계시민적 배치와 관련된 문제들을 자신의 문제로 전유하는 것을 의미한다.[20]

'정치의 정치'를 가능케 하는 디딤돌의 하나로서, 가령 유교는 중국의 종교이자 동시에 세계의 사상이라는 안목이 요청된다. 중국과 세계를 개방적으로 연결하는 통로를 더욱 다양하게 확보해나가야 한다. 설령 공산당의 입장에서 무질서해 보일 수 있더라도, '공산당의 영도'가 미치는 경계가 좀더 느슨해져야 하고, 양심과 종교의 자유가 대만인을 포함한 모든 인민의 차원에서 확보되어야 한다. 그렇게 될 수 있을까. 좀더 융통성 있게, 개방적으로 변화할 수 있을까. 분명한 것은 그럴 때에야 중화문명은 세계성은 물론 세계시민주의적 일국성도 동시에 확보할 수 있게 된다는 사실이다.

---

20 울리히 벡, 2013, pp.109~110; 울리히 벡, 2011, 제5장.

참고문헌

• 단행본

顧祖禹, 1662~1722, 『讀史方輿紀要』, 淸康熙年間職思堂淸鈔底本, 國家圖書館善本書庫藏.

劉毅夫, 1958, 『第一回合的勝利』, 臺北: 改造出版.

胡璉, 1976, 『金門憶舊』, 臺北: 黎明文化.

Halbwachs, Maurice, 1980, *The Collective Memory*, Mary Douglas(trans.), New York: Harper&Row.

王禹廷, 1987, 『胡璉評傳』, 臺北: 傳紀文學雜誌出版社.

夏鑄九 編, 1989, 『空間的文化形式與社會理論讀本』, 臺北: 明文書局.

Middleton, David & Edwards, Derek, 1990, *Collective Remembering*, Newbury Park: Sage.

윌프레드 캔트웰 스미스, 길희성 역, 1991, 『종교의 의미와 목적』, 분도출판사.

Coser, Lewis A.(ed.&trans.), 1992, *On Collective Memory*, Chicago: The University Of Chicago Press.

Halbwachs, Maurice, 1992, *The Social Framworks of Memory*, Lewis A. Coser(trans.), Chicago: The University of Chicago Press.

Foucault, Michel, 劉北成·楊遠嬰 譯, 1992, 『規訓與懲罰: 監獄的誕生』, 臺北: 桂冠圖書.

王嵩山, 1992, 『文化傳譯: 博物館與人類學想像』, 臺北: 稻出版.

칼 슈미트, 최재훈 역, 1995, 『대지의 노모스』, 민음사.

Bennett, Tony, 1995, *The Birth of the Museum: History, Theory, Politics*, London: Routledge.

Henningham, Stephen, 1995, *The Pacific Island States: Security and Sovereignty in the Post-Cold War World*, New York : St. Martin's Press.

Soja, Edward W., 1996, *Thirdspace: Journeys to Los Angeles And Other Real-and-Imagined Places*, Oxford: Blackwell.

國立古宮博物院, 1996, 『古宮七十星霜』, 臺北: 國立古宮博物院.

제주4·3연구소 편, 1999, 『동아시아의 평화와 인권』, 역사비평사.

Johnson, Chalmers A.(ed.), 1999, *Okinawa: Cold War island, Cardiff*, CA: Japan

Policy Research Institute.

Anderson, Benedict, 吳叡人 譯, 1999, 『想像的共同體: 民族主義的起源與散布』, 臺北: 時報出版.

Said, Edward W., 王志弘 等 譯, 1999, 『東方主義』, 臺北: 立出版.

Thompson, Paul, 覃方明 等 譯, 1999, 『過去的聲音: 口述歷史』, 香港: 牛津大學出版社.

臺灣省立博物館, 1999, 『臺灣省立博物館創立九十年專刊1908~1998』, 臺北: 臺灣省立博物館.

Lennon, J. John and Foley Malcolm, 2000, *Dark Tourism*, London&New York: Continuum.

國立古宮博物院編輯委員會 編, 2000, 『古宮跨世紀大事錄要』, 臺北: 國立古宮博物院.

楊樹清, 2001, 『金門島嶼邊緣』, 稻田.

Le Memorial de Caen(ed.), 2002, *The Memorial Book*, Caen: Castuera S.A. Pampelune(France).

江柏煒, 2002, 『金門莒光樓: 戰地精神與民族形式』, 金門: 金門縣政府.

國立歷史博物館 編, 2002, 『國立歷史博物館沿革與發展』, 臺北: 國立歷史博物館.

朱西, 2003, 『八二三注』, 臺北: INK印刻.

고성준 외, 2004, 『동아시아와 평화의 섬 제주』, 제주대학교 출판부.

金門縣政府, 2004, 『大哉金門』, 金門: 金門縣文化局.

陳長慶, 2005, 『時光已走遠』, 金門: 金門縣文化局.

막스 베버, 전성우 역, 2007, 『직업으로서의 정치』, 나남.

Westad, Odd A., 2007, *The Global Cold War: Third World Interventions and the Making of Our Times*, Cambridge&New York: Cambridge University Press.

발터 벤야민, 최성만 역, 2008, 「폭력 비판을 위하여」, 『발터 벤야민 선집 5』, 길.

정근식·전경수·이지원 편, 2008, 『기지의 섬, 오키나와: 현실과 운동』, 논형.

정근식·주은우·김백영 편, 2008, 『경계의 섬, 오키나와: 기억과 정체성』, 논형.

Szonyi, Michael, 2008, *Cold War Island: Quemoy on the Front Line*, Cambridge: Cambridge University Press.

윤용택, 2009, 『생명평화의 섬, 제주를 꿈꾸며』, 각.

이종훈, 2009, 『양안통일이 시작되었다: 중국·대만 교류 협력 정책 및 법제』, 한국학술정보(주).

지은주, 2009, 『대만의 독립문제와 정당정치: 민주화 이후 정당체제의 재편성』, 나남.

陳孔立, 2010, 『走向和平發展的兩岸關係』, 北京: 九州出版社.

沈志華·唐啓華 主編, 2010, 『金門: 內戰與冷戰－美, 蘇, 中案解密與研究』, 北京: 九州出版社.

울리히 벡, 홍찬숙 역, 2011, 『세계화 시대의 권력과 대항권력』, 길.

이상철, 2011,『북방한계선: 기원 · 위기 · 사수』, 선인.

張淑雅, 2011,『韓戰救臺灣?: 解讀美國對臺政策』, 臺北: 衛城出版.

강효백, 2012,『중국의 습격: 류큐로 보는 한 · 중 · 일 해양 삼국지』, Human& Books.

박명규, 2012,『남북경계선의 사회학』, 창비.

박명규 · 이근관 · 전재성 외, 2012,『연성복합통일론』(개정판), 서울대 통일평화연구원.

정동영 · 지승호, 2013,『십년 후 통일』, 살림터.

矢吹晋, 2013,『尖閣衝突は沖縄返還に始まる: 米中日三角關係の頂点としての尖角』, 東京: 花傳社.

울리히 백, 홍찬숙 역, 2013,『자기만의 신』, 길.

기타무라 미노루, 김동욱 외 역, 2014,『사회주의 중국은 행복한가』, 한울.

미셸 푸코, 심세광 외 역, 2014,『정신의학의 권력』, 난장.

이석기 외, 2014,『중국－대만 양안관계 분석을 통한 남북경협 활성화 추진방안』, 경제 · 인문사회연구회.

임형택 편, 2014,『한국학의 학술사적 전망 2』, 소명출판.

黃天, 2014,『琉球沖繩交替考』, 香港: 三聯書店.

波平恒男, 2014,『近代東アジア史のなかの琉球併合』, 東京: 岩波書店.

김병로 · 김병연 · 박명규 외, 2015,『개성공단: 한반도형 평화통일의 실험』, 진인진.

임동원, 2015,『피스메이커』(개정판), 창비.

옌 이룽 외, 성균중국연구소 역, 2015,『중국 공산당을 개혁하라』, 성균관대학교출판부.

鄧峰, 2015,『冷戰初期東亞國際關係研究』, 北京: 九州出版社.

林孝庭, 2015,『臺海 · 冷戰 · 蔣介石: 解密檔案中消失的臺灣史 1949~1988』, 臺北: 聯經.

· 논문 및 연속간행물

董群耀, 1991,「王成之子董群耀發表血淚告白」,『金門報導』9.

顏晨 · 董惠芳, 1992,「"八三一"裁撤後9月7日金門發生首宗軍人強暴民婦案」,『金門報導』26.

楊樹清, 1992,「託南洋華僑的福金門的天空才打開」,『金門報導』19.

顏婷, 1992,「李錫奇從本土藝術中甦醒」,『金門報導』26.

王明珂, 1993,「集體歷史記憶與族群認同」,『當代』91.

Coser, Lewis. A., 邱澎生 譯, 1993,「阿伯瓦克與集體記憶」,『當代』91.

Costanza, Robert et al., 1997, "The Value of the World's Ecosystem Services and Natural Capital," *Nature*, Vol. 387.

李明, 2000, 「南北韓首度高峰會之省思」, 『海峽評論』 115-7.

蘇起, 2002, 「'一個中國, 各自表述'共識的意義與貢獻」, 『海峽評論』 143.

林秀姿, 2002, 「二二八紀念館泛藍誤導政治正確」, 『新臺灣新聞週刊』 342.

徐春柳, 2008, 「"九二共識"形成內情」, 『報刊』 7.

劉國深, 2008, 「兩岸關係和平發展新課題淺析」, 『臺灣研究集刊』 2008-4.

李理, 2008, 「去中國化的臺灣中學歷史教科書編纂」, 『臺灣究集刊』 100.

김유리, 2009, 「대만사, 중국사, 세계사: 2004~2008년 대만의 고등학교 역사과정 개혁 분석」, 『역사교육』 109.

남종호, 2009, 「중국 양안의 삼통발전과 정치·경제적 고려인수」, 『중국연구』 46.

吳介民, 2009, 「中國因素與臺灣民主」, 『思想』 11.

劉國深, 2009, 「試論和平發展背景下的兩岸共同治理」, 『臺灣研究集刊』 2009-4.

李瓊芳, 2009, 「戰地政務時期的金門學校教育」, 國立金門技術學院 碩士學位論文.

문흥호, 2010, 「중국과 대만의 협상제도와 운영 사례 연구─해협양안관계협회와 해협교류기금회를 중심으로」, 『중국연구』 48.

양평섭, 2010, 「차이완 거점의 핵, 해협서안경제구」, 『과학기술정책』 20-3.

하세봉, 2010, 「대만 박물관과 전시의 정치학: 3대 박물관을 중심으로」, 『중국근현대사연구』 45.

김민환, 2012, 「동아시아의 평화기념공원 형성과정 비교연구: 오키나와, 타이페이, 제주의 사례를 중심으로」, 서울대학교 박사학위논문.

정태욱, 2011, 「서해 북방한계선(NLL) 재론: 연평도 포격사건을 계기로」, 『민주법학』 45.

初國華, 2011, 「臺海兩岸九二共識之研究」, 『育達科大學報』 26.

원영호, 2012, 「현대 중국의 유학 연구 동향과 전망」, 『동양사회사상』 25.

진성수, 2012, 「중국과 대만의 경전읽기운동 연구」, 『유학연구』 27.

吳介民·曾嬿芬, 田上智宜 譯, 2012, 「'海峽を越えたガバナンスの場'におけるシチズンシップ政治」, 『中國21』 36.

劉國深, 2012, 「兩岸和平發展價値觀社會化探析」, 『臺灣研究集刊』 6.

何書彬, 2012, 「1800米: 這麼近, 那麼遠」, 『看歷史』 28.

이종석, 2013, 「북한의 '황해남도 강령군 경제특구 계획'과 NLL」, 『정세와 정책』 9.

吳介民, 2013, 「從臺灣出發的中國想像」, 『思想』 24.

劉國深·楊冬磊, 2013, 「增進兩岸政治互信的社會資本路經探析」, 『東南學術』 4.

고경민, 2014, 「세계평화의 섬의 새로운 추진방향: '평화개념'을 중심으로」, 『평화연구』 24-2.

김민환, 2014, 「경계의 섬과 포격전의 기억: 단절과 이동의 변증법과 대만 금문도의 냉전 및 탈냉전」, 『사회와 역사』 104.

김민환·정현욱, 2014, 「'양안서비스무역협정'의 쟁점과 대만사회 갈등구조 변화」,

『아태연구』 21-3.

배국열, 2014, 「개성공단 정상화(8.14) 합의의 평가 및 개성공단의 발전적 개선방 안」, 『통일정책연구』 23-1.

우쥔팡·정근식, 2014 「금문도 냉전생태의 형성과 해체-지뢰전시관 형성의 경로 를 따라서」, 『사회와 역사』 104.

전원근, 2014, 「동아시아 최전방 낙도에서의 냉전경관 형성-1970년대 서해5도의 요새화와 개발을 중심으로」, 『사회와 역사』 104.

劉國深, 2014, 「'九合一'選後臺灣政黨政治發展的未來趨勢」, 『臺灣研究』 1.

劉美好, 2014, 「一夜長大: 臺灣當代靑年社會參與之濫觴」, 『思想』 27.

曾柏文, 2014, 「太陽花運動: 論述軸線的空間性」, 『思想』 27.

陳柏謙, 2014, 「臺資'登陸'史與中國資本主義化」, 『人間思想』 7·8.

손상범, 2015, 「중국 해서경제구 개발이 대만의 직접투자에 미치는 영향에 관한 연 구」, 『國際商學』 30-4.

우양호, 2015, 「초국적 협력체로서의 해역: 흑해 연안의 경험」, 『해항도시문화교섭 학』 13.

Chang, Yong Seok, 2015, "Revisiting Korea's Northern Limit Line and Proposed Special Zone for Peace and Cooperation," *Asian Journal of Peacebuilding*, Vol. 3 No. 1.

李娜, 2015, 「虱目鱼與太陽花: 爲何, 以及如何'寄希望於臺灣人民'」, 『人間思想』 9.

• 일간지 및 기타자료

『Mutual Defense Treaty Between the United States and the Republic of China』 (December 2), 1954, 〈http://avalon.law.yale.edu/20th_century/chin001. asp〉(검색일: 2015.12.20.).

金門戰地政務委員會, 1976, 『自衛戰鬥手册』, 金門: 編者自印.

人民日報(大陸版)一版, 「葉劍英'對臺灣同胞的講話' 全文(第九條)」(1981.10.1.).

金門縣政府, 1992, 『金門縣志』上, 中, 下册, 金門: 編者自印.

金門八二三戰史館, 1996, 『八二三戰史館中文解說稿』, 金門: 金防部. (未出版)

財團法人吳三連臺灣史料基金會, 1997, 『'台北市二二八紀念館主題展示內容規劃及史 料文物徵集規劃' 期末硏究報告書』, 臺北: 財團法人吳三連臺灣史料基金會.

湯本, 「爽快·果敢的民族向心力-評兩韓高峰會談之一」, 『自由言論』(2000.6.22.).

박명규, 2001, 「여러 개의 중국과 일국양제」, 『평화와 통일의 모색-일국양제와 중 국』, 사단법인 남북나눔 연구위원회.

邵宗海, 2002, 「兩岸關係: 變遷, 定位與策略」, 『兩岸關係: 變遷, 定位與策略學術硏討會』.

金門日報社, 「小三通實施二週年民調金門民衆只打58.6分」, 『金門日報』(2002.12.27.).

Chi, Chang-hui, 2004, "Militarization on Quemoy and the Making of Nationalist Hegemony, 1949~1992,"『金門歷史, 文化與生態國際學術研討會論文集』, 台北: 財團法人施合鄭民俗文化基金會出版.

江柏煒, 2005, 『金門戰事紀錄及調查研究(二)』, 金門: 內政部營建署金門國家公園管理處委託研究計畫.

網易, 「臺媒調查: 金門人日益將廈門納入自己的生活圈」(2005.8.12.), 〈http://news. 163.com/05/0812/16/1QVG6EJ90001124U.html〉.

金門國家公園, 2006, 「古寧頭戰史館導覽簡介」, 金門: 金門國家公園管理處出版.

金門日報社, 「小三通單向失血金門業界嘆生意難為」, 『金門日報』(2006.1.11.).

范世平, 「北京不應誤判蔡英文的善意」, 『自由時報』(2006.1.27.).

金門日報社, 「接待陸客旅行社再添一家」, 『金門日報』(2006.2.24.).

「臺刊: 小三通為金門帶來第二春廈門成其后花園」, 中國新聞網(2006.4.6.), 〈http:// www.chinanews.com/news/2006/2006-04-06/8/713260.shtml〉.

金門日報社, 「『接受遠見雜誌專訪』李縣長重申金門觀光遠景在大陸」, 『金門日報』(2006. 5.16).

남정호 외, 2007, 『서해연안 해양평화공원 지정 및 관리방안 연구』, 한국해양수산개발원.

박양호 외, 2007, 「한반도와 동북아 공동시장 차원에서의 서해평화협력특별지대의 비전과 발전구상」, 『국토정책 Brief』 159.

국방부, 2009, 「북방한계선(NLL)」, 〈http://www.mnd.go.kr/webmodule/htsboard/hbd/ hbdread2009.jsp? typeID=-22&boardid=-112&seqno=459 &c=DIVCODENM&t =&pagenum=1&tableName=MND_TYPEL14BOARD&pc =undefined&dc=L1402&wc=&lu=&vu=&iu=&du= &topMenuNo=3〉 (검색일: 2011.1.11.).

曹爾忠, 「金門協議的歷史定位及對金馬發展的影響」(2010.8.17.), 〈http://www.hotel.matsu.idv.tw/print.php?f=2&t=89767&p=2〉.

「臺海兩岸關係黃昭能羅德水博碩論文看金門協議」, 『金門日報』(2010.9.13.), 〈http:// www.kinmen.gov.tw/Layout/sub_B/News_NewsContent.aspx?NewsID=74662&frame=39&LanguageType=1〉.

한반도평화포럼, 2011, 『서해평화협력특별지대 구축 실행방안 연구: 서해 평화번영과 인천 이니셔티브』(인천광역시 연구용역 보고서).

林正修 外, 2013, 「大陸海西區吸納我國人才相關措施及因應策略方案」, 行政院大陸委員會委託研究報告.

閔宇經・陳偉杰, 2013, 「禁錮的婚姻・羅漢腳的身影: 從『老莫』等電影再現臺灣移民婚姻輪廓」, 『族裔・他者・漂流・變遷: 從影像文本再現移民社會』.

「개성공단에서 인터넷뱅킹・유튜브 가능해진다」, 『연합뉴스』(2014.2.9.).

김호준, 「'한반도 화약고' 서해 NLL 인근 남북 군사전력」, 『연합뉴스』(2014.3.31.).

「小三通錢進廈門 房價10年漲10倍」, 『蘋果日報』(2014.7.13.).

趙剛, 「風雨臺灣的未來: 對太陽花運動的觀察與反思」(2014.8.13.), ⟨http://wen.org. cn⟩.

서울대 통일평화연구원, 2015, 『통일외교안보분야 전직 고위정책가들이 보는 통일 환경과 전략』, 서울대 통일평화연구원 제47차 통일정책포럼.

정근식ㆍ우 쿼팡, 2015, 「金門的(脫)冷戰及民主化: 著重於其雙重性轉換」, 『歷史島 嶼的未來－2015年金門歷史ㆍ文化與生態學術討論會論文集』.

「臺聯提刪金門自陸引水經費民進黨罕見反對」, 『中國評論新聞網』(2015.1.23.), ⟨http: //hk.crntt.com/c-n-webapp/touch/detail.jsp?coluid=7&kindid=0&doc id=103588 141⟩.

汪暉, 「當代中國歷史巨變中的臺灣問題: 從2014年的'太陽花運動'談起」(2015.1.30.), ⟨http://wen.org.cn⟩.

劉紀蕙, 「與趙剛商榷: 我們需要甚麻樣的'中國'理念」(2015.7.1.), ⟨http://wen.org. cn⟩.

「免簽注: 卡式台胞證首發出」, 『蘋果日報』(2015.7.7.).

「東德統一25年調査顯示人心差異仍大」(2015.7.23), ⟨http://world.yam.com/post. php?id=4351⟩.

「中國硬上: 卡式台胞證今啟用」, 『自由時報』(2015.9.21.).

「兩岸政策交戰: 蔡英文, 誰推動兩岸小三通?」, 『臺北報導』(2015.11.30.).

「2016年元旦馬英九總統元旦文告全文: 八年興革, 臺灣昇格」, 『聯合晚報』(2016.1.1.).

環球時報－環球網(2016 1.16.).

통일부, 「개성공단 중단 관련 정부 성명」(2016.2.10.), ⟨http://www.unikorea.go. kr/content.do?cmsid=1557&mode=view&page=&cid=44418⟩(검색일: 2016.2.12.).

國立臺灣博物館, ⟨http://www.ntm.gov.tw⟩.

中華民國行政院大陸委員會, ⟨http://www.mac.gov.tw/mp.asp?mp=1⟩.

王佩芬 外, 『一條漫長回家的路－老兵返鄕探親運動』, 臺灣外省人生命記憶與敍事資 料庫.

廈門大學 臺灣硏究院 브로슈어.

찾아보기

저자 소개

■ 박명규(朴明圭)

서울대학교 통일평화연구원 원장, 사회학과 교수. 역사사회학, 남북관계, 민족주의, 개념사 등을 연구하고 있다. 육군사관학교와 전북대 교수를 역임했고, 미국의 하바드-엔칭연구소, UC버클리, UC어바인, 스탠포드, 독일 베를린 자유대학 등에서 연구했다. 통일평화연구원의 '통일학총서', '평화인문학총서', '통일의식조사', '북한사회변동연구' 등을 기획하고 있으며, 인문한국(HK) 연구사업으로 '평화인문학'을 주도하고 있다. *Asian Journal of Peacebuilding*과 『통일과평화』의 편집책임, 『사회와역사』 및 『개념과소통』의 편집위원을 맡고 있다. 한국사회사학회 회장, 북한사회문화학회 회장, 북한연구학회 이사, 서울대 사회발전연구소장 등을 역임했다. 저서로 『남북경계선의 사회학』, 『국민, 인민, 시민-개념사로 본 한국의 정치주체』, 『개성공단』(공저), *EU-North Korea: Humanitarianism or Business?* (공편) 등이 있다.

■ 백지운(白池雲)

서울대학교 통일평화연구원 HK교수. 연세대학교 중어중문학과에서 「중국 근대성 담론을 통한 梁啓超 계몽사상 재고찰」로 박사학위를 취득했다. 일본 게이오대학, 중국 칭화대학, 대만 텅하이대학 등에서 수학했다. *Inter-Asia Cultural Studies*, 『人間思想』, 『창작과비평』, 『역사비평』의 편집위원을 맡고 있다. 대표 논저로 "East Asian perspective on Taiwanese identity", 「폭력의 연쇄, 연대의 고리-오키나와 문학의 발견」, 『평화인문학이란 무엇인가』(공저), 『교차하는 텍스트, 동아시아』(공저), 『대만을 보는 눈』(공저), 『열렬한 책읽기』(역서) 등이 있으며, 근대 이후 중국의 사상과 문화를 동아시아 평화사상과 접맥시키는 연구를 하고 있다.

■ 쉬 진위(徐進鈺)

국립대만대학 지리학과 교수. UC버클리에서 지리학으로 박사학위를 받았다. 주요 연구 분야는 도시 및 특별구역(special zone), 지정학적 정치경제, 동아시아 발전 모델 등이다. 대표 논저로 "State Transformation and Regional Development in Taiwan: From Developmentalist Strategy to Populist Subsidy", "Economic integration and the cross-Taiwan strait reconciliation", "Performing the trade show: the case of the Taipei international cycle show"(공저), 「新自由主義與城市治理專輯導言」 등이 있다. 최근에는 대만과 한국의 경제특구 비교에 관심을 갖고 있으며, 특히 특구의 영토화(territorialization), 경계(border) 및 주권(sovereignty) 분야에 주목하고 있다.

■ **오승렬**(吳承烈)

한국외국어대학교 중국외교통상학부 교수 겸 중국연구소장. 국립대만대학에서 경제학석사, 홍콩중문대학에서 경제학 박사학위를 받았다. 한국외대 국제지역대학원장을 역임했으며, 통일연구원 선임연구위원, 중국 사회과학연구원 초빙연구원 등을 지냈다. 주요 연구 및 관심 분야는 중국경제, 북한경제, 동아시아경제협력이다. 논문 및 저서로는 「중국 시진핑 시대 도시화 모델의 변화와 함의」, 「중국 위안화 국제화의 제약요인 연구」, 「신형대국 중국의 새로운 아시아 경제협력 모델 모색」, 「중국 경제성장 거점 이동과 지역시장구조 연관성 연구」, 「한중FTA와 양국정부의 역할」, 「북중 경제관계와 남북관계」, 『동아시아공동체』(공저) 등이 있다.

■ **김민환**(金玟煥)

한신대학교 정조교양대학 교수. 서울대학교 사회학과에서 석사 및 박사학위를 받았다. 박사학위논문의 제목은 「동아시아의 평화기념공원 형성과정 비교연구: 오키나와, 타이페이, 제주의 사례를 중심으로」로서, 동아시아에서 일본제국 해체기에 발생한 전쟁 및 폭력을 '국가폭력'의 관점이 아닌 '국가를 낳은 폭력'이라는 관점에서 파악했다. 『포위된 평화, 굴절된 전쟁 기억: 히로시마 만의 군항도시 구레 연구』(공저), 『오키나와로 가는 길』(공저), 『경계의 섬, 오키나와: 기억과 정체성』(공저), 「단절과 이동의 변증법과 금문 지역경제의 변화: 고량주 경제를 중심으로」(공저), 「동아시아 변경 섬의 지정학과 냉전체제 성립기 국가폭력 발생의 구조」 등의 연구를 수행했다.

■ **장 보웨이** (江柏煒)

대만사범대학 동아시아학과 교수. 대만대학 건축 및 도농연구소에서 「"洋樓": 閩粤僑鄉社會變遷與空間變遷(1840s~1960s)」로 박사학위를 받았다. 국립진먼(金門)대학 건축학과 교수, 민난(閩南)문화연구소 및 인문사회학원 원장을 역임했다. 해외 화인과 화교, 물질문명사, 사회문화사, 냉전연구 및 그 문화유산의 보호에 관해 장기간 연구해 왔다. 논저로 「변경(邊界)와 과경(跨界): 동아시아 시선 속의 진먼 지역사 연구」, 「混雜的現代性: 近代金門地方社會的文化想像及其實踐」 등이 있다. 진먼의 화교사회를 중심으로 근대 탈경계적 유동성이 형성한 문화 정치 사회 및 공간 변천 그리고 진먼과 마쭈를 중심으로 20세기 냉전사회사의 서사와 재현에 주목하고 있으며, 장기적으로는 냉전시기의 군사지역을 '어두운 역사(dark history)'의 문화유산으로서 보존하는 문제를 고민하고 있다.

■우 쥔팡(吳俊芳)

서울대학교 사회학과 박사수료생. 대만 문화대학교 한국어과를 졸업하고 동대학원에서 「黃順元'在斜坡上的樹'之相關研究」로 석사학위를 취득했다. 논문으로 「금문도 냉전생태의 형성과 해체—지뢰전시관 형성의 경로를 따라서」(공저), 「탈냉전과 금문학—형성, 성과, 과제」, 「金門的(脫)冷戰及民主化: 著重於其雙重性轉換」(공저) 등이 있다. 양안관계와 진먼다오의 냉전과 탈냉전의 양상을 연구하고 있다.

■저우 양산(周陽山)

국립진먼대학 국제 및 대륙사무학과 교수. 미국 콜롬비아대학 정치학 박사. 대만 입법원 최고고문, 행정원 대륙위원회 자문위원 등을 지냈다. 중국정치, 중국근대사상사, 동아시아정치, 정치언론, 민주주의에 대해 연구하고 있으며, 주요 논저로 『周陽山選集』과 『文化中國叢書』, 「第三波民主化與台灣民主—民主鞏固和民主深化的考驗」, 「監察權, 監察使與監察院」, 「善治與政改—中共黨國體制與職官名單制的變遷」 등이 있다.

■정근식(鄭根埴)

서울대학교 사회학과 교수 겸 아시아연구소 동북아센터장. 서울대학교 사회학과에서 「주민운동의 구조와 동학에 관한 비교연구」로 박사학위를 취득했다. 하바드—옌칭연구소, 교토대학, 시카고대학, 대만 중앙연구원, 베를린 자유대학 등에서 방문교수로 활동하였다. 한국사회사학회와 비판사회학회 회장을 지냈으며, 현재는 구술사학회와 냉전학회 회장으로 일하고 있다. 한센병사연구, 식민지검열연구, 사회적 기억과 기념비 연구 등을 수행하였고, 근래에는 오키나와와 금문도를 포함한 동아시아의 탈냉전에 관해 연구하고 있다. 최근 논저로 『포위된 평화, 굴절된 전쟁기억: 히로시마만의 군항도시 구레연구』(공저), 『산동에서 떠오르는 동아시아를 보다』(공편), 『檢閱の帝國: 文化の統制と再生産』(공편), 「냉전과 소련군기념비: 중국과 북한에서의 형성, 분화, 영향」, "China's Memory and Commemoration of the Korean War in the Memorial Hall of the 'War to Resist U.S. Aggression and Aid Korea'" 등이 있다.

■정은미(鄭銀美)

서울대학교 통일평화연구원 선임연구원. 서울대학교 사회학과에서 「북한의 국가중심적 집단농업과 농민 사경제의 관계에 관한 연구」로 박사학위를 취득하였다. 최근 논저로는 「북한 중간계층의 결정요인과 특성」, 「개성공단 북한 근로자의 정체성 인식과 행동양식의 메커니즘」, 「남북한 주민들의 통일의식 변화」, 『남북한 교류협력 거버넌스의 구조와 동학』(공저), 『남북통합지수』(공저) 등이 있다. 남북한의 사회변동이 의식, 행위, 정책, 제도에 미치는 상호성을 연구하고 있다.

■ **장용석**(張容碩)

서울대학교 통일평화연구원 책임연구원. 성균관대학교 정치외교학과에서 「북한의 국가계급 균열과 갈등구조」로 박사학위를 취득했다. 국가안전보장회의(NSC) 사무처 행정관과 대통령 실 통일외교안보정책실 선임행정관을 지냈으며 현재 통일부 등 정부부처의 자문위원으로 활동하고 있다. "Revisiting Korea's Northern Limit Line and Proposed Special Zone for Peace and Cooperation", 「중국의 부상에 대한 김정은 정권의 헤징전략」, 『김정은 시대의 정치와 외교』(공저), 『북한사회변동 2014』(공저) 등 북한과 남북관계에 대해 연구하고 있다.

■ **이찬수**(李贊洙)

서울대학교 통일평화연구원 HK연구교수. 서강대학교 종교학과에서 칼 라너(Karl Rahner)와 니시타니 케이지(西谷啓治) 비교 연구로 박사학위를 받았다. 강남대 교수, (일본)WCRP평화 연구소 객원연구원, 대화문화아카데미 연구위원 등을 지냈고, 종교철학에 기반한 평화인문 학의 심화와 확장을 연구 과제로 삼고 있다. 『종교로 세계 읽기』, 『다르지만 조화한다』, 『유 일신론의 종말, 이제는 범재신론이다』, 『평화인문학이란 무엇인가』(공저), 『녹색평화란 무엇 인가』(공저), 『근대 한국과 일본의 공공성 구상1·2』(공저) 외 다수의 책을 썼고, 『절대 그 이 후』, 『화엄철학』 등의 책을 번역했으며, 평화학 관련 논문을 다수 집필했다.

• **본문출처**
이 책에 수록된 글 중 일부는 아래의 논문을 저본으로 수정·보완한 것임을 밝혀둔다.

백지운, 「양안관계의 패러다임 전환은 가능한가」, 『외국학연구』 35, 2016.3.
쉬 진위, 「양안은 화해할 수 있을까? ─'중국몽(中國夢)'과 대만 발전의 갈등과 대화」, 『역사비 평』 114, 2016.2.
江柏煒, 「誰的戰爭歷史? ─官方的國族歷史vs.民間的集體記憶」, 『民俗曲藝』 156, 2007. 6.
이찬수, 「'하나의 중국'은 가능한가 ─일국양제 정책의 폭력성, 형용사적 종교론, 그리고 세계 시민주의적 대안」, 『종교교육학연구』 49, 2015.12.